Herausgeberin:
DR. MARIA VITTORIA STILLER

ComMedia & Arte

ÜBER DAS BUCH

„Ich ergriff meine Pistole und schoß ihm ins Herz. Ich sah Michele vor mir zusammenbrechen wie den Stier zu Füßen des Toreros ... Ich hatte getötet, hatte das Gesetz respektiert, das bei uns wuchert wie das Unkraut an den verfallenden Mauern der alten Häuser. Ich war konsequent gewesen, besser und stärker als der arme Michele, der auf dem Gehsteig lag in seinem Blut, das pulsierend strömte, in mechanischen Stößen, angetrieben von einem äußersten Lebenswillen. Ich warf die Pistole weg und lief davon, nach Hause: Auch dieses Mal hatte ich keine Prügel heimgebracht."

Der da so spricht ist Rafele Cutolo, Kopf der Nuova Camorra Organizzata (NCO), einer Verbrecherorganisation in der Region Campania mit ihrer Hauptstadt Neapel. Cutolo erzählt dem Journalisten Giuseppe Marrazzo sein Leben: Nach dem Prinzip des modernen Managements gründete er ein Imperium, das aus dem kleinen, unorganisierten Verbrechertum eine „Industrie des Verbrechens" entstehen ließ. Cutolo stammt selbst aus der Schicht der armen Leute, die aus Wut und Ohnmacht zu Kriminellen werden. Dank seiner perversen Intelligenz brachte es Cutolo fertig, ein Syndikat zu organisieren, das vor nichts zurückschreckt. Als echter Self-made-man hat er nichts dem Zufall überlassen. Mit Hilfe alter Mafia-Rituale hielt er die Organisation zusammen, mit einem raffinierten psychologischen Talent wußte er seine Leute zu faszinieren.

Dieser Tatsachenbericht ist dokumentarisch und plastisch: Cutolo stellt Erpressungen, Morde und Korruption so dar, als ob das alles selbstverständlich wäre. Dadurch wirkt die Brutalität der Geschehnisse besonders stark. Indem er seine Strategien offenlegt, wird deutlich, daß der eigentliche innere Zusammenhalt einer solchen Organisation auf einem hierarchischen, lückenlos durchstrukturierten System aus Angst, Schrecken, Abhängigkeit und Bewunderung basiert. Aber auch, daß nicht nur Cutolo pervers ist, sondern auch die Gesellschaft, die dieses Verbrechertum produziert.

GIUSEPPE MARRAZZO

CAMORRISTA

DAS MYSTERIÖSE LEBEN DES DON RAFELE CUTOLO

Übersetzt von WERNER RAITH
und MARIA TERESA GALLUZZO

CIP-Kurztitelaufnahme der Deutschen Bibliothek

Marrazzo, Giuseppe:
Camorrista : d. mysteriöse Leben des Don Rafele Cutolo /
Giuseppe Marrazzo.
Übers. u. kommentiert von Werner Raith.
Mit e. Vorw. von Peter Kammerer.
Hrsg. von Vittoria Stiller. – Stuttgart :
ComMedia-und-Arte-Verlag Bernd Mayer, 1987.

Einheitssacht.: Il camorrista <dt.> ISBN 3-924244-04-9

NE: Raith, Werner [Bearb.]

1. Auflage 1987

Titel: Il Camorrista. Vita segreta di Don Rafele Cutolo

Gesetzt aus der Garamond von VMM, Emmendingen
Druck und Bindung: Franz Spiegel Buch GmbH, Ulm
Umschlaggestaltung: Werner Rüb
ISBN: 3-924244-04-9

CAMORRA

„Hätte die Camorra nur ihre Tradition und ihre Geschichte und nicht ganz andere Wurzeln, es gäbe sie längst nicht mehr, wäre sie auch so alt wie die Welt"
Marco Monnier, 1863

1. Der Beginn einer Laufbahn

Als der Vater des kleinen Raffaele Cutolo, ein armseliger Landarbeiter und Kleinpächter, eines Tages zu seinem Grundherrn gerufen wurde, wußte er, daß es um seine und seiner Familie Existenz ging. Der Besuch verlief in alten, patriarchalischen Formen und daher keineswegs unfreundlich. Der Junge trug zwei Körbe voll von Früchten, im (ungleichen) Tausch erhielt er beim Abschied etwas Gebäck. Es fielen nur wenige Sätze und am Schluß ein trockenes „jetzt kannst Du gehen". Damit wäre ein Arbeitsleben voller Entsagung und Schweiß vernichtet gewesen, hätte es nicht in Gestalt des Don Alfredo als letzte Instanz die Camorra gegeben. Ein Besuch des verzweifelten Bauern bei Don Alfredo: wieder zwei Körbe mit Obst, Gebäck (das dieses Mal besser schmeckte), ein paar Worte und am Schluß ein ermunterndes „geht, die Madonna sei mit Euch". Die Familie war gerettet. An einem einzigen Tag hatte der kleine Raffaele die beiden charakteristischen Gesichter von Macht und Reichtum im Süden kennengelernt, die Männer, die mit dem

Leben anderer spielen, als wären es Bonbons, die mit einem Wort eine Familie ruinieren oder reich machen können[1]: den Großgrundbesitzer, der die entscheidenden Produktionsmittel und die Tradition auf seiner Seite hat (Stilmöbel, Landschaftsgemälde des 19. Jahrhunderts und ein Ahnenbild an der Wand) und den Camorrista, dessen Macht auf der physischen Gewalt und auf dem Konsens der „armen Teufel" beruht und der es geschafft hat, zum neureichen Boß aufzusteigen (Jagdszenen, Alpenlandschaften an der Wand und anstatt des Ahnenbildes das Bild eines pfeifenrauchenden Bauern). Stumm hatten die Nachbarn das Drama verfolgt, das sich da abspielen sollte. Sie kannten die Bedeutung der Geschenkkörbe, der niedergeschlagenen Miene dessen, der sich seine Entlassung nicht anmerken lassen wollte, des erneuten Vorholens der Körbe und des Gangs zu Don Alfredo. Die angezündete Öllampe vor dem heiligen Antonius und der Makkaroniduft signalisierten ihnen dann, daß sich ohne große Worte jener lebenswichtige Tausch von Geschenken und „Gefälligkeiten" vollzogen hatte, der sich bis heute im Mezzogiorno Italiens immer wieder vollzieht. Denn immer handelt es sich um Leistung und Gegenleistung. Der Camorrista, der sich als Volksfreund gibt und für die Sozialpflichtigkeit des Eigentums eintritt, tut das nicht umsonst. Es mag Jahre dauern, aber irgendwann einmal werden Don Alfredo oder einer seiner „Freunde" ihrem „Schützling" die Möglichkeit geben, sich für die empfangene Wohltat erkenntlich zu zeigen. Da wird keine Rechnung präsentiert, da wird nichts ausdrücklich gefordert. Don Aniello Scamardella, der Familie Cutolo als Händler und „Freund" Don Alfredos bekannt, sagte eines Tages einfach: „Ich brauche den Jungen. Wir müssen mal kurz nach Nola". Und so wurde Mitte der fünfziger Jahre der junge

1. Tommaso Di Ciaula: Der Fabrikaffe und die Bäume. Berlin 1979.

Raffaele Cutolo eben „mal kurz“ zum Mithelfer und Mitwisser eines Mordes.

Hätte sich die Familie Cutolo dem Ansinnen ihres Wohltäters entziehen können? Aus vielen Gründen wäre ein „Nein“ unmöglich gewesen. Warum sollte sich ein von allen Seiten geschundener „Bauernbüffel“ gegen die einzige helfende Hand empören? Die Cutolos wären nicht nur der Rache der Camorra, sondern – schlimmer noch – der allgemeinen Verachtung anheimgefallen. Und schließlich wußten die Bosse, an wen sie sich wendeten. Ihnen war der aufgeweckte Junge sicher aufgefallen, der so intelligent und mutig schien, daß man ihm nur einen Revolver in den Hosenbund zu stecken brauchte, damit er als lebendiges Futteral die Waffe ungeheißen in greifbarer Nähe hielt und sie nach deren Gebrauch kaltblütig aus der Gefahrenzone brachte. Nach seiner Feuertaufe war der kleine Rafele Cutolo in den Augen der Mächtigen, in seinen eigenen Augen und im dunklen Wissen der dörflichen Gemeinschaft ein *guappo*, der den ersten Schritt einer Camorristenkarriere getan hatte. Und Rafele Cutolo war stolz darauf. Er hatte nicht Unehrenhaftes getan, er hatte sich einem Wohltäter erkenntlich gezeigt, kühn hatte er die einzige Aufstiegschance, die man Seinesgleichen bot, am Schopf gepackt.

Der Junge hatte also das Zeug zu einem Camorristen. Er war intelligent, motiviert, hatte im rettenden Don Alfredo ein großes Vorbild und besaß etwas von der Tollkühnheit derer, die sich bis zum Wahnsinn an der Enge und Armseligkeit ihrer Umwelt reiben. Schon sein Onkel war „anormal“, weil er sich nach dem Afrika-Feldzug zu Hause nicht mehr zurechtfand, und Tante Filomena endete im Irrenhaus, „weil sie jeden Tag danach verlangte, sich im Gras auszuruhen, nachdem sie vom Morgengrauen bis Mittag ununterbrochen geharkt hatte“. Der Pfarrer hatte seinen Segen zu dieser Entscheidung gegeben, weil wohl alle die Gefahr spürten, die von einer sinnlichen und unverwelkten Frau ausging, die sich weder ins Joch der Ehe spannen, noch zum Arbeitstier reduzieren ließ. Bei dem kleinen Rafele äußerte sich dieser „Wahnsinn“ in seiner heftigen und unverhältnismäßigen Reaktion auf physische Bedrohungen („wenn man mir die Gurgel zudrückt, drehe ich durch“). In einem solchen Augenblick beging er 1961, noch nicht ganz 20 Jahre alt, seinen ersten Mord. Vom Standpunkt der örtlichen Moral gesehen war das ein „Ehrenhändel“. In der Tat sind gewalttätige Kurzschlußreaktionen als Ergebnis eines elenden Traumas, Würde und Existenz in jedem Augenblick bis aufs Messer verteidigen zu müssen, im ganzen Süden massenhaft verbreitet. „Bei uns kann ein banaler Vorfall ein Leben hinter Zuchthausmauern bedeuten. Ein Gesetz, das du von Geburt auf lernst“ kommentiert Cutolo/Marrazzo. Auf diesem Gesetz, auf dem Vorrang des Faustrechts gründet die Camorra. Mit dem Mord zeigte der junge Cutolo, daß er den Verhaltenskodex der Camorra im Blut hatte. Mit seiner Verteidigung vor Gericht bewies er geniale Führungsqualitäten. Unter bewußter Ausnutzung der Kulturdifferenz zwischen dem lokalen Wertsystem und dem der bürgerlichen Gesellschaft ließ er sein Verbrechen von gekauften oder eingeschüchterten Gutachtern als Wahnsinnstat und sich selbst als schizophren erklären. Im Gefängnis, in der psychiatrischen Anstalt und bei zwei Ausflügen in die Freiheit legte er den Grundstein für seinen kometenhaften Aufstieg.

2. Die Renaissance der Camorra

Begriff und Organisation der Camorra kamen wahrscheinlich aus Spanien. Es handelte sich um eine der zahlreichen Verbrechergilden des entwickelten Feudalsystems. Im Gegensatz zur Mafia war die Camorra eine ausgesprochen plebejische Organisation; ihre Macht- und Kommandozentren befanden sich überwiegend in den Zuchthäusern und Gefängnissen, die Organisation und Vermittlung komplexer sozialer, wirtschaftlicher und politischer Interessen lagen ihr fern. Offensichtlich, vor allem für die Masse der kleinen Leute, waren ihre Ordnungsfunktion und ihre Schlichterrolle. Darauf beruhte im wesentlichen der Konsens, der zeitweise sehr straffen und weitverzweigten Organisation. Aber ebenso offensichtlich war auch der brutale physische Machtanspruch dieser Schlägertypen und Messerhelden mit ihrer unerbittlichen Philosophie vom Recht des Stärkeren. In den Wirren der Revolutions- und Restaurationsjahre des 19. Jahrhunderts war die Camorra zeitweise sowohl von der Regierung, als auch von der liberalen Opposition umworben. Für kurze Zeit übten die Camorristen sogar offiziell Polizeifunktionen aus[2]. Der moderne italienische Einheitsstaat erklärte dann der Camorra den Krieg, doch polizeiliche Repression allein brachte das Phänomen nicht zum Verschwinden. In den fünfziger und sechziger Jahren, also in den Jahren, in denen Cutolo zum Camorristen heranwuchs, spielte die Camorra nur eine lokale Rolle und war teilweise verfilzt, teilweise absorbiert von dem in diesen beiden Jahrzehnten entstandenen christdemokratischen Klientelsystem[3].

Die eigentliche Renaissance der Camorra, an der ein Mann wie Rafele Cutolo keinen geringen Anteil hatte, vollzog sich in den siebziger Jahren. Das Imperium Cutolos, die Nuova Camorra Organizzata (NCO), erreichte zu Beginn der achtziger Jahre den Höhepunkt seiner Macht. Die Massenverhaftungen

2. Marco Monnier: La Camorra. Notizie storiche raccolte e documentate. Napoli 1965 (Neuauflage)
3. P.A. Allum: Potere e società a Napoli nel dopoguerra. Torino 1975.

vom Juni 1983 besiegelten den Niedergang der NCO und ermöglichten die Expansion rivalisierender Camorragruppen. Die Camorra blüht also weiter, und ihr Wiederaufleben war nicht nur das Werk eines genialen Organisators und charismatischen Führer. Erst bestimmte politische, wirtschaftliche und gesellschaftliche Rahmenbedingungen ermöglichten in den siebziger Jahren in ganz Italien die neue Blüte der im großen Stil organisierten und auf alten Strukturen basierenden Verbrecherorganisationen, der Mafia, der 'Ndrangheta, der P 2 und eben auch der Camorra. Zählen wir die wichtigsten Strukturdaten auf:

– der internationale Drogenhandel und die Entwicklung der internationalen Geldmärkte eröffneten für kriminelle Großorganisationen neue Geschäftsbereiche von bisher nie gekannter Profitträchtigkeit,

– die Degeneration des politischen Systems in Italien, wo sich die Parteien und deren Fraktionen regelrechte Bandenkriege liefern um die Kontrolle der Macht und der öffentlichen Mittel; die Staatsausgaben werden zunehmend zum Beuteobjekt, der Staat zum Machtinstrument privater Interessengruppen,

– die Gegenmacht der großen linken Massenbewegungen scheiterte mit ihren Reform- und Neuordnungsprojekten spätestens Mitte der siebziger Jahre; das Scheitern der Arbeitslosenbewegung in Neapel[4] trieb die Masse der kleinen „Überlebenskünstler“ und „Delinquenten“ in die Arme der Camorra,

– der Abbau sozialstaatlicher Maßnahmen unter dem Druck der Wirtschaftskrise und des Egoismus der wirtschaftlich Stärkeren schufen das Bedürfnis nach Wiederbelebung alter Formen der Solidarität unter den „Entrechteten“, den *diseredi-*

4. Conrad Lay: Das tägliche Erdbeben. Ein Bericht über die Stadt Neapel... Berlin 1980.

tati, die in der Tat Hauptadressaten und Hauptstützen der Cutoloschen Camorrasolidarität wurden,

– das Gewaltmonopol des Staates wurde durch einen diffusen Terrorismus untergraben. Teile des Staatsapparats, vor allem die Geheimdienste, kooperierten stellenweise mit dem Terrorismus,

– die Destabilisierung des vorderen Orients setzte Waffen, Menschen, Geld, Geheimdienste und schwarze Märkte aller Art in Bewegung; selbst respektable Regierungen beteiligen sich an Aktionen internationaler Piraterie und an der Verletzung international anerkannter Verhaltensregeln.

Die allgemeine Verwilderung der Sitten, um es vornehm auszudrücken, lieferten den kriminellen Großorganisationen Ansprechpartner in allen Bereichen, vom Lumpenproletariat bis zur Regierung, und gab einen Schein von Legitimation in den Augen der von der Wirtschaftskrise am meisten Betroffenen. Damit waren auch die Rahmenbedingungen für ein Neuerblühen der altehrwürdigen Camorra gegeben. Cutolo erkannte dies mit genialem Blick auch ohne theoretische Analysen, nur aufgrund seiner Sensibilität für soziale Vorgänge, mit der er von einem privilegierten Standort aus, dem Gefängnis, dieser besonderen Schule fürs Leben, die Gesellschaft betrachtete.

3. Die Machtergreifung

Die alte Camorra, die große kriminelle Bruderschaft des neapolitanischen Lumpenproletariats, die Marco Monnier noch 1863 so eindringlich geschildert hatte, war tot; das konstatierte Cutolo hundert Jahre später in seiner Gefängniszelle. Massenhaft vorhanden war aber noch das Menschenmaterial, das diese Organisation einst belebt hatte, mit seinem besonderen kriminellen Milieu, mit seinen spezifischen Wertvorstellungen und

Bedürfnissen. Und in Funktion waren noch alte soziale Mechanismen, vor allem die Gefängnisse in ihrer für die Camorra unersetzlichen Rolle. Sie verschließen dem kleinen, subproletarischen Delinquenten jede gesellschaftliche Alternative und stempeln ihn ab, verwandeln ihn in einen Gewohnheitsverbrecher, zwingen ihn in ihre eiserne Disziplin, liefern ihn den Banden aus, deren Appellplatz und Kommandozentrale sie sind. Hier im Gefängnis begann Cutolos Mission unter denen, die zu allem fähig waren, die nichts mehr zu verlieren hatten, die wegen ein paar Dutzend gestohlener Autoradios im Zuchthaus Dauergäste waren, von der Gesellschaft samt ihren Rechtsanwälten aufgegeben. Ihnen erklärte er, daß es sich nicht lohne, für kleine Diebstähle ein ganzes Leben einzusitzen, daß es da doch andere Geschäfte gäbe und damit auch andere Mittel, daß man die Blutsauger ruhig erpressen könne und daß nur das Ideal einer großen, gut organisierten „Familie" dem Leben innerhalb und außerhalb des Gefängnisses eine neue Perspektive geben könne. Als materielle Basis seiner ideologischen Agitation schuf Cutolo ein verzweigtes Netz von Beziehungen durch Gefälligkeiten und Geschenke, eine komplexe Tauschgemeinschaft, deren höchste Verrechnungsstelle und letzte Instanz Cutolo selbst war. Modelle solcher Gemeinschaften finden sich in allen vorkapitalistischen Gesellschaften, und im Rückgriff auf alte, immer noch verbreitete Gepflogenheiten schweißte Cutolo im Laboratorium der Haftanstalten seine „neue Gesellschaft" zusammen. In den Köpfen der Mitglieder wird jede Gefälligkeit, jede Beleidigung, jedes Geschenk und jede Verpflichtung unerbittlich registriert. Jede Rechnung wird beglichen, auch nach Jahrzehnten. Wer in die Gesellschaft eintreten will, stellt sich dem Boß zur Verfügung. Es genügt ein einfaches *Don Rafè, a disposizione*, ein Angebot, dessen Wortlosigkeit in seltsamem Kontrast zum sonstigen Wortschwall des Alltags steht. Erhält man die

Gelegenheit, seine „Disposition“ durch eine Vorleistung zu beweisen, gehört man dazu. Ebenso gehört dazu, wer eine Vorleistung akzeptiert. Es ist fast unmöglich, aus dieser Gemeinschaft wieder auszuscheiden. Wer sich zur Verfügung gestellt hat und ausscheiden will, gilt als Verräter, wer eine einmal erfahrene Gunst „vergißt“, gilt als undankbar. Beide Verhalten unterliegen harten Sanktionen. Da keine Äquivalente getauscht werden, sondern nicht vergleichbare Gefälligkeiten („ich schütze dich vor Kündigung – leih mir deinen Jungen“) kann eine Bilanz nie ausgeglichen werden. Jeder bleibt Schuldner und zugleich Gläubiger an jenem gemeinsamen, unteilbaren Vermögen, das ähnlich wie der Schatz an guten Werken, den nach katholischer Ansicht die Muttergottes im Himmel verwaltet, nur auf dem Gnadenwege verrechnet werden kann. Der Boß empfängt Geschenke wie Opfergaben, Kapitalbeteiligungen an Geschäften, von deren Existenz er kaum etwas weiß, und er verteilt nach seinem Maßstab. Seine wichtigste Führungsqualität besteht darin, unter den Gefolgsleuten nie das Gefühl aufkommen zu lassen, übervorteilt oder mißbraucht worden zu sein. Cutolo als Messias vermittelte das Gefühl von Sicherheit und Gerechtigkeit, und ihm zur Seite stand seine Schwester Rosetta, wie die Jungfrau Maria Fürbitterin der Armen und Buchhalterin der Gnade. Cutolos/Marrazzos Bemerkung, „zwei Gabardinehosen, zwei gekaufte Seelen“, kennzeichnet den zynisch-charismatischen Charakter dieser Herrschaft.

Solange blindes Vertrauen herrscht, ist sie jeder anderen Organisation überlegen. Bürokratie, Papier, Belege, Beweise werden ersetzt durch kleine Zeichen des Vertrauens, durch menschliche hautnahe Beziehungen. Je mächtiger die Gemeinschaft wird, desto größer ist die Umsatzlawine an guten Werken und Vertrauen, die sie in Bewegung setzt. Die „Kette des heiligen Antonius“ verbindet und vervielfältigt auf wunderbare

Weise – ähnlich wie die Geldschöpfung durch Kredit - Disponibilität, Geschenke, das Vertrauenspotential, das jedem Mitglied letztlich zugute kommt. Es scheint mir völlig normal zu sein, daß ein Mann wie Cutolo vom Größenwahn versucht wird, wenn von allen Seiten Industrielle, Politiker, Händler und arme Teufel ihm ihre Dienste antragen, sich in diesen Pool einbringen wollen, um an der himmlischen Beute zu partizipieren. In dieser Gier verraten sie sich letztlich als Menschenhaie. Und auch für den Chef des Pools, den Boß der Bosse, wird es schwierig, sein menschliches Antlitz zu wahren. Es gibt Verräter, die sich zurückziehen wollen, die sich benachteiligt fühlen, die die Mittel- und Rollenverteilung in Frage stellen. Es gibt Undankbare, die sich weigern, ihr Scherflein beizutragen. Aber es gibt keine Möglichkeit begrenzter Abrechnung, begrenzter Sanktionen. Die Schwäche dieser sonst so effizienten Organisation besteht darin, ständig Todesurteile verhängen zu müssen. Vertrauensrisse, die nicht mit Blut gekittet werden, bringen das ganze Gebäude zum Einsturz. Wohltäter, Henker, das sind die beiden Gesichter der Bosse. Bestialische Folklore herausgerissener Herzen, abgetrennter Köpfe, Messerorgien mystifizieren die erbärmliche Zwangslage dessen, der keinen anderen Ausweg kennt als den Mord.

Auf dem Höhepunkt seiner Macht, in den Jahren 1977 bis 1983, bot Cutolo seine Organisation der 'Ndrangheta, der Mafia und der Cosa Nostra als gleichwertigen Geschäftspartner an. Aber er unterschätzte den Rat, den ihm seine Cosa-Nostra-Freunde auf den Weg gaben: „Zuviele Leichen nützen keinem." Es gelang Cutolo nicht, über das bloße Faustrecht hinauszukommen und komplexere Verhaltensformen zu entwickeln, die dem völlig neuartigen Umfang und der neuen Qualität der Geschäfts- und Herrschaftsbeziehungen angemessen gewesen wären[5]. Allein im Krieg innerhalb der neapolitanischen Camorra gab es 1979 immerhin 90 Tote, 1980 dann 148, 1981 schon 237 und 1982 über 270: untrügliche Zeichen, daß Cutolo nicht in der Lage war, seine Macht zu konsoldieren.

4. Epilog

Im April 1981 wurde der christdemokratische, für das öffentliche Bauwesen zuständige Assessor der Region Campania, Ciro Cirillo, von den Roten Brigaden entführt. Cirillo nahm seit Jahren eine Schlüsselstellung ein bei der Vergabe öffentlicher Bauaufträge und -genehmigungen. Die Bedeutung seiner Funktion war nach dem großen Erdbeben vom November 1980 und nach der Bereitstellung riesiger Summen zum Wiederaufbau der zerstörten Gebiete noch gewachsen. Der Politiker war in den Kreisen der Baulöwen, der Bauspekulation und also auch der Camorra einschlägig bekannt. Cutolo verachtete ihn als einen „korrupten Blutsauger". Es ist durchaus möglich, daß er klammheimlich in seinem lumpenproletarischen Rebellismus mit der Aktion der Roten Brigaden sympathisierte. Doch als sich hochkarätige Parteifreunde des Entführten hilfesuchend an den Camorra-Boß wandten, versprach dieser, „aus humanitären Gründen an der Rettung eines Menschenlebens" mitwirken zu wollen. Der berühmte Sozialrebell der sechziger Jahre, Sante Notarnicola[6], der im Zuchthaus die führenden Rotbrigadisten kennengelernt hatte und mit ihnen sympathisierte, stellte für Cutolo die Kontakte her. Cutolo war auf dem Höhepunkt seiner Macht. Er verhandelte mit führenden Christdemokraten, mit Männern des Geheimdienstes, mit Terroristen und Camorri-

5. Pino Arlacchi: Die Mafia und das internationale Geldsystem. In: PROKLA, Juni 1986, Seite 63-69.
6. Sante Notarnicola: L'evasione impossible. Milano 1972.

sten, und er machte das sicherlich nicht umsonst. In seinem Forderungskatalog äußerte er auch den Wunsch, endgültig als unzurechnungsfähig anerkannt zu werden. Im August 1982 erklärte ihn das Kassationsgericht für „nur bedingt zurechnungsfähig". Cutolo leide an Paranoia, Größenwahn und am Verlust der Maßstäbe, mit denen er die eigenen Handlungen, die er mit kühler Intelligenz begehe, hätte beurteilen können: die typische Krankheit der Politiker und der Macher. Cutolo war bereits seit 20 Jahren inhaftiert. Die Chancen, in absehbarer Zeit das von ihm als Prestigeobjekt gekaufte Medicischloß in seinem Heimatort Ottaviano beziehen zu können, schienen zu steigen.

Aber bereits in der ersten Hälfte des Jahres 1982 hatte sich das Blatt gewendet. Einer der von Cutolo gekauften psychiatrischen Gutachter, Professor Aldo Semerari, ein Neofaschist, ein Mann, der im Jahre 1962 Pier Paolo Pasolini als „sozialgefährlich" in eine gerichtspsychiatrische Anstalt einweisen wollte, war auf grauenhafte Weise von Freunden oder Feinden Cutolos ermordet worden. Genaues weiß man bis heute nicht. Aber im Zusammenhang mit diesem Mord wurde die unheilige Allianz von Christdemokraten, Camorristen und Terroristen aufgedeckt, und innerhalb der Camorra kam es zur Koalition aller übrigen „Familien" gegen den größenwahnsinnigen Cutolo. Führende Politiker konnten oder wollten die anscheinend gegen Cutolo eingegangenen Verpflichtungen nicht einhalten. Der Boß hatte die Rolle der Institutionen unterschätzt, deren Macht er nun bei seiner Isolierung im Hochsicherheitstrakt auf der Insel Asinara zu spüren bekam. Die Affäre Cirillo wurde für Cutolo zum Verlustgeschäft – daher die unheimlichen Gedanken an Salvatore Giuliano, die der Autor Marrazzo in den letzten Kapiteln „seinem" Cutolo nahe legt. Salvatore Giuliano, durch Francesco Rosis Film weltberühmt geworden, Sozialrebell und Bandit im Sizilien der unmittelbaren Nachkriegszeit, glaubte, im Dreiecksverhältnis zwischen Banditismus, Mafia und korruptem Staat (damals personifiziert durch den Innenminister Mario Scelba) für sich die Ausreise und die Chance eines neuen Lebens in Amerika erwirken zu können. Er erwies der Mafia die „Gefälligkeit", am 1. Mai 1947 eine Maiversammlung kommunistischer Bauern blutig zu sprengen[7]. Die von christdemokratischen Mafiabossen versprochene „Gegenleistung" traf nie ein. Der unbequeme Giuliano wurde von einem seiner engsten Mitarbeiter verraten und von der Polizei erschossen. Es ist sicher nicht erlaubt, unmittelbare Parallelen zu ziehen. Aber auch Cutolo war nun ein allzu unbequemer Mann geworden. Einer seiner engsten Mitarbeiter, Vincenzo Casillo, 'o Nirone, trennte sich von ihm und flog dafür im Januar 1983 mit seinem Auto in die Luft. Pasquale Barra, 'o Nimale, „das Vieh", sein bevorzugter Killer, und Giovanni Pandico, sein Sekretär im Gefängnis von Ascoli Piceno, begannen schon im Laufe des Jahres 1982 zuerst der Polizei, dann der Staatsanwaltschaft gegenüber auszupacken. Durch Haftbefehle gegen seinen Sohn Roberto, seine Schwester Rosetta und seine Nichte Carolina wurde Cutolo von seinem Familienstützpunkt in Ottaviano abgeschnitten. Im Juni 1983 erfolgte schließlich die große Razzia gegen 856 Personen, die der Bildung einer kriminellen Vereinigung unter Führung Cutolos und anderer Delikte beschuldigt wurden. Cutolos *camorra speciale*, die den Kindern der *miseria* hilft und „die Blutsauger erpreßt" (so Cutolo in *La Stampa* vom 10.2.1983) mußte das Feld räumen: nicht einer gerechteren Gesellschaft, sondern eher wohl zeitgemäßeren Banden des organisierten Verbrechens.

7. Centro Siciliano di documentazione: 1947-1977. Portella della Ginestra: una strage per il Centrismo. Palermo 1977

Il Camorrista von Giuseppe Marrazzo bietet nicht nur eine hervorragende Einführung in die Folklore der modernen Camorra, sondern erzählt auch eine spannende Parabel der Macht und legt Herrschaftsmechanismen frei, die in verschiedenen Verkleidungen in allen Imperien und großen Unternehmungen wirksam sind.

Peter Kammerer

Camorrista

Das mysteriöse Leben des Don Rafele Cutolo

ERSTES KAPITEL

RICHTUNG ASINARA

Auf dem Schiff, das ihn nach Asinara bringt, läßt Don Raffaele Cutolo seine Vergangenheit Revue passieren. Ein Reigen von Erinnerungen und Reflexionen, die er in der Gefängniszelle immer wieder neu belebt hatte, in langen, schlaflosen Nächten, um sich geistig fit zu halten. Alle diese Einzelheiten setzen sich zu einem Mosaik seines Lebens zusammen, seines wahren Lebens, von dem er den Richtern, den Rechtsanwälten, den Gutachtern nie erzählt hat. Alles ist bisher sein Geheimnis geblieben.

Auf der Brücke der *Elisabetta* setzt er seine Übungen unter den aufmerksamen Blicken zweier junger Carabinieri – die Maschinenpistole im Anschlag – fort. Eine Verlegung in ein anderes Gefängnis im großen Stil, wie es dem Boß der Nuova Camorra Organizzata (NCO) zukommt. Don Raffaele kann seine tiefe Befriedigung darüber nicht unterdrücken – auch wenn ihn die Reise weit weg führt in die Isolationshaft in einer der härtesten Strafanstalten Italiens. Don Raffaele hat in seinem Leben immer sehr auf die Form geachtet. Gerade ja wohl auf die Einhaltung von Ritualen ist sein Erfolg zurückzuführen, auf die peinlich genaue, fast besessene Beachtung kleinster Einzelheiten in den menschlichen Beziehungen. Er ist glücklich über den riesigen Aufwand, den man bei seiner Verlegung treibt. Hubschrauber kreisen über der *Elisabetta*, ein weiteres Schiff transportiert seine Koffer und sein Archiv, Schnellboote als

Eskorte: eine Schlachtordnung geradezu, kriegsmäßig geplant von Generälen und hohen Funktionären des Innenministeriums. Alles würdig eines Cutolo, würdig seiner tatsächlichen Macht.

Don Raffaele überlegt mit ununterdrückbarer Befriedigung. Nur ab und zu wendet er sich von seinen Gedanken ab, wirft einen Blick auf die leicht gekräuselten, unglaublich blauen Wellen; aus dem Kommandoraum tönt die krächzende Stimme eines Soldaten, der seinen Vorgesetzten, wohl in Rom, den ungestörten Fortgang der Operation meldet. Im übrigen hat sich Don Raffaele selbst dem Anlaß angepaßt, bis hin zu seinem Äußeren: gut rasiert, die graumelierten, leicht gewellten Haare perfekt in Ordnung (am Vorabend, im Zuchthaus von Ascoli Piceno, hatte er sich den Friseur seines Vertrauens, den besten der Stadt, kommen lassen – wie er das alle zwei Wochen zu tun pflegte), eine Hose aus hellbeigem Gabardine, eine blaue Sportjacke mit vergoldeten Knöpfen, das Hemd aus azurblauer Seide, dazu ein seidenes Halstuch mit einem „Yachtman"-Knoten und eine schwere goldene Kette, am Handgelenk die Rolex, ein Geschenk seiner Getreuen aus Nola.

Wieder denkt Don Raffaele an die wichtigsten Ereignisse seines Lebens. Ein grundlegendes und umstrittenes Kapitel ist da zum Beispiel sein Wahnsinn. Dieses Etikett – denkt Don Raffaele – habe ich mir schrittweise zugelegt, Tag für Tag habe ich daran gearbeitet. Die Professoren sind in meine Zelle gekommen, und ich habe erzählt. Allesamt waren sie hervorragend ausgebildete Wissenschaftler, penibel, gründlich. Sie erwarteten den Verrückten, den Hitzkopf, der um jeden Preis auf ein psychiatrisches Gutachten aus ist. Sie waren überrascht von meiner maßvollen und vornehmen Art, der Art eines Gentleman, meiner Klasse und – wie sie in ihrem Gutachten schrieben – dem Fehlen großer Gebärden. An diesem Mann sei nichts von dem typischen Exhibitionismus desjenigen zu spüren, der abnorm erscheinen möchte; er spreche überzeugend und sei überzeugt von dem, was er sagt. Selbst wenn er sich mit Jesus Christus vergleicht, sage er nicht: „Ich bin Christus." Er verwende eine Analogie, etwa wenn er erzählt: „Ich habe einmal etwas Ähnliches erlebt wie Jesus, als er den Lazarus von den Toten auferweckt hat." Eine tatsächliche Begebenheit mit meiner Tante Giginella. Giginella wohnte bei uns und verfiel oft in todesähnliche Zustände. Sie wirkte wieder einmal wie tot. Bei uns zu Hause war man schon daran gewöhnt, daß sie bleich und starr wie ein Skelett auf dem Bett lag. Die Nachbarn – sie hatten immer einen Grund, zu uns zu kommen und um irgendetwas zu bitten, Petersilie, Knoblauch, ein bißchen Öl (nicht daß wir etwa reich gewesen wären, unter Armen half man sich einfach aus) – also die Nachbarn gingen wieder aus der Küche und kamen an ihrem Bett vorbei, da riefen sie: „Ist sie jetzt wirklich tot?" Meine Mutter fuhr ungerührt in ihrer Arbeit fort, sie machte die Makkaroni für das Abendessen, wie gewöhnlich im letzten Moment. Da ging ich zu Tante Giginella, sie schlief schon seit ein paar Tagen und Nächten, und befahl ihr lächelnd: „Komm wieder zu dir, steh auf! Wir haben kein Geld für ein Begräbnis." Langsam begann Giginella ihre dürren Beine zu bewegen, sie öffnete die Augen, zog die Lippen zusammen und befeuchtete sie mit der Zunge. Die Wiederauferstehung Giginellas wurde mit derselben Gleichgültigkeit aufgenommen wie ihre Erstarrung. Tante Giginella war ein Esser mehr. Und daß ich sie gerade in dem Augenblick erweckt hatte, als das Essen auf den Tisch kommen sollte, gefiel meinem Vater – er war eben vom Feld heimgekommen – gar nicht.

Warum ich diese Episode den Psychiatern erzählt habe, die sie dann in ihrem Gutachten verwendeten? Ehrlich gesagt, ich kann es mir nicht erklären. Ich weiß, durch die vielen Bezüge auf meine Kindheit und Jugend entstand meine Biographie als krimineller Verrückter oder als verrückter Krimineller. Unbedeutendes und Normales, das jeder von uns als Kind und Heranwachsender erlebt, wird plötzlich zu Faktoren einer Krankheitsgeschichte.

Die erste Gewalttat zum Beispiel. Ich gab einem Spielkameraden, einem Kind, eine Ohrfeige. Er war aufs Feld gekommen und hatte mir grinsend gesagt, daß mein Vater gestorben sei. Genauso ist das damals geschehen mit Carmeniello. Es war ein heiterer, klarer Frühling; die Haselnußsträucher standen in hellem und zartem Grün. Meine Mutter, Carmela 'a Monaca, hatte mich losgeschickt, ich sollte *'o palluóttolo* fürs Abendessen suchen, Sprossen von einem wilden Kohl, die sehr gut schmekken. Man brät sie – sie bekommen dann ein gutes Aroma – und ißt sie mit Brot. „Besser als Fleisch!“ stellte meine Mutter fest, denn Fleisch gab es nur selten. Carmeniello lief auf mich zu, hüpfte wie ein Ziegenbock herum, Arme und Beine abwechselnd in der Luft, und schrie: „Rafè, Rafè, komm her!“ Als er vor mir stand, schnitt er eine Grimasse – dieses Grinsen erschien mir damals völlig unangebracht – und sagte: „Rafè, komm, dein Vater ist tot.“ Ich antwortete ihm mit einer Ohrfeige. Vielleicht waren Wut und Schmerz daran schuld, daß ich mich in diesem Augenblick an ihm abreagierte. Ich weiß es nicht. Carmeniello war verblüfft, er hielt sich die gerötete Wange, ohne weiter zu reagieren, und folgte mir dann zum Dorf.

Die Ohrfeige für Carmeniello wird als erstes Anzeichen meiner Gewalttätigkeit zitiert, eines jähzornigen, impulsiven, aggressiven, rebellischen Charakters: die Anlage zu meiner späteren „primären“ oder „sekundären“ Epilepsie. Ich habe nie so richtig verstanden, woher sie kommen und wie „schwer“ sie sein soll. Unter meinen Vorfahren gab es – angeblich – Idioten, Schizophrene und Exzentriker; aus allem holten sie etwas heraus. Onkel Gennaro zum Beispiel, der sich flußaufwärts im Land versteckte, wenn er eine Wunde hatte, sie mit Erde heilte, der auf Arzt und Medizin verzichtete, die ihm übrigens auch niemand verschafft hätte. Er war ein guter und großzügiger Mensch, immer vertieft in seine Gedanken, seine Erinnerungen an den Afrikafeldzug. Er hatte nie heiraten wollen, und nur mir zeigte er verstohlen das Foto eines Mädchens aus Asmara; sie war schmächtig, groß, elegant, sie hatte ein ovales Gesicht und große, leuchtende Augen, weiße, ebenmäßige Zähne wie aus Elfenbein, eine Haut wie Alabaster. „Rafè, ein Mädchen wie dieses hat man hier in Ottaviano noch nie gesehen, da kannst du sagen, was du willst." War es nicht verständlich, daß er lieber alleine blieb? Er war störrisch und widerborstig. Mit angerührter Erde und ein wenig Farbe, die er von einer Mauer abkratzte, mit einem Pinsel aus einem dünnen Haselnußstöckchen und ein paar seiner schwarzen, krausen Haare malte er Bilder mit Kühen und Bäumen, mit grünen Orangenhainen, mit Oasen und Wüsten, vom Sonnenuntergang in Feuer getaucht. Die fertigen Bilder vergrub er aber immer gleich, er hatte Angst, daß irgendein Dörfler seine heimliche Leidenschaft entdecken und ihn verspotten könnte. Er drohte oft: „Rafè, sag zu niemandem irgendwas, auch nicht zu deinem Vater oder deiner Mutter." Er verstand sich nicht mit ihnen, auch weil sie ihm den Teller Makkaroni mit Tomatensoße nicht gönnten. Wenn er nach den Nudeln fragte, ob es noch etwas anderes gäbe, bekam er von seinem größeren Bruder Michele 'a Monaca unweigerlich zu hören: „Steh auf und hau ab." Das war der „Hauptgang", immer dieselbe brutale Zurückweisung, immer derselbe arrogante Satz. Onkel Gennaro nahm sein halbleeres Glas und ging hinaus auf die Felder, alleine, niedergeschlagen, mit einem geschmeidigen Stöckchen in der Hand, einem Haselnußzweig, den er mit seinem afrikanischen Messer verziert hatte.

Tante Filomena ist eine andere suspekte Verwandte, die man in meinem Stammbaum aufgestöbert hat. Ich erinnere mich kaum an sie. Ich weiß nur, daß wir sie ins Irrenhaus brachten, weil sie sich jeden Tag im Gras ausruhen wollte, nachdem sie vom Morgengrauen bis zum Mittag ununterbrochen auf dem Feld gearbeitet hatte – für eine Pause und einen Bissen Brot.

Sie war eine schöne und blühende Frau mit üppigen Brüsten und wohlgeformten, weichen Schenkeln, die weichen, gewellten Haare fielen ihr wie ein langer Pferdeschwanz auf den prächtigen runden Hintern. Ihre Augen waren grün. Sie hatte nichts von den anderen Frauen bei uns, die einen schwarzen Pelz an Armen und Beinen tragen – Haare, weich und voll, hatte sie nur zwischen den Beinen. Ich streichelte sie mit der rechten großen Zehe, damals war ich noch ein Kind, als ich mit ihr auf ihrem Feldbett schlafen mußte, weil es sonst keinen Platz gab.

Im Frühling legte sich Tante Filomena nach der Arbeit in das weiche Gras, unter den Kirschbaum mit seinen Tausenden zarter, weißer, rot angehauchter Blüten. Sie schien erregt, ihre Augen blickten unstet und glühend in den blauen Himmel von Ottaviano.

Mein Vater meinte, er müßte sie dem Pfarrer und dem Arzt zeigen. Dr. Chiarazzo kam nicht, er kam nie, obwohl ich ihm jeden Samstagabend einen Korb mit frischen Früchten brachte.

Don Peppino jedoch bemühte sich hinaus aufs Feld, just an einem Mittag, als Tante Filomena im Gras eingeschlafen war; ihr Rock war hochgeschlagen bis über die schönen, weichen Schenkel, und die bestickten Ränder ihrer Unterhose ließen die Schamhaare sichtbar werden. Mein Vater und Don Peppino flüsterten miteinander. Da schüttelte sich Filomena wie von einem Schauer ergriffen, der Pfarrer – die Hände tief in den

Taschen seines Habits vergraben und die kleinen, kurzsichtigen Augen fest auf das Schamhaar gerichtet – rief: „Da ist nichts zu machen. Du mußt sie ins Irrenhaus Tristone bringen." Und dann brachte er noch ein lateinisches Wort an: „Ein *raptus* hat sie ergriffen."

Meine Tante landete im Irrenhaus und dann in meiner Krankengeschichte zur Stützung der These von meiner „primären" Epilepsie, die Dutzende von Psychiatern bestätigt haben, die anzuerkennen sich die Richter jedoch weigern. Meine Krankheit wurde auf dem Papier konstruiert, mit Hilfe tiefschürfender Untersuchungen, festgehalten in Dutzenden von Aktenordnern. Das ist schon Geschichte. Man hat auch herausbekommen, daß ich durchdrehe, wenn man mir die Kehle zudrückt. Das Blut fließt dann stärker und ungestümer ins Hirn, und ich wehre mich in einem unkontrollierbaren Ausbruch grenzenloser Wut und setze mich um jeden Preis durch. So hat die Wissenschaft mein erstes Verbrechen erklärt, den Mord, der mir eine Verurteilung zu 28 Jahren Zuchthaus eingebracht hat.

Ich war mit dem Auto nach Ottaviano zurückgekommen. Meine Schwester Rosetta hatte es mir gekauft vom Lohn ihrer anstrengenden Arbeit als Stickerin, bei der sie sich die Augen verdarb: Stick- und Näharbeit für die Aussteuer der reichen Mädchen von Ottaviano. Sie wollte, daß ich einen Autoverleih aufmache. Aber dazu blieb keine Zeit. Meine und ihre Hoffnungen zerbrachen auf dem *corso* von Ottaviano.

Bei mir war Michele Visone, ein Bursche, mit dem ich meine Zeit verbrachte. Das Auto war wegen einer Panne stehengeblieben, wir waren ausgestiegen und hatten begonnen zu schieben. Es war Juni, und auf den Gehsteigen gingen wie üblich die arbeitslosen Jugendlichen auf und ab und wechselten bedeutungsvolle Blicke mit den wenigen Mädchen, die im Dorf spazieren gingen. Vor der Kirche standen der Stadtpolizist Don

Liborio und der Zweite Bürgermeister und tuschelten miteinander. Körperliche Anstrengung treibt einem das Blut ins Hirn, bei mir hat sie immer ein widerwärtiges Gefühl von Angst und Beklemmung hervorgerufen. Das ist wahr, ich kann's beschwören. Zwei Mädchen bummelten vor mir her, und da sie sich demonstrativ unverschämt und arrogant gaben, ließ ich mit einem vielleicht nicht gerade feinen Ausdruck Dampf ab: „Haut doch ab, leckt mich am Arsch." Sie reagierten sofort, und zwei Jungen mischten sich in den Streit ein. „Wenn sie meine Schwester wäre, würdest du hier nicht lebendig wegkommen", sagte einer. Ich kannte ihn, es war Michele Viscido. Auf dem Dorf kennt ja jeder jeden.

Als ich auf ihn zuging, faßte mich Michele sofort am Halstuch und drückte mich gegen die Mauer. Da war er, der Druck auf die Kehle, der mir das Blut ins Hirn strömen läßt. Ich erinnere mich noch an den wilden Blick Micheles, der meine Augen traf wie ein Schwert. Einen Moment entzog ich mich diesen unversöhnlichen Augen, aus denen infernalisches Feuer blitzte und sah ringsum nur neugierige, fragende Blicke: „Und jetzt, was machst du nun?" Bei uns kann ein banaler Vorfall ein Leben hinter Zuchthausmauern bedeuten. Es gibt ein Gesetz, das du von Geburt an lernst. Mehr noch: Du wirst schon mit diesem Gesetz in dir geboren, hast es im Blut, im Geist, im Herzen. Und von klein auf lebst du mit dem Alpdruck, es anwenden zu müssen, statt sich alles gefallen zu lassen. „Wenn du dich verprügeln läßt, gebe ich dir den Rest", hat mein Großvater immer gesagt.

Die Augenblicke erschienen mir wie eine Ewigkeit. Ich ergriff meine Pistole und schoß ihm ins Herz. Ich sah Michele vor mir zusammenbrechen wie den Stier zu Füßen des Toreros. Ich sah mich um, und ich sah – noch ehe die Männer und Frauen in jenes Schreien und wilde Gestikulieren ausbrachen, das eher für ein Lustspiel typisch ist als für eine Tragödie – Blicke voller Zustimmung und Befriedigung. Ich hatte getötet, hatte das Gesetz respektiert, das bei uns wuchert wie das Unkraut an den verfallenden Mauern der alten Häuser. Ich war konsequent gewesen, besser und stärker als der arme Michele, der auf dem Gehsteig lag in seinem Blut, das pulsierend strömte, in mechanischen Stößen, wie angetrieben von einem äußersten Lebenswillen.

Ich warf die Pistole weg und lief davon, nach Hause: Auch dieses Mal hatte ich keine Prügel heimgebracht. Meine Mutter hatte die Nachricht schon erhalten, die Buschtrommeln Ottavianos waren schneller gewesen, dieses primitive Kommunikationsmittel eines primitiven Stammes, eine Kette von Stimmen, von Schreien, von Nachrichten, wollüstig weitergegeben von Mund zu Mund. Der Genuß ist um so größer, je tragischer, dramatischer, tödlicher das Geschehen: der gewaltsame Tod eines Mannes mitten auf der *piazza* wird zum Schauspiel.

„Was haben sie dir getan?“ Schreiend empfing mich meine Mutter. Sie wußte, daß ich jemanden umgebracht hatte, aber um mich sorgte sie sich. Zum ersten Mal nahm sie mich in die Arme, betastete mich. Nach und nach traten die Nachbarn ein. Sie weinten, fluchten auf Michele, den Toten, den sie einen Provokateur nannten, einen Vagabunden, den Ruin unserer Familien. Keine Rede davon, daß er Opfer eines Verbrechens geworden wäre. Eine schweigende Zustimmung umgab mich, eine starke, intensive menschliche Wärme – so, als ob mir Nannina 'a Ciaciona, Giovanni 'o Nerone, Lillina 'a Pecora, Totonno 'o Brigante, Cicenerella 'a Boss und all die anderen ihre Lebensenergie, ihren Mut einhauchen wollten.

Ich fühlte mich ermutigt und sicher, auch als der Polizist Perillo mit zwei Carabinieri kam und ein wildes Fäusteschütteln und Geschrei ausbrach, als sich die Handschellen um meine Gelenke schlossen. „Laßt den Jungen bei der Mutter, bringt ihn nicht weg." An die Stelle der wollüstigen Aufmerksamkeit für den Ablauf der Tragödie, die ich kurz zuvor noch in den Blicken der Leute auf der *piazza* gelesen hatte, trat in Gassen und Hinterhöfen eine offenkundige, ehrliche, ununterdrückbare Anteilnahme.

Ich nahm meine wenigen Habseligkeiten und ging mit den Carabinieri. Ich warf noch einen flüchtigen Blick auf das alte, heruntergekommene Haus, den Garten, die Pergola, prägte mir noch einmal alles ein, was mir vor die Augen kam, so als wollte ich feste Anhaltspunkte in meinen Geist eingraben, an die ich mich klammern konnte in den Tagen, den Jahren im Gefängnis, die mich erwarteten. Mit einer heftigen Bewegung befreite ich mich aus den Armen meiner Mutter, abschütteln wollte ich auch das Unbehagen, das ich spürte, als mir ihre Tränen in den Kragen liefen.

Kurz zuvor war ich zwanzig Jahre alt geworden. Man wird erzählen, daß ich bis dahin Meßdiener war, als Schreinerlehrling gearbeitet hatte, als Metzgergehilfe. Ein braver Junge, wie der tote Michele. Beide Opfer des hitzigen Temperaments, genährt aus dem falschen Stolz, der dir schon von Kindheit an eingetrichtert wird. Du hast die Camorra im Blut, wie alle hier im Dorf. In den Gutachten wird man über Onkel Gennaro und Tante Filomena und die andern verrückten Verwandten schreiben, um eine Erklärung für meinen Charakter zu finden, für meine latente Gewalttätigkeit. Da gab es freilich niemanden, der die wahren Gründe untersuchen und verstehen wollte. So entstehen historische Dokumente auf amtlichem Papier, in denen dir eine Persönlichkeit zugeschrieben wird, von der du keine Ahnung hattest. Die Professoren untersuchen dich, erforschen dich, fragen dich aus, behandeln dich wie eine

Schießbudenfigur. Wovon ist Raffaele Cutolo befallen? Von einer erworbenen oder einer angeborenen Epilepsie? Von Schizophrenie? Oder von allem zusammen? Niemand, der verstehen will, wie und wann die Gewalttätigkeit wirklich entstanden ist. Der ein Datum, einen Augenblick festlegt. Vielleicht bringt das ja auch gar nichts. Wie in Dutzenden, ja, Hunderten anderer Orte, so ist auch in Ottaviano die Geschichte für alle gleich, Große wie Kleine sind ihr unterworfen. Es gibt niemanden, der wahrhaft deine Geschichte schreibt oder auch nur anhören will; sie ist ja auch dieselbe wie die vieler anderer Menschen, die wie du in dieser barbarischen, grausamen Gegend aufgewachsen sind, wo die Unterschiede vor der Geburt zugeteilt werden.

Die Lehrerin, die aus der Toskana kam, regte sich immer auf, weil wir den Kochtopf nur *caccavella* nannten; den Ausdruck *pentola* nahmen wir nicht an. Keiner hat ihr je erklärt, daß unsere Eltern, Verwandten, Freunde zu Hause allesamt *caccavella* sagen. Als ich eines Tages tatsächlich *pentola* zu sagen wagte, mußte ich einiges einstecken. Ich konnte wie meine Kameraden dieses und andere Wörter kaum im Gedächtnis behalten. Vielleicht wäre es einfacher gewesen – allenfalls hätten wir dieselbe Mühe aufwenden müssen –, wenn wir unseren Dialekt in Englisch oder Französisch hätten verwandeln müssen. Italienisch war für uns ebenso fremd wie Russisch.

Die unflexible toskanische Lehrerin hielt uns unverändert für schwachsinnig, und ich fühlte mich ohnmächtig ihrer Ungerechtigkeit ausgeliefert. Vielleicht habe ich mit den Psychiatern nie darüber gesprochen: über das Gefühl der Einsamkeit, des Ausgeschlossenseins, die ersten Signale einer Stigmatisierung, über die ersten Leiden, die ersten Ängste, die ersten Enttäuschungen. Gefühle, die Abstand zur Schule schaffen, sie unmittelbar zu etwas Bedrohlichem, Feindseligem machen. Dr.

Borriellos Sohn wurde immer aufgerufen, um Gedichte vorzutragen, oder er wurde uns anderen als Beispiel hingestellt, wie man ordentlich, gut gekleidet, sauber und wohlerzogen zur Schule zu gehen hat. Bei ihm zu Hause hieß es auch *pentola* statt *caccavella*. Für ihn waren die Wörter, die die Lehrerin einführte, nicht fremd, für ihn war es selbstverständlich, diese Wörter zu verwenden.

Eines Tages sagte mein Vater, während er die Hacke an der Türschwelle säuberte, zu meiner Mutter, ohne sich zu ihr umzuwenden: „Ich muß zu Don Alfredo gehen. Ich muß ihn bitten, daß er mit dem Cavaliere Astoria spricht."

Dann wandte er sich an mich, immer noch damit beschäftigt, die festgetrocknete Erde von der Hacke abzukratzen, und fügte hinzu: „Und du richtest einen Korb mit Mandarinen her."

Wenn mein Vater über wichtige Dinge sprach, wurde er noch ernster, als er normalerweise schon war. Er war klein, Arbeit und Arthrose hatten seinen Rücken gebeugt. Sein Blick war jetzt düster geworden; auf der Stirn zeigten sich tiefe Falten, aber die hellen Augen wurden dadurch noch schärfer, noch ausdrucksvoller. Gesprächig und unbeschwert war er nie. Meine Mutter sagte immer: „Dir muß man die Worte mit der Zange aus dem Mund ziehen." Seinen Teller dicke Nudeln mit Soße aß er laut schlürfend; und nach einem Glas Wein vom eigenen Weinberg – er benutzte den Wein auch zum Zähneputzen – ging er schweigend vom Tisch. Wir blieben sitzen und spielten mit den Brotkrümeln, ich, meine Schwester Rosetta, mein ältester Bruder Pasquale. Nie gab es eine Unterhaltung, nie eine Diskussion über die Schule, die doch auch für meinen Vater ein Problem war, wenn er das Zeugnis unterschreiben mußte. Der Federhalter war für ihn viel zu klein (das war ja auch nicht der dicke Stiel der Hacke, sein Werkzeug von Kindheit an), die

Finger wurden ihm steif, verkrampften sich zu einem knorrigen, gichtigen Zweig, und die Bewegungen seiner Hand wurden grob und unnatürlich. Es war sehr mühsam, ihn dazu zu bringen zu unterschreiben. Keinen einzigen Blick warf er auf die Noten, nicht einmal aus Anstand. Er konnte ja auch weder lesen noch schreiben, ebensowenig wie meine Mutter und meine gesamte Verwandtschaft.

Der Gedanke an Cavaliere Astoria mußte ihn mehr plagen als üblich, denn er kehrte zurück und ließ sich auf seinen Stuhl fallen. Der Stuhl hatte aus Stroh geflochtene Sitzflächen und war an die Wand gelehnt, da ein Bein kaputt war. Wortlos ging meine Mutter zu ihm mit einem tiefen Teller, der bis zum Rand mit Wasser gefüllt war, auf dem Öltropfen schwammen. Dies war die herkömmliche Art, Kopfweh zu vertreiben: Sie hielt den Teller meinem Vater über den kleinen, birnenförmigen Kopf, ließ die flache rechte Hand über der Wasseroberfläche kreisen und murmelte unverständliche Worte. Auf dem Wasser bewegten sich träge die Öltropfen, winzig und gelb, wie kleine unbekannte Planeten in dem Universum, das die Phantasie des Volkes erschaffen hatte. Aberglauben verbindet sich hier mit eiserner, überkommener Logik: Diese Behandlung wirkt nur, wenn sich die winzigen Öltropfen zu einer einzigen Fläche vereinigen. Dann vergeht die Migräne.

„Ruf 'a Longa", schrie mein Vater, „du kannst das nicht." Meine Mutter schlurfte zur Tür. „Filumè, Filumè", rief sie mehrmals mit der Stimme einer Henne, der man den Hals umdreht.

Filumena erschien, groß, ernst, feierlich, die Haare zu einem Zopf geflochten und wie eine Krone um den Kopf gelegt. In ihrer schroffen und barschen Art nahm sie meiner Mutter den Teller aus der Hand, die mit einem unmerklich verärgerten Gefühl über ihren Ausschluß vom Ritus reagierte.

Von der Höhe ihrer Einmeterachtzig herab begann 'a Longa mit dem Zauber. Filumena sah aus wie eine der Statuen im Schloßgarten, der sich am Abhang von Ottaviano erstreckte und an unser Haus grenzte. Ihre Bewegungen waren gemessen, königlich, streng, die Augen hatte sie halb geschlossen; der Teller schwebte unbeweglich über dem Kopf meines Vaters, ihre rechte Hand mit den langen, schlanken Fingern beschrieb kleine Kreise über dem Wasser, als wollte sie mit Hilfe eines Fluidums die Öltropfen zusammentreiben und vereinigen. Ihr Flüstern war weder hastig noch konfus, dennoch war ihren Worten kein Sinn zu entnehmen. So feierlich und ernst war die Handlung, daß sogar wir Kinder davon gefesselt und eingeschüchtert waren und das Ritual schweigend und gebannt verfolgten. Das Gesicht Michele 'a Monacas unter dem Teller war versteinert, eine Maske, in Granit gehauen. Dann plötzlich seufzte mein Vater erleichtert und befreit auf, entspannte sich, und 'a Longa beendete das Ritual.

Zur Zeit meiner Kindheit war unter den Armen auf dem Land eine eigene, tief in der bäuerlichen Welt verwurzelte Heilkunst verbreitet. Auch Dr. Scamardella hütete sich, in den seltenen Fällen, in denen er gerufen wurde, seine Wissenschaft der primitiven Volksmedizin entgegenzusetzen. Daher war auch Filumena 'a Longa der „Hausarzt“, und für die einfachen Leute war es selbstverständlich, sich an sie zu wenden. Sie kam dann mit ihrem Schwefelstein – den sie sonst wie einen Diamant in einer Vitrine auf einem Porzellansockel zur Schau stellte –, um unsere Verletzungen zu ätzen. Mit bewährtem Resultat: Das Blut hörte auf zu fließen, und die Haut schloß sich in wenigen Tagen.

Das funktionierte auch, als mir Carminuccio mit der Pistole seines Vaters in die Wade schoß. Pistolen und Gewehre waren bei uns zu Hause übliche, vertraute Geräte. Sie lösten bei uns Jungen keinerlei Angst aus. Kaum drang der Lärm eines Streites auf der *piazza* durch das Fenster, konnte man auch schon die Verwandten der Beteiligten sich bewaffnen und zu Hilfe eilen sehen. Oft habe ich miterlebt, wie Onkel Gennaro seine Doppelbüchse von der Küchenwand nahm und schweigend, voller Wut, verschwand; die Frauen des Dorfes sahen ihm von ihren Hauseingängen nach, staunend oder vielmehr mit der Bewunderung für einen mutigen Mann, der einer Gefahr entgegengeht.

Der Cavaliere Astoria ließ durch Ferdinando 'o 'Mpestone eine Botschaft überbringen. „Michè, der Cavaliere möchte dich sehen, gleich, heute noch."

Für meinen Vater war das wie ein Schlag auf den Kopf. Doch dieses Mal reagierte er nicht mit Migräne (er entzog sich so, wie ich meine, unbewußt allem, was für ihn ein ungerechtes und ungesetzliches Ultimatum des Cavaliere war). Den Astoria gehörten die besten Güter am Berg, und die Pächter verhielten sich ihnen gegenüber immer noch wie schwache und unterwürfige Vasallen. Über die jährliche Pacht hinaus versuchten sie, die Herren auf tausenderlei Art bei Laune zu halten. Sie ließen es ihnen nie an frischem Gemüse, Obst und Hühnern fehlen. Die *'nccoppatura*, der beste Teil der Produkte, und die kaum gelegten, noch warmen Hühnereier waren für den immer kränklichen und blassen jungen Herrn Oronzini bestimmt. Aber alle Aufmerksamkeiten und die fast sklavische Unterwürfigkeit reichten nicht aus, um den Cavaliere gewogen zu machen – sobald es darum ging, die Pacht zu erhöhen, ließ er keine Einwände zu. Es half nichts, den notwendigsten Bedarf der Familie aufzuzählen, die notwendigen Ausgaben für Dünger und Mist. Es war vergeblich, ihm Steuerbescheide zu zeigen oder über den Hagel zu klagen, der die gesamte Ernte verdorben hatte.

Die Astoria besaßen ein Haus mitten im Ort, einen Jugendstilbau mit zwei Stockwerken. Die Fensterläden waren meist halb geschlossen, und hinter ihnen verborgen beobachtete Donna Lucietta, die ledig gebliebene Tochter der Familie, mit ihren kleinen, grauen, flinken Mausaugen die Leute von Ottaviano, durchleuchtete sie wie mit Röntgenstrahlen.

Sie war es auch, die uns empfing, die gelben, lückenhaften Zähne zwischen schmalen Lippen gebleckt. Als sie die Tür öffnete, hatte mir mein Vater gerade eine Kopfnuß gegeben, weil ich zwei, drei Pfirsiche aus einem der schweren Körbe hatte fallen lassen. Ich war noch benommen von dem Schlag, und das Fräulein Lucietta ließ sich herab, mir über die Wange zu streicheln. Die Haut ihrer Hand kam mir vor wie grobes Schleifpapier.

Der Cavaliere Astoria empfing uns im Salon, einem großen Raum mit Spiegeln, die aus dem Palazzo Reale in Neapel stammten, wo man alljährlich Einrichtungsgegenstände verschleuderte. An den Wänden befanden sich Bilder vom Landleben aus dem neunzehnten Jahrhundert, von der Decke hing ein großer Kristalleuchter. Der Cavaliere saß an einem Schreibtisch, dessen Ecken mit seltsamen Messingfiguren geschmückt waren, hinter ihm war das Porträt eines schnurrbärtigen, würdevollen Alten zu sehen, an dessen Weste eine goldene Kette hing: der Großvater der Astoria. Der Cavaliere war kräftig gebaut, doch nicht sehr groß; er schnaufte unentwegt, wobei die Unterlippe, die wie ein Rüssel vorsprang, sich rhythmisch bewegte, sich zurückzog und dann wieder aufblähte. Sein Atem ging schwer und asthmatisch, wohl auch wegen der dicken Zigaretten, von denen der Cavaliere eine, in ein goldenes Mundstück gepreßt, zwischen den Fingern hin und her drehte.

„Mein lieber Michele, wie oft muß ich dich rufen lassen, bis du kommst?“ fragte der Cavaliere Astoria im Ton gutmütigen Vorwurfs, als mein Vater vor den monumentalen Schreibtisch trat. Ich fühlte mich wieder gut – aufgerichtet, endlich frei vom Gewicht der zwei Körbe, die mir das Fräulein Lucietta abgenommen und dem Dienstmädchen übergeben hatte.

„Cavaliere, dieses Jahr waren wir alle krank. Alles ist schlecht gelaufen, es hat zwei Wochen geregnet, das hat es noch nie gegeben. Alles ist kaputt. Ihr werdet weinen, wenn Ihr aufs Feld kommt. Orangen und Mandarinen liegen auf der Erde, und die Vögel fressen sie“, klagte mein Vater im gewohnten Dialekt.

„Michè, du solltest nicht immer klagen. Du klagst das ganze Jahr, und das bringt dir Unglück“, entgegnete der Cavaliere, ebenfalls im Dialekt, um meinem Vater klarzumachen, daß er aus demselben Holz war und die Tricks kannte, das weinerliche Gejammer und die Ausreden, mit denen die Pächter Mitleid zu erwecken und hundert Lire zu sparen versuchten. Das ist der Lohn für die unglaubliche Erniedrigung, für die elendeste aller Möglichkeiten des Überlebens. Die Bauern werden schon mit krummem Rücken geboren, damit sie auf der Erde knien und vor Gott und den Menschen um Gnade flehen können. Eine physische wie moralische Haltung, aus der sich ein Landarbeiter kaum befreien kann. Er bleibt sein Leben lang gezeichnet, geistig und körperlich.

„Michè, wenn du nicht bezahlst, mußt du gehen“, antwortete der Cavaliere mit seiner bronchitischen, hohlen Stimme, und seine Rüssellippe trat noch monströser hervor. „Tut es für Euren Sohn“, flehte mein Vater weiter und kniff dabei die Augen zu, wie um zu weinen – doch Tränen blieben aus. Der Gedanke, von dem Land vertrieben zu werden, das auch schon sein Vater sein Leben lang bearbeitet hatte, mußte ihn völlig vernichten. Im Gegensatz zu den Astoria, den Besitzern, kannte er jeden Graben, jeden Strauch, jede Scholle.

Bei dem Gedanken, daß er von einem Tag zum anderen seine Arbeit für immer verlassen sollte – die einzige, die es für ihn gab -, durchfuhr ihn tief innen ein jäher, scharfer Schmerz wie ein Feuersturm vom Magen bis zum Hirn.

„Du kannst jetzt gehen", befahl der Cavaliere. Er war zum Italienischen zurückgekehrt, zu der Sprache, die den Abstand zwischen uns Bauernbüffeln und ihm, dem Erben der Astoria, wieder herstellte. Rückwärts gehend durchquerten wir den ganzen Salon, bis wir an die Tür stießen. Wieder tauchte das Fräulein Lucietta auf, schief und mager, in den Händen ein Paket mit den üblichen ranzigen Keksen, die noch vom vergangenen Ostern übrig waren. „Alles Gute", sagte sie mit übertriebener Herzlichkeit, wohl wissend, welchen Abschied uns gerade zuvor ihr Bruder gegeben hatte.

Mein Vater antwortete mit einer kleinen Handbewegung. Er hatte einen Kloß im Hals und brachte kein Wort heraus. Als wir dann draußen auf der Treppe waren, liefen ihm die Tränen die Falten hinab, die Sonne und Wind in sein Gesicht gegraben hatten. Wir gingen schweigend, doch dann hörte ich ihn den Namen Don Alfredo Maistos murmeln, wie eine letzte Hoffnung.

Auch zu Hause blieb er noch stummer als sonst. Es war das wohlbekannte quälende Schweigen, das sich mit der monotonen, bedrückenden Atmosphäre in unserem Haus verband. Meine Schwester konzentrierte sich auf ihre Ajourstickerei, meine Mutter war mit der Zubereitung der üblichen Makkaroni beschäftigt, als ob es Lasagne oder Zicklein nach Jägerart wären, die großen Festtagsessen. Mein Vater hat stets allein durch seine Anwesenheit eine Atmosphäre von Tragik verbreitet, die alle spürten, ohne daß er auch nur ein Wort sprach. Uns allen war klar, daß wir vor einer Wende in unserem Leben standen. Die Astoria bestimmten mit ihrer Macht unser

Schicksal, und unsere einzige Hoffnung ruhte nun auf Don Alfredo Maisto, auf dem entscheidenden Eingriff des einflußreichsten Boß der Gegend.

ZWEITES KAPITEL

BEGEGNUNG MIT EINEM ECHTEN BOSS

Piparella kam und benachrichtigte uns, daß Don Alfredo uns am nächsten Tag um fünf Uhr erwarte. Eine Welle der Hoffnung mischte sich in die beklemmende, fast mit Händen greifbare Spannung. Ich stellte mir Don Alfredo schon wie den Erzengel Gabriel vor, wie die Pappmachéfigur auf dem Hochaltar unserer Kirche mit dem gezückten Schwert in der Rechten und der Waage in der Linken; sein Fuß zertritt einen gehörnten Teufel. Allerdings mit einem Unterschied: An die Stelle des Teufels setzte ich den Cavaliere Astoria. Wenn ich als Meßdiener vor dem Altar stand, verzauberte mich der Anblick des schönen, hochgewachsenen Erzengels mit seinem Helm und dem Federbusch darauf, dem roten Mantel, der blauen Tunika, der funkelnden Rüstung. Und ich fragte Don Peppino, was der Erzengel denn mit seiner Waage zu wiegen hatte; er antwortete, daß er damit Privilegien und Übergriffe messe, um den Armen Gerechtigkeit zuteil werden zu lassen.

Ich war in meine Phantasien von Don Alfredo versunken, als mir mein Vater sagte, daß ich ihn begleiten müsse, um die beiden üblichen Körbe mit dem ersten Gemüse und den Eiern zu tragen. „Wir müssen wohl mit den Füßen anklopfen!" meinte er; das sollte heißen, daß wir mit Händen voller Geschenke dort erscheinen würden. Kaum im Bett, ließ ich wieder die Vorstellungen an mir vorüberstreichen, die ich von dieser Persönlichkeit hatte.

In Ottaviano galt Don Alfredo als allmächtig. Giginella, ein Mädchen aus unserem Dorf, hat auf sein Eingreifen hin heiraten können. Generoso hatte sie eine Nacht in einem Heuschober am Berg bei sich gehabt und sie dann dem Klatsch und der Verachtung überlassen. Nachdem er einen Hilfsarbeiterposten bei der Bahn erhalten hatte, wollte er etwas Besseres als Giginella. Da nützten ihre Tränen nichts, auch nicht die Szenen, die sie ihm vor seinem Haus machte, oder das entschiedene Eintreten der Maddalena 'a Trammista. Am Tage der heiligen Lucia hatte man traditionsgemäß einen großen Scheiterhaufen errichtet aus alten Stühlen, Reisig und anderem Zeug, das als Opfer für ein besseres Leben verbrannt werden sollte. Und als am Abend das Feuer loderte, versuchte Giginella, Generoso in die Flammen zu stoßen. Doch Regina 'a Storta riß die Anwesenden mit ihrer rasenden Trommelei mit, und so löste sich der Streit auf in dem wahnsinnigen Durcheinander von Gesang, Trommelschlägen und dem wilden Tanz der Männer und Frauen, die sich austoben und gehen lassen wollten, die ihre Ängste, ihr Elend, ihre Not in die hoch emporschlagenden Flammen warfen. Giginella hatte ein Messer dabeigehabt, versteckt in ihrem Rock, um Generoso ein unauslöschliches Mal beizubringen als Ausgleich für seine Weigerung, sie zu heiraten.

Don Alfredo brachte alles ins Reine. Er ließ Generoso kommen, der nach kaum einer Stunde wieder zurück war, sehr kleinlaut, gefügig und höflich; er war bereit, den Hochzeitstag festzulegen.

Auch zugunsten Carmeniellos hatte Don Alfredo eingegriffen. Zwei Geschäftemacher aus Sant'Anastasia wollten die gesamte Nußernte Carmeniellos für weniger als die Hälfte des Marktpreises aufkaufen. Sie hatten sogar schon die Lastwagen dabei, um die Haselnüsse gleich aufladen zu können. Carmeniello wandte sich an Don Alfredo. Es genügte, daß der Boß ihn zu seinem Hof begleitete. Kaum sahen die beiden Händler ihn am Beginn des Feldweges, der den Berg hinaufführt, starteten sie ihre Lastwagen und verschwanden den Abhang des Vesuvs hinunter. Auch auf dem Obst- und Gemüsemarkt von Nola zahlten die Händler den Bauern sofort höhere Preise, wenn Don Alfredo nur auftauchte. Er hat eine Schwäche für Leute, die sich bücken müssen, um den Boden zu bearbeiten, sagte man im Dorf; denn auch er kam aus einer Landarbeiterfamilie.

Er wurde als gerecht geschildert, allerdings auch als unerbittlich in seiner Rache. Den Eisenbahnern jagte er großen Schrecken ein, als er einen seiner Feinde mit dem Kopf auf die Schienen drückte und ihn dort noch festhielt, als der Zug bereits aus dem Tunnel kam. Voller Entsetzen, den Tod vor Augen, bettelte der Mann schreiend um Verzeihung; seine verzweifelte, vom Würgegriff und von Panik entstellte Stimme war auch auf der anderen Seite der Bahnsteige zu hören, von Vincenzo, dem Bahnhofsvorstand, von den *Belli Guaglioni*, den Transportarbeitern, die doppelzentnerschwere Säcke heben konnten. Auch die Bahnpolizisten sahen zu, wagten aber nicht einzugreifen. Statt dessen drehten sie sich um und schauten zur Kirche „Madonna auf dem Berg“ hinüber. Im allerletzten Augenblick ließ Don Alfredo los. Er gab dem Mann noch einen Stoß, und der rannte weg, sprang über die Gleise wie ein aufgescheuchter Steinbock, begleitet von den beifälligen Blicken der Anwesenden, die den Boß mit einer Verneigung grüßten. Dieser entfernte sich ohne irgendeine Geste, ohne Reaktion, selbst als einer rief: „Don Alfrè, er hat's verdient.“

Später erfuhr man, daß der Mann, den er auf die Schienen gezwungen hatte, Fonzo ’a Valigia war, ein Strolch aus Pagani. Er war in die Gegend um den Vesuv gekommen, um schmutzige Geschäfte beim Viehkauf zu machen. Don Alfredo war davon unterrichtet worden und hatte ihn bestraft – allein, am hellichten Tag, unter den Augen seiner Mitbürger. Eine gerissene Methode, Angst zu verbreiten und gleichzeitig Genugtuung zu verschaffen. Die Spatzen und das erste Tageslicht weckten mich aus dem Halbschlaf. Die Szene mit Don Alfredo und seinem Opfer auf den Schienen war mir noch kaum verblaßt im Kopf. Es schien mir ganz unwahrscheinlich, daß ich in wenigen Stunden einem Mann gegenüberstehen sollte, der gerade noch die Hauptfigur meiner Träume gewesen war. Die Zeit vor einem erwarteten, ersehnten Ereignis vergeht immer viel zu langsam. Ich stieg auf den Baum und holte die reifsten Aprikosen herunter, die weißen, kaum rosa gefärbten, eine ganz andere Sorte als die *cresommole* von Torre del Greco; dazu Pfirsiche und frische Haselnüsse. Auf den Feldern ringsum konnte man die Bauern schon singen hören: Klagelieder, eigentlich mehr Erzählungen als Gesänge. Die Grundmelodie ist immer dieselbe, wird ständig monoton wiederholt; sie erinnern an die klagenden, leidvollen arabischen Gesänge. Mit hoher Stimme erzählen die Menschen, die verborgen in den dichtbelaubten Zweigen mit mechanischen Bewegungen Haselnüsse sammeln: „... Und dann ging sie weg mit meinem besten Freund ... wer hätte sie für so gemein gehalten ... wenn sie zurückkommt, zerschneide ich ihr das Gesicht ... so eine Hure ...“ Ähnliche Melodien haben die Trauergesänge der Frauen bei den Totenfeiern, wenn die Leiche noch im Haus ist, aufgebahrt im Ehebett, den Nacken auf einen tiefen Teller aufgelegt, weil – wie man sagt – der Tote frischer, sauberer bleibt und der Kopf nicht in die Erde sinkt, wenn das Holz des Sarges eines Tages durchfault. „Er war ein guter Mann, niemandem hat er etwas Böses getan ... er hat alle respektiert ... wie schön er ist, als ob er lachen würde ...“ Allenfalls der Anlaß, der Inhalt ändert sich, Rhythmus und Charakter der Trauerlieder bleiben dieselben.

Wir gingen langsam durchs Dorf. Die inquisitorischen Blicke der Frauen an den Hauseingängen zeigten, daß man Bescheid wußte. Niemand kann sagen, wie das möglich ist: Aber für die Menschen in Ottaviano sind Häusermauern kein Hindernis, sie wissen, was drinnen geschieht. Ein Wort genügt, ein Schrei, den eine Nachbarin hört.

Mein Vater hatte seinen guten Sonntagsanzug an, den schwarzen mit den feinen, hellen Streifen. Verantwortungsbewußt trug ich die beiden Körbe für Don Alfredo. Bald, dachte ich mit Schaudern, stehe ich dem Boß gegenüber, dem Mann, der alles vermag. Keinen Moment zweifelte ich an seiner Macht, die auf Gewalt beruhte, auf körperlicher Stärke, auf der Bereitschaft, den Revolver zu gebrauchen, auf der Angst, die er verbreitete. Er würde dem Cavaliere Astoria seinen Willen aufzwingen, uns auf dem Bauernhof zu lassen, und das genügte. Nie mehr würde mein Vater sich ducken müssen wie ein geprügelter Hund, jedenfalls nicht mehr, als es der althergebrachten, natürlichen Unterwürfigkeit eines Landarbeiters entsprach, der an Gehorsam gewohnt war. „Die Madonna begleitet euch“, sagte Antonietta ’a Ciaciona, als wir an ihrer Wohnung vorbeikamen. Sie war die intriganteste Frau des ganzen Dorfes. Schlaff saß sie mit ihren hundert Kilo Fleisch, ohne Knochen gerechnet, auf einem aus Stroh geflochtenen Hocker vor dem Haus, und nichts entging ihr. Das rechte Auge hatte sie stets halb geschlossen, um die Vorbeigehenden besser beobachten und besser erraten zu können, was sie dachten, was sie vorhatten. Ihr Gruß war eher eine Anspielung als ein Wunsch; sie wollte uns erkennen lassen, daß sie unsere geheimen Gedanken, unsere Probleme verstanden hatte. Die Mitteilung hieß: „Ich weiß, daß ihr Schwierigkeiten habt, und daß ihr zu Don Alfredo geht, der sie lösen soll.“

Mit einer instinktiven Geste steckte mein Vater seine

Hand tief in die Hosentasche und kratzte sich heftig die Eier, wie das Männer machen, um sich vor dem bösen Blick zu schützen. Ich selbst bekreuzigte mich. 'A Ciaciona hatte einen üblen Ruf. Wenn man von ihrem spitzen, durchdringenden Blick getroffen wurde, war das wie eine Begegnung mit einer schwarzen Katze – so ziemlich das größte Unglück, das einem in unseren Dörfern widerfahren konnte, wo alles den Charakter von Vorzeichen annahm und die Geschehnisse stets symbolisch gedeutet wurden, mit einer Logik, die anderswo absurd und irrational erschiene. Aber wenn man eine andere Sprache spricht und Traditionen, Gebräuchen, Sitten mit weit zurückreichenden Wurzeln unterliegt, dann lebt man nach völlig anderen Mustern, geformt von der Erde und der Luft, dem Wind und der Sonne, der Nahrung und allem, was einen Lebensraum prägt.

Mein Vater zog vorsichtig an der Klingelschnur. Die zurückhaltende Bewegung zeigte seine Furcht, Unterwürfigkeit und Schüchternheit. Eine einfach gekleidete Frau mit sanftem, liebenswürdigem Gesicht öffnete uns; ihre grauen Haare waren im Nacken zusammengebunden, und über dem geblümten Kleid trug sie eine Schürze. „Bitte, kommt herein."

Mit ruhiger, freundlicher Stimme sagte sie „Danke", als ich die zwei Körbe abstellte, und sie strich mir mit der Hand zart über das Haar. Die Angst, die mich bis dahin beherrscht hatte, war mit einem Mal weg. Die Frau zeigte uns den Weg zum Eßzimmer, einem nicht sehr großen Raum mit einem Buffet, einem Tisch und vier Stühlen drum herum, einer Vitrine, einem Eckschrank mit einem Geranientopf darauf und einigen Lehnstühlen in den Ecken. An den Wänden hingen einfache Bilder, Jagdszenen, Ansichten von verschneiten Bergen – für uns absolut ungewohnt und merkwürdig -, das Porträt eines Alten mit einer langen Pfeife, die ihm auf die Brust herunterhing. In der Vitrine standen Gläser, Tassen, Vasen, kleine Statuen,

Bonbonnieren, Flaschen mit gelbem, rosafarbenem und grünem Likör; auf einer Konsole, über deren Rand handgemachte Spitzendeckchen herabhingen, lehnten Teller, akkurat ausgerichtet.

Schweigend ging die Frau hinaus und brachte auf einem Tablett Süßigkeiten und Likör. Dann ließ sie uns allein, in einer Stille, die die Anspannung noch entnervender machte. Mein Vater und ich sprachen kein Wort, wir waren durcheinander von der Höflichkeit und der Erwartung dessen, was geschehen würde. Scheu und Ehrfurcht durchdrangen mich. Wie würde uns Don Alfredo aufnehmen? Wie würde er meinen Vater behandeln? Würde er uns helfen? Zu Hause warteten meine Mutter und meine Schwester Rosetta voller Angst auf unsere Rückkehr. Das Schicksal der ganzen Familie stand auf dem Spiel. Über die Sicherheit hinaus, immer ein Stück Brot zu haben, gibt die Erde als einziges das Gefühl, mit festen Wurzeln in einem Teil der Welt verankert zu sein, aus dem dich niemand vertreiben kann. Du siehst zu jeder Jahreszeit das Obst auf den Bäumen wachsen, den Broccoli, die Kartoffeln, den Fenchel und die Karotten aus den Ackerfurchen sprießen, und du weißt dann, daß du niemals an Hunger sterben wirst, solange Sonne und Regen die Gottesgaben wachsen lassen. Dies ist die einzige Sicherheit für die Armen und Besitzlosen. Der Cavaliere Astoria brachte mit seiner Härte dies alles in Gefahr, und nun verfügte nur noch Don Alfredo über die Argumente, die den Großgrundbesitzer zur Rücknahme seiner grausamen und unerbittlichen Entscheidung bewegen konnten.

Urplötzlich erschien Don Alfredo unter dem Türbogen. Wir sprangen mit einem Ruck auf, murmelten ein „Guten Morgen“, das uns wenigstens teilweise aus der Befangenheit der ersten Begegnung lösen sollte. Don Alfredo antwortete mit einer leichten Kopfbewegung und der Andeutung eines Lächelns. Er hatte einen schwarzen Zweireiher an, ein weißes Hemd und eine blaue Krawatte mit weißen Streifen. Sein Gesicht war fleischig und streng, ein Schnurrbart bedeckte dicke, rosige Lippen, die von Zeit zu Zeit starke weiße Zähne sichtbar werden ließen.

Er hörte meinen Vater wortlos an, lächelte ab und zu verständnisvoll und zustimmend, wie um uns Sicherheit zu geben. Er sagte nichts, aber man verstand, daß er uns wissen lassen wollte: „Kein Problem für mich, den Cavaliere zur Rücknahme seiner Drohung zu bringen." Die Unterredung dauerte nicht lange. Sie bestand eigentlich nur aus den wenigen, abgehackten, bewegten Sätzen meines Vaters.

Obwohl die Visite nur kurz war, genügte sie mir, um den starken und mächtigen Mann, der mir da gegenüberstand, genau anzusehen. Er kam mir nun tatsächlich vor wie der Erzengel Gabriel in unserer Kirche San Giuseppe. Die nüchterne Art, wie er auf alles einging, die sparsamen Gesten, die rauhe Stimme, all das verlieh ihm einen Nimbus, der mich tief beeindruckte. Ein solches Gefühl hatte ich noch nie gehabt, nicht beim Besuch des Bürgermeisters in der zweiten Grundschulklasse, nicht bei Don Peppino in der Kirche. Don Alfredo strahlte Sicherheit aus.

Diesen Eindruck hatte offenbar nicht nur ich; auch mein Vater schien mir, auf seine Art, befreit. Liebenswürdig hatte uns der Boß verabschiedet. Ein paar Worte zum Gruß und zur Beruhigung, ein Schulterklopfen für meinen Vater, ein Streicheln für mich mit seiner schwieligen, festen, dunklen Hand.

„Die Madonna geht mit dir", sagte er zum Schluß. Er blieb mitten im Zimmer stehen, groß, gewichtig, imposant, und gab uns nochmals einen beruhigenden Blick mit. Euphorie kam in mir auf, Freude, Befriedigung, dazu ein Gefühl großer Verehrung für diese Persönlichkeit, die die Arroganz und die Gewalttätigkeit des Cavaliere Astoria zunichte machte, seine völlige Gleichgültigkeit gegenüber unserem Ruin. Und während ich neben meinem Vater nach Hause trottete, war ich von der Idee durchdrungen, Don Alfredo nachzueifern, ihm ähnlich zu werden, stark, entschlossen. Ich wollte selbst Sicherheit geben, schwache Leute wie Michele 'a Vecchia verteidigen und Cavaliere Astoria richten.

'A Ciaciona saß an ihrer Tür, als wir in unsere Gasse zurückkamen. Sie kniff das rechte Auge zu und versuchte, unseren Gesichtern zu entnehmen, wie der Besuch beim Cavaliere ausgegangen war. Meiner Mutter gegenüber, die sich sehr ängstigte, war mein Vater mit einem Mal gesprächiger, seine Miene war weniger düster als sonst. Klar und deutlich waren seine Worte: „Er hilft uns, er hat es versprochen." Der Satz wirkte Wunder. Plötzlich verbreitete sich im Haus eine leichtere, hellere Atmosphäre, und selbst die üblichen Makkaroni, die meine Mutter gemacht hatte, schienen besser zu duften, würzig und üppig wie Lasagne.

Es ist unvorstellbar, wie ein Versprechen, ein paar Worte eines Mannes, wenn schon nicht das Schicksal, so doch die Lebensgrundlage einer Landarbeiterfamilie ändern können: Sie sichern eine Existenz ohne den Alptraum des Ruins, sie garantieren ein Dach über dem Kopf und einen Teller Suppe. Mit Freude entdeckte ich in den Gesichtern meiner Lieben wieder die Zeichen ursprünglicher Lebensfreude und Heiterkeit. Das Bewußtsein eigener, natürlicher Rechte ist so mangelhaft und die seit Jahrhunderten eingeübte Resignation so übermächtig, daß schon die kleinste Ankündigung einer Erleichterung wie ein Wunder erscheint. Sie gehört in den Bereich des Zufalls, in jene Welt der alltäglichen magischen Vorstellungen, die neben aller Logik wirken und dennoch alle Ereignisse, alles Handeln und Denken der Menschen durchdringen.

Nachdem meine Mutter Tisch und Küche aufgeräumt hatte, zündete sie ein Licht vor dem Bild des heiligen Antonius an. Schweigend stieg sie auf den alten Stuhl und steckte die Kerze in den Strauß aus Feldblumen. Sie dankte so dem heiligen Antonius, daß er bei Don Alfredo für uns eingetreten war. In unserer Vorstellung standen Heilige und Camorristen auf gleicher Stufe. Der Erzengel Gabriel trug das Schwert in seiner Faust, Don Alfredo Maisto den Revolver. Wir schrieben beiden, Heiligen und Camorristen, dieselbe wundertätige Macht zu, dieselbe Fähigkeit, Unmögliches möglich zu machen. Das Wunder ist der äußerste Zufluchtsort für jene, die noch immer im Magma heidnischen Lebens gefangen sind, diesem Wirrwarr von Denken und Fühlen, in dem sich die immer noch spürbaren Einflüsse einer alten, schon unbekannten Welt vermengen mit den neuzeitlichen, christlich bestimmten Elementen in den Ansichten und Meinungen, in den familiären und sozialen Beziehungen, in der Art, wie man dem Leben begegnet, Probleme bewältigt und die Zukunft betrachtet. Davon sind wir durchdrungen bis in die entlegensten und unzugänglichsten Winkel des Gehirns, so daß wir zwischen Trugbildern und Wirklichkeit nicht mehr unterscheiden können. Unsere Existenz ist Ritualen und Liturgien verhaftet, die ohne jede Reflexion anerkannt werden, vererbt wie das Blut, das durch unsere Adern fließt, wie die Luft, die wir atmen. Diesem Schattenreich sind wir mit starken, unausrottbaren Wurzeln tief verbunden.

DRITTES KAPITEL

ZWISCHEN WIRKLICHKEIT UND TRUGBILDERN

In der Nacht vom ersten zum zweiten November – den Tagen des Totenfestes – bereitete meine Mutter zusammen mit Nanella eine richtige, pompöse Tafel mit der schönsten Tischdecke, die Rosetta gestickt hatte, mit Silberbesteck und Gläsern aus Kristallimitation. Es war das einzige Mal, daß aus der Küche üppige Essensdüfte drangen: Sie machte Cannelloni, gefüllt mit Fleischklößchen und Mozzarella, junge Ziege, im Ofen mit Kartoffeln geschmort, gebackene Auberginen und Salat aus dem zarten Lattich vom eigenen Feld. Im Mittelpunkt der Tafel standen Flaschen mit starkem, altem Wein und ganz frische Orangen, die mein Vater bis zum Winter auf dem Baum zu halten verstand, indem er sie mit Stoffbahnen vor Hagel und Wind schützte. Es war das Mahl für die Verstorbenen. Wehe, wenn wir Jungen etwas davon anfaßten.

Kein Haus, in dem man eine derart schöne Tafel aufgebaut hätte für das Rendezvous mit den Toten: Bevor sie am zweiten November wieder zurückkehrten, jeder an den ihm bestimmten Ort – in die Hölle, ins Fegefeuer, ins Paradies – machten sie in ihren Häusern Station für ein letztes Mahl.

Am nächsten Morgen waren die Speisen und Getränke offensichtlich noch immer unberührt, aber Nanella und 'a Ciaciona und auch meine Mutter sagten immer wieder: „Sie haben nur Wasser getrunken. Sie waren spät dran." Das Wasser war tatsächlich etwas weniger geworden, ein Zeichen, daß jemand daran genippt hatte – so jedenfalls behauptete es Giginella; keine Frau im ganzen Viertel hatte eine so blühende Phantasie und ein so rebellisches Wesen.

Giginella war es auch gewesen, die für Salvatore 'o Solachianielle geradezu einen Aufruhr entfacht hatte, als er im Sterben lag. Der große, magere und bläßliche Salvatore machte immer einen vornehmen Eindruck; seine hellbraunen Haare waren gewellt, die Wangen schon etwas eingefallen, und in seinen hellen Augen stand immer ein feines Lächeln. Kaum zu glauben, daß seine schlanken, zarten Hände mit den langen, weißen Fingern mit Hammer und Zange umgehen konnten, daß seine Knie den stählernen Leisten festhalten konnten, über dem Sohle und Oberleder zusammengefügt wurden. Salvatore hatte sein Quartier im *basso,* einer aus einem Raum bestehenden Wohnung zu ebener Erde, neben dem Brunnen und nahe dem Haus der Ciaciona. Er lebte mit Rosina zusammen, einer riesenhaften Frau von geradezu junonisch anmutender Gestalt mit einer schmalen Taille und langen, kräftigen Schenkeln. Ihr schwarzes, lockiges Haar fiel ihr bis auf die Schultern, und sie trug immer lange, schwarze Zigeunerröcke und eine rot und gelb bestickte Weste, die ihre mächtigen, wogenden Brüste nur mit Mühe zusammenhielt. Wenn sie über den Hof ging, um Wasser vom Brunnen zu holen, trug sie ihren Eimer stolz und majestätisch auf der Hüfte, sie sah aus wie die Madonna bei der Prozession. Ihre Augen waren klein, schwarz, lebendig und freundlich, und sie sang eher, als daß sie sprach. Keiner wußte, woher Salvatore und Rosina gekommen waren; nicht einmal 'a Ciaciona hatte es mit ihren intriganten, hinterhältigen Fragen herausbekommen können.

In der Nachbarschaft jedenfalls war das Paar freundlich aufgenommen worden. Mit seiner Schusterwerkbank war Salvatore zu einer unentbehrlichen Einrichtung geworden. Morgens um acht stellte er sie neben dem Brunnen auf und begann seinen Arbeitstag. Mit großer Sorgfalt behandelte er die Schuhe, die ihm die Frauen von Casale del Pozzo zum Flicken oder Besohlen brachten, abgetretene, löchrige, alte Dinger, die ihre Farbe verloren hatten; danach waren es wieder anständige, glänzende Schuhe, fast wie neu. Während Salvatore auf Sohlen und Absätze hämmerte, hantierte Rosina in den paar Quadratmetern ihres *basso*, machte das Ehebett und breitete eine große, purpurrote, reich verzierte Decke darüber. Man wußte von Rosina und Salvatore nur, daß sie nicht miteinander verheiratet waren; zusammen mit Ciaciona hatte Giginella die Legende in die Welt gesetzt, daß Salvatore und Rosina eigentlich hohe Herrschaften seien, die wegen ihrer Liebe hätten fliehen müssen. Er sei ja auch eigentlich gar kein *solachianielle*, kein Flickschuster, sondern ein reicher Grundbesitzer, vielleicht sogar ein Adliger, habe seine Ländereien und Schlösser verlassen und sei mit Rosina geflohen. Auch Nannina 'a Briganta war der Meinung, daß die beiden nicht seien wie unsereins. „Das sind feine Leute, das sieht man gleich. Die rote Bettdecke, so was haben Reiche in der Aussteuer", folgerte sie.

Diese Decke mit ihren großen Kalifen und Haremsdamen vor einem prunkvollen orientalischen Palast hob und senkte sich nun wie ein Blasebalg, darunter keuchte und zuckte der sterbende Salvatore. Giginella lief und holte den Pfarrer. Rosina war verwirrt und ging völlig darin auf, Klage- und Loblieder auf ihren Mann zu singen. Auch von ihr war jetzt zu hören: „Ein hoher Herr, von weither gekommen." 'A Ciaciona, die mit den anderen Frauen ums Bett herumsaß und ihre Augen wieder halb geschlossen hatte wie eine Eule, paßte genau auf; nicht einmal in diesem Moment verzichtete sie darauf, in Rosinas Klagelied nach irgendwelchen neuen Informationen zu forschen.

Don Alfonso erschien auf der Schwelle der kleinen Wohnung, angetan mit weißem Chorhemd und violetter Stola, der Farbe der Totenliturgie. Er machte ein Gesicht wie ein gereizter Uhu, er hatte die Augenbrauen hochgezogen, seine Lippen waren zusammengekniffen und die Wangen eingefallen: ein Bote des Todes. Auch der Junge mit dem Weihwasser, dem der schwarze Rock gerade bis zu den Knien reichte, sah unheimlich aus. Don Alfonso blieb abrupt in der Tür stehen. Der Singsang und das Geflüster der Frauen brach ab. Nur das keuchende Atmen Salvatores war zu hören, während sich die Decke hob wie der Blasebalg einer Orgel. Ein Moment höchster Spannung und Verlegenheit. Der Pfarrer machte ein noch wütenderes Gesicht und schrie, während er Rosina in die Augen starrte: „Ich kann ihn nicht segnen, dieser Mann lebt in Sünde."

Er drehte sich um und wollte gehen. Da fuhr Giginella auf ihn los, packte ihn an seinem Gewand und hielt ihn fest. „Sünde? Was hat er denn getan, der arme Salvatore? Scheißkerl! Komm her, segne ihn. Er ist ein Heiliger."

Auch die anderen Frauen tobten nun wild gestikulierend um Don Alfonso herum. Der ganze Hinterhof war in Aufruhr, war geradezu explodiert mit der Empörung eines primitiven Stammes, der in seinen innersten und ursprünglichsten Gefühlen getroffen wird. Der Pfarrer versuchte aus dem Kreis auszubrechen, der entsetzte Meßdiener klammerte sich krampfhaft an seinem Weihwasserkessel fest. Die Situation war außer Kontrolle, doch Don Alfonso hielt starr an seiner Entscheidung fest.

„Die Pfaffen haben selber alle eine Geliebte, man weiß das", schrie Giginella in Anspielung auf die Frauen, die sich die Pfarrer von Ottaviano hielten, versteckt in schönen Häusern in verschiedenen Dörfern am Vesuv. Alle wußten, daß der Korbmacher Amore Carnale – so hatte ihn ein boshafter Gemeindebeamter getauft, mit Vorname Amore, Liebe, und Nachnamen Carnale, fleischlich – der Sohn des Pfarrers von San Giuseppe Vesuviano war. Und alle wußten auch, daß der Bischof von Nola in einem Bordell in der Nähe von Neapel gestorben war. Als man seine Leiche nach Nola zurückbrachte, verbreitete man die Version, er sei bei seinem Schneider Vaccariello gestorben, während er neue Meßgewänder anprobiert habe.

In dem ganzen Durcheinander kümmerte sich niemand mehr um den armen Salvatore, der im Koma lag und immer mühsamer atmete und keuchte. 'O Negus, der gerade aus seiner Bäckerei gekommen war – das Gesicht weiß von Mehl, unter dem Arm einen Sack Makkaroni –, versuchte die erregte Menge zu beschwichtigen. Der Pfarrer blieb unbeugsam. Entweder er oder sie. Rosina mußte hinausgehen, dann würde er den Sterbenden segnen. Rosina zog ihr Tuch fest um die Schultern und ging nach draußen, starr vor Resignation und Schmerz. An den Brunnen gelehnt, konnte sie die hastig gemurmelten, unverständlichen lateinischen Litaneien Don Alfonsos hören. „Herr, verzeih ihm. Nimm ihn auf in dein Reich." Kaum hatte er den Ritus beendet, rannte der Pfarrer zur Gasse hinaus, bombardiert von den Verwünschungen und dem „Fick dich doch" der Frauen.

Wenn ich den Fachleuten all das, was in Ottaviano und besonders in meiner Nachbarschaft so passiert ist, erzählt hätte, wer weiß, was sie wohl alles aus Figuren wie Ciaciona und 'o Negus oder aus Episoden wie der Agonie Salvatores herausgelesen hätten. So wie sie es mit der Ohrfeige für Carmeniello und dem Druck auf die Kehle taten.

Wenige Tage nach unserem Besuch bei Don Alfredo Maisto brachte uns 'o 'Mpistóne eine gute Nachricht. Mein Vater solle sich nicht sorgen; der Cavaliere Astoria habe seinen Verwalter angewiesen, dem Michele 'a Monaca nichts zu tun.

Don Alfredos Intervention hatte das Wunder geschafft. Meine Mutter zündete noch eine Kerze vor dem heiligen Antonius an. Das Leben war wieder wie früher, ohne den Alptraum der Vertreibung. Mein Vater begann wieder, Bäume zu beschneiden und zu säen. Er war befreit von der Unsicherheit, in die ihn die bedrohlichen Forderungen des Grundherrn gestürzt hatten. Wir hatten alle das Gefühl, daß uns der Bauernhof nun wieder gehörte, und auch auf der Straße sah man uns nicht mehr mit jener demütigenden, mitleidigen Miene an. Mit der Sicherheit – die nur die Erde vermittelt –, unser Leben fristen zu können, hatten wir unsere Würde als Landarbeiter wiedergewonnen. In mir wuchs als heimliche fixe Idee das Bild Don Alfredos, das Bild einer allmächtigen, großartigen Persönlichkeit.

Noch eine andere Begebenheit drängte mir diese Vorstellung auf. Don Aniello Scamardella, ein Nuß- und Viehhändler, dem wir den Verkauf unserer Ernte anvertrauten, kam zu uns und bat um einen Gefallen. Er war breit und untersetzt, hatte große Hände, und seine blutunterlaufenen, durchdringenden Augen in dem aufgedunsenen und groben Gesicht flößten Respekt ein. Er sprang aus der Kalesche, daß das Fett seiner Hüften und Hinterbacken nur so wackelte. „Guten Tag“, sagte er zum ganzen Hinterhof, wo die Frauen wie Glucken auf den niedrigen Strohstühlen hockten. In einer Ecke saß 'Ntonetta 'a 'Nzuccarata und lauste eine ihrer Töchter; Salvatore, der zurückgebliebene Sohn 'o Nerones, schleppte sich unbeholfen auf allen vieren über den Boden voller Staub, Steine, Hunde- und Hühnerkot. Don Aniello entkam gerade noch einem Guß schmutzigen Wassers, den Marietta mit dem Schrei „Aufpassen“ in den Hof goß.

Das war so üblich, denn eine Kanalisation gab es nicht; die Häuser hatten weder Klos noch Küchen. Im Hof gab es einen Gemeinschaftsabort nach „türkischer“ Art mit zwei

Fußformen, über denen man sich niederkauerte. Das Klo war immer voll Scheiße, die Wände verdreckt – von Leuten, die kein Papier hatten -, und es wimmelte von Fliegen, die ständig bedrohlich um den nackten Hintern herumschwirrten. Gekocht wurde vor den Haustüren, und man benutzte eiserne Dreifüße, auf die der Topf gestellt wurde.

Scamardella ging zu meinem Vater und sagte: „Ich brauche heut den Jungen. Wir müssen mal kurz nach Nola." Nichts weiter; keinerlei Erklärung.

Ich saß in der Kalesche neben Don Aniello, der das Pferd mit der Peitsche antrieb. Im Wagen oder auch nur in einem Karren übers Land zu fahren, hat mir immer ein Gefühl heiterer Sorglosigkeit gegeben. Wir durchquerten im Galopp Ottaviano, San Giuseppe, San Gennariello, Sant'Anastasia, Ansammlungen von Häusern, die den Vesuv wie ein Kranz umgeben. Männer und Frauen, denen wir begegneten, drückten sich an die Hausmauern. Am Stadtrand von Nola hielt Don Aniello die Kalesche hinter einer Kurve an, die von einigen Haselnußsträuchern verdeckt war. Ohne ein Wort steckte er mir seinen Revolver in die Hosentasche. Ich spürte das kalte Metall an meinem Schenkel, das Gewicht des Trommelrevolvers. Nichts weiter. Ich war so glücklich, neben diesem Mann in der Kalesche zu sitzen, der so geschickt die Peitsche gegen die Flanke des Pferdes knallen ließ, daß ich auf gar nichts anderes neugierig war. Im übrigen hätte er mir wohl auch keine Erklärung gegeben.

An der Umzäunung des Viehmarktes wurde Don Aniello von den Carabinieri von Kopf bis Fuß durchsucht. Ich konnte passieren, offensichtlich unbeachtet, und verstand nun, daß ich benutzt worden war, um die Waffe in den Markt zu bringen. Der Platz war voller derber, entschlossener Männer, die ständig zwischen den Kälbern und Kühen hin und her gingen, denen sie gewaltsam und brutal die Kiefer aufrissen; aus Zähnen und Gaumen schlossen sie auf den Zustand der Tiere.

Auch Don Aniello Scamardella machte das mehrere Male. Er paßte auf, daß ich immer neben ihm ging, so daß die Pistole in Reichweite blieb. Ich reagierte wortlos, sah ihn nur komplizenhaft an und hielt den Revolver fest umklammert, auch um sicherzugehen, daß er mir nicht durch die Hosen rutschte. Auch andere Kinder in meinem Alter waren zu sehen, aber ich wußte nicht, ob sie dieselbe Aufgabe hatten wie ich. Ringsum großes Durcheinander. Die Tiere scharrten und stampften, Staubwolken stiegen zur Sonne auf, riesige Fliegen kreisten wirbelnd um mächtige Kuhfladen. Menschen und Tiere bewegten sich mit derselben instinkthaften Natürlichkeit. Irgendwie waren sie sich im Verhalten, in ihren Bewegungen sehr ähnlich. Sie verstanden sich, fixierten sich mit Blicken; mit ihren großen, feuchten, resignierten Augen erwiderten die Kühe den abschätzenden Blick der Händler. Sie ließen keine Zeichen von Unmut erkennen, wenn die Männer ihnen die Kiefer auseinanderrissen und das rosige Zahnfleisch betasteten.

Gegen elf wurden die Verhandlungen hitziger, hektischer. Das Geschrei der Händler übertönte die lakonischen, kurz angebundenen Sätze der Züchter, die einen höheren Preis erzielen wollten. Ein riesiges Wirrwarr von Flüchen und Schimpfwörtern, von „Geh zum Teufel", von „Schwein" hier und „Sau" dort, von Streit, Händeln und Verwünschungen; da hinein mischte sich noch der Krach der Lastwagen, von denen verängstigte Kühe mit Stockschlägen heruntergetrieben wurden.

Ich konnte nicht begreifen, warum die Menschen diesen friedlichen, sanften Tieren, deren Blick viel menschlicher ist als der ihrer Folterer, solche massiven Schmerzen zufügten. Ich war verstört und aufgeregt zugleich, noch nie hatte ich etwas

Ähnliches gesehen. Die Farben Rot, Grün, Braun und Schwarz der Menge aus Menschen, Tieren und Lastwagen, die knorrigen Stöcke der Züchter, das selbstsichere, gewalttätige, großspurige Auftreten der Käufer und Händler – der wahren Herren des Marktes - bildeten eine Welt für sich, ohne Zusammenhang mit der Stadt im Hintergrund: die Kathedrale San Paolino, die Kaserne des Fünften Kavallerieregiments, die lange Eisenbahnbrücke.

Scamardella tastete ab und zu nach mir, sah mich aber nicht an; er wollte sichergehen, daß ich neben ihm war, die Pistole in Reichweite. Plötzlich sah ich, daß er sich bei einer Debatte mit einem anderen Händler aufregte. Die beiden versuchten sich gegenseitig ein Bündel Geld wegzureißen, mit Gewalt ging es hin und her. Einige Männer standen um sie herum, sie dachten nicht daran, in die immer mehr zu einem heftigen Streit ausartende Diskussion einzugreifen. Es gelang mir, nicht von Don Aniello getrennt zu werden. Ich bewegte mich genauso wie er und sprang immer hinter ihm her. Auf einmal fühlte ich seine Hand flink in meine Hosentasche fahren. Es dauerte nur einen Augenblick: Er setzte den Revolver an und schoß dem Mann, mit dem er bis zu diesem Moment so heftig diskutiert hatte, in den Bauch. Genauso schnell, wie er hervorgezogen worden war, verschwand der Revolver wieder in meiner Hosentasche.

Ich war wie betäubt, starrte gebannt auf das Blut, das sich mit dem Staub und dem Kot mischte. Ich hatte noch nie einen Menschen im Dreck liegen sehen, röchelnd und von allen verlassen. Die Gaffer, die erst den Streit gedeckt hatten, verschwanden. Der Verwundete hatte aufgehört zu zucken, seine Augen starrten in die gleißende Julisonne. Zwei Carabinieri bauten sich neben ihm auf, als unnütze, hilflose Wachposten. Ich fühlte noch einen Stoß und fand mich auf der Kalesche neben Don Aniello wieder. Er war jetzt noch schweigsamer und hielt nicht einmal mehr hinter dem Haselnußgebüsch an, um sich den Revolver zurückzuholen. Er nahm die Zügel in die linke Hand und faßte mir mit der Rechten in die Hosentasche, ohne mir irgendeine Erklärung zu geben, genauso wie er vorher den Revolver darin versteckt hatte.

Ich fühlte mich als Komplize, als wichtige Person, denn Don Aniello hatte mir vertraut. Das erregende, beängstigende Bild mit dem rinnenden Blut und den starrenden Augen des Toten wurde verdrängt von dem Stolz, Held einer Geschichte zu sein, die man erzählen konnte, Held einer Auseinandersetzung zwischen zwei Ehrenmännern. Früher oder später würde man davon erfahren – bei uns erfährt man immer alles –, und ich würde mich vor Carmeniello und Vicienzo damit rühmen können. Auch die Leute im Dorf würden es erfahren, und sie würden mich jetzt mit anderen Augen ansehen. Und wer weiß, ob die Sache nicht Don Alfredo Maisto zu Ohren kommen würde.

So träumte ich vor mich hin, während die Kalesche durch Haselnußpflanzungen und Tomaten- und Kartoffelfelder in Richtung Ottaviano fuhr. Zu den Furchen hinabgebeugt, kaum zu unterscheiden von der dunklen Erde, erwarteten Männer und Frauen das Mittagsläuten der Glocke von San Giuseppe, den Augenblick der kurzen Rast, in der man sein Stück Brot und seine Tomaten aß und lustlos ein paar unnütze Worte wechselte. Nur die Jeans der Mädchen – auch diese freilich zur Erde gekrümmt – und die Strommasten brachten etwas Neues, weniger Archaisches in dieses altertümliche Bild, in diese Welt, in der die Zeit stillsteht. Alles andere war wie immer: die in der Sonne blitzende Hacke, die kraftvoll bis zur Schulter gehoben und dann in die Furche geschlagen wird, der Pflug, der Karren, der Esel, der mit verbundenen Augen monoton um den Göpel trottet, die abgenutzten, geflickten Kleider der alten Leute, die sonnenverbrannten Gesichter.

Nicht einmal meinem Vater und meiner Mutter erklärte Don Aniello Scamardella, als er mich zu Hause ablieferte, was auf dem Markt geschehen war. Ich hätte das tun können, aber ich log. Ohne eine Frage abzuwarten, sagte ich: „Er hat mich den Wagen bewachen lassen." Ich erzählte ihnen, daß er mich als Aufsicht für die Kalesche zurückgelassen habe, während er auf dem Markt um das Vieh feilschte. Doch ich entdeckte dabei den unausgesprochenen Willen meiner Familie, gar nichts zu erfahren, die Weigerung, so etwas wie Verantwortung zu übernehmen, lieber nichts zu wissen, um im Fall des Falles den Carabinieri keine Erklärungen geben zu müssen – um allen Unannehmlichkeiten aus dem Weg zu gehen. Nicht einmal mein Bruder Pasquale und meine Schwester Rosetta wollten etwas wissen.

Es entsprach den Gepflogenheiten, daß Don Aniello mich ohne eine Erklärung fort- und nach ein paar Stunden wieder zurückgebracht hatte. Man verlieh Söhne, verkaufte sie. Viele emigrierten, ohne jemals zurückzukehren. Es war ein allgemein anerkanntes Gesetz, diktiert von den Notwendigkeiten des Lebens. Niemand weiß, wieviel gelitten und wieviel im Blut und im Hirn weitervererbt werden mußte, bis sich diese Verdammnis im Lauf der Zeit so festgesetzt hat, daß sie nicht einmal mehr als Verdammnis empfunden wird. Der Landarbeiter hat einen starken, eisernen Magen. Er schluckt Gewalttätigkeiten, Enttäuschungen, Entbehrungen, bis er sie endlich nicht mehr als Zwang, als Ungerechtigkeit, Quälerei, Grausamkeit auffaßt, sondern als unvermeidliche Prüfungen des Schicksals, als Lebensgrundlage, als Naturelement wie den Regen, die Sonne, den Wind. Der unmenschliche Zwang – gegen die Natur, gegen sich selbst – vergiftet den Landarbeiter allmählich, Tag für Tag ist er Opfer einer schleichenden, aber wirksamen Gehirnwäsche, die sich der Religion bedient, pervertierter Ansichten über Rechte und Pflichten, des perversen Verhaltens von Menschen, die sich aus dem Dasein des abhängigen Bauern lösen konnten und zu Macht und Privilegien gelangten. Mitunter nimmt er noch verschwommen und undeutlich die eigenen, natürlichen Rechte wahr, aber er hat nicht die Kraft oder verfügt nicht über die Mittel, sie einzuklagen.

Eines Morgens fuhr Mamela, die Tochter von Vicienzo 'o Paccone, nach Brasilien ab: eine Tragödie, wie alle Leute in der Gasse empfanden. Mamela hatte rotblonde, gelockte Haare, ihre Erscheinung glich der Unbefleckten Jungfrau vom Hochaltar der Kirche San Rocco. Sie war zur Heirat mit Salvatore Menichiello gezwungen worden, einem jungen, mageren, kleinen Nudelmacher mit dünnem Schnurrbart und Maulwurfsaugen, der nach São Paulo in Brasilien emigriert und mit seinem Vater zurückgekommen war, um eine Frau zu suchen. Und zwar nicht irgendein Mädchen, sondern das schönste, das des Goldes und der Edelsteine würdig wäre, mit denen der Bewerber sie überhäufen würde. „Viciè, mein Sohn will deine Tochter", hatte der alte Menichiello kurz angebunden zu Vicienzo 'o Paccone gesagt.

'O Paccone war ein alter Dorfpatriarch. Er besaß zwei Gehöfte mit zweistöckigen Häusern. In einigen gab es sogar ein Klosett. Er war ein einigermaßen vermögender Mensch, der seine Einkünfte noch mit einem vom Cavaliere Astoria gepachteten Gut aufbesserte. Mamela war seine hübscheste Tochter, umschwärmt auch von jungen Männern aus anderen Dörfern, und Paccone war darauf aus, sie so gut wie möglich zu verheiraten. Das Angebot Menichiellos war unbewußt von den Paccones gesucht und erwartet worden. Fast augenblicklich schritt man zur Hochzeit. Es brauchte nicht einmal die

Aussteuer mit je acht oder zwölf Teilen: Bettlaken, Tischtücher, Kopfkissenbezüge, Decken, Hemden, Unterröcke, Unterhosen. „Sie bringen sie fort, nackt wie ihre Mutter sie geboren hat", war der Kommentar 'a Ciacionas. Nichts halfen die Tränen, der beharrliche Widerstand Mamelas, ihre Angst, übers Meer in ein unbekanntes Land zu fahren. Paccone war überzeugt, das Beste für seine schönste Tochter zu tun, und um ihr den tiefreichenden Widerwillen zu nehmen – die Angst vor dem Meer, vor dem Leben in einem weit entfernten, fremden Land – versprach er ihr, daß auch ihr Bruder Salvatore mitfahren solle. So verzichtete Vicienzo 'o Paccone – leichten Herzens – nicht nur auf eines seiner Kinder, sondern gleich auf zwei; und mit Hilfe eines Rausches von sechs, sieben Litern Wein – sein Rekord stand auf zehn – löschte er auch noch den entferntesten Schatten eines väterlichen Schmerzes, sofern er solchen überhaupt verspürte.

Noch am Abend der Hochzeit in San Rocco fuhren Salvatore Menichiello, Mamela und ihr Bruder mit dem Zug nach Neapel, wo schon das Schiff zur Abfahrt nach Brasilien bereitlag. Der Abschied im Hof und in der Gasse war erschütternd, qualvoll. Auch Vicienzo 'o Paccone schluchzte schwer, aber die Leute nahmen ihm seinen Schmerz nicht ab. Schließlich gelang es Mamela, sich von ihren Freundinnen loszureißen, und sie verschwand am Arm Menichiellos in Richtung Bahnhof. Der Abschiedsgruß aller war das Lebewohl, denn sie waren überzeugt, daß Mamela nie wieder nach Ottaviano zurückkehren würde wie so viele andere Auswanderer, die von weit entfernten, unbekannten, mysteriösen Welten verschlungen worden waren.

Ich rede von so vielen Dingen aus meiner Kindheit, so als wollte ich mich rechtfertigen. Vielleicht fühle auch ich die Notwendigkeit, Motive und Ereignisse zu finden, die erklärten, wer ich bin, daß ich Raffaele Cutolo nicht nur aus eigenem

Willen geworden bin, sondern ebenso durch das Zusammentreffen äußerer Faktoren: durch die Mentalität der Leute in unserem Dorf und unserer Nachbarschaft, besonders durch die Beziehung zu meinem Vater und zu meiner Mutter, durch die Schule, die ersten Begegnungen mit Jungen, die aus anderen Verhältnissen stammten. Wenn man an Episoden der ersten Lebensjahre zurückdenkt und sie nochmals durchlebt – Episoden, die sich unauslöschlich im Inneren festsetzen und sich nach und nach in Geist und Phantasie einprägen –, dann ist das etwas anderes, als wenn man sie dem Gutachter erzählt. Ihm gegenüber bist du in der Defensive, und du unterstützt ihn mit einem gewissen Sarkasmus darin, auf seine Weise und gemäß seinen Zauberformeln deine ursprünglichsten und innersten, eifersüchtig gehüteten Wahrheiten zu interpretieren. Du mußt dich oft gegen seine Manipulationen verteidigen, auch wenn du weißt, daß du damit deine Prozeßchancen minderst, deine Lage verschlechterst. Es ist, als ob er den liebsten, wertvollsten Teil deiner selbst vergewaltigen würde, und den suchst du zu schützen: Du willst verhindern, daß irgend jemand die eine Vergangenheit, die du hast, als Mittel benutzt – jenes authentische Stück Leben, das einzige, über das du verfügst.

In den langen Nächten im Gefängnis habe ich diese Vergangenheit immer wieder erneuert, immer wieder durchlebt – in der Angst, irgendein Detail zu vergessen, einen Namen, eine Geschichte. Gedanken sind der einzige Reichtum, über den du in der Zelle verfügst, das einzige Mittel, das dir das Gefühl gibt zu leben. Das habe ich auch immer meinen Freunden im Gefängnis gesagt. „Denkt nach, lest, haltet Kontakt mit draußen, schreibt, bleibt in Verbindung, verroht nicht. Alles andere wäre euer Ende.“ Auch wir hier im Zuchthaus sind eine Macht. Das ist ein Grundsatz, den ich immer hochgehalten habe. „Seid keine Schafe“, habe ich stets gesagt. „Wer sich zum Schaf macht, den frißt der Wolf.“ Ein einfaches Gesetz, aber wahr, drinnen wie draußen.

VIERTES KAPITEL

DIE HERAUSFORDERUNG ’O MALOMMOS

Als ich Ende der fünfziger Jahre ins Zuchthaus Poggioreale kam, war ich ein junger Bursche, den alle hin und her stießen: Wachen, Oberaufseher, vor allem aber die stärkeren Gefängnisinsassen. Drinnen traf ich auf dieselben Verhältnisse wie draußen: Ich fand andere Astoria, Maisto, Scamardella, andere Privilegierte. Ich verteidigte mich mit dem Kopf und mit den Zähnen. Damals sah ich aus wie ein feiner Jüngling, schlank, elegant, mit gewellten blonden Haaren und hellen Augen: eine gepflegte Erscheinung, was im Gefängnis besonders auffiel. Den demütigendsten Provokationen konnte ich mich entziehen; die Verurteilung wegen Mord gab mir da eine gewisse Sicherheit. Auch daß man mich in der Zelle mit Lesen und Schreiben beschäftigt sah, daß ich beim Hofgang ein Buch in der Hand hatte, das flößte Respekt ein. Bei Ungebildeten genießen schon Menschen mit geringer Bildung Bewunderung und Hochachtung. Daß ich den entwürdigendsten Herausforderungen ausweichen konnte, war allerdings glücklichen Umständen zuzuschreiben. Psychologisch gesehen ist das Wichtigste, sofort und entschieden zu reagieren.

Als mir ein älterer Gefangener befahl, ihm den Nachttopf zu leeren und die Zelle sauberzumachen, antwortete ich ihm, daß ich das nicht könne. „Zu Hause habe ich das nie gemacht“, sagte ich. Vor einer aggressiven Reaktion, vielleicht einem

Messerstich in den Bauch, bewahrte mich das Eingreifen eines vernünftigeren Zellengenossen. „Bravo, *professore*", hieß es danach einstimmig, „du hast die Prüfung bestanden."

Das war auch das erste Mal, daß man mich etwas ironisch Professor titulierte. Mit meiner goldgerandeten Brille – ich bin kurzsichtig – sah ich tatsächlich aus wie ein Lehrer. Dieser Ruf verbreitete sich allerdings auch dadurch, daß ich zu jeder Tageszeit geduldig allen zur Verfügung stand, die nicht lesen und schreiben konnten.

Dieser Mangel hat für Gefangene schreckliche Folgen; er verhindert den unmittelbaren Kontakt mit Verwandten, Rechtsanwälten und Freunden. Du bist abhängig von dem, der für dich sogar die banalste Karte schreiben muß, einen Gruß, eine Erinnerung.

Ich schrieb – und dem hatte ich den festen Platz in der Welt des Gefängnisses zu verdanken. Als Schreiber konnte ich zu Gefangenen aus allen Abteilungen Kontakte knüpfen. Anerkannt wurde ich jedoch nicht nur, weil ich gemeinsam mit ihnen ihre Briefe verfaßte, sondern auch weil ich wußte, wie man sich an einen Rechtsanwalt wendet, wie man ihn bittet, in den verschiedenen Stadien des Prozesses in bestimmter Weise tätig zu werden. So wird man allmählich zum Berater; vor allem aber entwickelt sich ein Verhältnis der Unterordnung zwischen dem, der eine Feder zu führen versteht, und all den anderen, den hilflosen Analphabeten, den Unwissenden, den kleinen Dieben, den vielen aus dem Gleis Geworfenen, die von der Justiz absurde Strafen kassieren, weil sie ein paar Lire geklaut haben: Für mich waren es Entrechtete, und ich wollte an ihrem Schicksal Anteil nehmen, sie beschützen. Innerhalb des Zuchthauses stellen diese Menschen eine rohe Kraft dar, eine entscheidende, wirkungsvolle Manövriermasse.

In der Tat, ich habe einen großangelegten Versuch

gemacht, wie man ein paar hundert isolierte, auf sich selbst gestellte Menschen nach und nach für sich gewinnt und sie schließlich ohne ihr Wissen, selbst gegen ihren Willen, in ein ausgezeichnetes Machtinstrument verwandelt. Diese Arbeit ist langwierig und erfordert vorsichtiges Taktieren, denn die Menschen, mit denen man es hier zu tun hat, sind primitiv, gewalttätig und empfindlich.

Es ist bekannt, daß sich die Camorra immer im Zuchthaus gebildet hat, daß sie von dort aus die Fäden zieht. Dort werden die Urteile gefällt, die draußen vollzogen werden, dort werden Strafen angedroht. Das war immer so. Auch als im 19. Jahrhundert politische Gefangene in die Kerker der Bourbonen kamen, junge Adlige, Advokaten, Ärzte, die sich an der Revolution gegen König Ferdinand beteiligt hatten, mußten sich diese Leute mit den jeweiligen Bandenchefs arrangieren, wenn sie in Ruhe leben wollten. Schon damals wurden in den Zellen Gesellschaften gegründet und wieder aufgelöst, wurden Befehle erteilt, die draußen niemand in Frage zu stellen gewagt hätte. Tore 'e Crescienzo regierte über zwanzig Jahre vom Zuchthaus aus.

Man kann durchaus sagen, daß diese Tradition, die alten Sitten verlorengegangen waren, als ich nach Poggioreale kam. Die Camorra existierte als Organisation so gut wie nicht mehr – ein einziges Chaos. Es gab nur noch kleinste Machtbereiche, beschränkt auf einzelne Männer. Eine gewisse Vorherrschaft hatte Antonio Spavone, genannt 'o Malommo, ein Camorrist aus einer alten Banditenfamilie. Er hatte sich einen Namen gemacht, indem er den Mörder seines Bruders auf besonders spektakuläre Weise umbrachte. Während eines Festessens, das in einem Restaurant in Marechiaro stattfand, drang er in den Saal ein und erledigte seinen Gegner. Ein bühnenreifer Blitzüberfall, wie er uns Leuten vom Lande mit unserem starren und strengen

Verhaltenskodex niemals eingefallen wäre, nicht einmal einem Pascalone 'e Nola.

Der Situation im Zuchthaus entsprach das Chaos draußen. Es gab lauter Möchtegern-Banditen, untereinander uneinig, unfähig sogar, den Zigarettenhandel zu kontrollieren, das damals wichtigste Geschäft; noch dazu waren sie ständig Übergriffen der Sizilianer wie Gerlando Alberti oder der Kalabrier wie Mico Tripodi ausgesetzt. Der Drogenhandel stand noch am Anfang; allenfalls einige kleinere Partien Kokain aus Südamerika wurden von meinen damaligen Rivalen, den Nuvoletta aus Marano, und einigen unverdächtigen Herrschaften vertrieben. Selbst Pascalone 'e Nola war nicht mehr als eine pittoreske Figur, ungehobelt und selbstgefällig, nicht einmal imstande, die Kartoffellieferungen für den Gemüsemarkt in Neapel zu kontrollieren.

Auch drinnen, im Gefängnis, waren die Verhältnisse nicht anders; in Pagani herrschte Fonzo 'a Valigia, in Salerno Tobia Rizzo, in Castellammare die Familie Maresca, in Nocera waren 'o Stuccatore und 'o Panemuscio die Herren: alles Schmierenkomödianten ohne wirkliche Macht, vor allem aber gänzlich unfähig, die Hunderte und Tausende Entwurzelter, kleiner Gauner, Rechtloser und Entehrter zusammenzuführen. Was sie zustande brachten – und auch das nicht immer –, war die Kontrolle der Tomatenlieferungen für die Konservenfabriken. Eine Ausnahme gab es, Don Vittorino Nappi aus Scafati, genannt 'o Studente.

Auch hier war es die Bildung, die die Herrschaft über die Unwissenden ermöglichte. Don Vittorino stand vor der Promotion in Rechtswissenschaft, als er einen Mord beging und im Zuchthaus landete. Mit ihm bekam die Camorra wieder ein Gefühl familiärer Einheit, geheimer Bruderschaft; sie war wieder ihrem Ziel verpflichtet, zu einen und zu schützen. Don

Vittorino gab niemals nach, wenn es darum ging, den Schwächsten Vergünstigungen zu sichern. In seinem am *corso* von Scafati im Erdgeschoß gelegenen Büro empfing er den ganzen Vormittag über Frauen und Männer, löste Probleme von Menschen, die sich sonst gegenseitig umgebracht hätten, fand Antworten auch in schweren Konflikten, griff ein, wo es das Gesetz nicht vermochte. 1943, als Scafati von den Deutschen besetzt war, gelang es ihm, die Bevölkerung zu mobilisieren; er führte die Leute zur Kaserne, sie bemächtigten sich der Waffen und trieben die Soldaten Hitlers aus dem Ort. Er rühmte sich, Scafati vor der Ankunft der Amerikaner befreit zu haben, ohne Blutvergießen.

Wenn ich je einen Lehrer hatte, dann war es Vittorino Nappi, 'o Studente; aber ich gebe zu, daß ich ihn nur deshalb als solchen anerkenne, weil er nicht mehr lebt. Ich sage das nicht, um den Eindruck von Größenwahn zu erwecken – ich spreche ja jetzt nicht zu Gutachtern: Ich weiß genau, daß nur ich so rigoros, so ernsthaft und genial die Camorra in allen Einzelheiten wiederbelebt habe, jene wirkliche Camorra, die die sizilianische Mafia und die kalabrische 'Ndrangheta respektieren – als große Familie, die den Haltlosen, Entrechteten, Entwurzelten hilft und ihnen ihre Würde zurückgibt.

In Poggioreale führte 'o Malommo ein abgeschiedenes Leben in einer geräumigen, sauberen, ordentlich eingerichteten Zelle mit separater Toilette und einem Fernseher. Auf einem Regal hatte er ein paar Bücher stehen, Trivialromane, dramatische, finstere Camorra-Geschichten. Er hatte auch ein kleines Bodybuilding-Gerät mit Gewichten, Stahlfedern und Seilen. Don Antonio hielt sich in Form. „Er macht Gymnastik und liest“, meinten die kleinen Diebe von Forcella bewundernd; „er hat die schönste Zelle im Zuchthaus.“ Man akzeptierte seine Privilegien, auch dies eine Anerkennung des *ambiente*, des „Milieus“, der Unterwelt.

Nie entrüstete, nie beklagte sich jemand darüber, daß dieser Mann bevorzugt behandelt wurde. Selbst der Oberaufseher und der Zuchthausdirektor redeten ihn mit „Don Antonio" an und erwiesen ihm alle Ehren. Ebenso ergeben und unterwürfig verhielt sich das Milieu draußen. Man informierte ihn, daß man ihn bei einem erfolgreichen Geschäft als Teilhaber berücksichtigt habe – ein Zeichen des Respekts. 'O Malommo kassierte ohne den geringsten Einsatz, weder seines Namens noch seines Geldes. Er hielt die Hand auf und damit basta. Ein echter Boß: Er bekam alles, gab nichts. Kaum einmal lud er einen anderen Gefangenen ein, wenn ihm jemand ein vorzügliches Essen ins Zuchthaus geschickt hatte.

Er war jedenfalls der einzige *capo*, dem man innerhalb wie außerhalb von Poggioreale eine gewisse Verehrung – ich würde sogar sagen Unterwürfigkeit – entgegenbrachte. Er sprach wenig, den Hofgang machte er alleine. Abends spielte er mit dem Direktor und zwei hübschen Damen Poker. Liiert war er mit einem Mädchen aus gutem Hause, einer Studentin aus der Via dei Mille, einem eleganten Viertel Neapels. Auch darüber war man im Milieu begeistert, denn das Idol eines armen Straßenräubers aus den Spanischen Vierteln oder aus der Vicaria mußte Beziehungen zu den Privilegierten haben, mußte von den Reichen zum Essen gebeten werden, mußte in den erlesenen Kreisen der Via Caracciolo und des Posillipo eingeführt sein und mit wichtigen Leuten verkehren: eine romantische Sicht des geliebten und gefürchteten Paten. Man nahm ihn sich zum Vorbild, allerdings ohne daß er je einen Vorteil oder Protektion verschafft hätte. Diese Vorstellung war völlig anders als die der Mafia oder der Cosa Nostra, wo der Boß Privilegien verteilt, protegiert, interveniert.

Die Idee, gegen 'o Malommo aufzutreten, mich selbst als den neuen Camorra-Boß zu präsentieren, hatte ich, als ich schon von einem „Hofstaat“ junger Burschen umgeben war, die wegen geringfügiger Delikte im Gefängnis saßen und gute Aussicht hatten, für immer hinter Gefängnismauern zu leben – nicht wegen der Schwere ihrer Vergehen, sondern wegen ihrer ständigen Rückfälligkeit. Ich habe Männer kennengelernt, die zwanzig Jahre und mehr im Zuchthaus verbracht hatten, weil sie vielleicht insgesamt ein Dutzend Autoradios gestohlen hatten. Mich an die Stelle ’o Malommos zu setzen hieß aber auch, daß ich der Camorra ein neues, modernes Modell anbieten mußte, das die Bedürfnisse vieler berücksichtigte. Der Aufstieg mußte langsam und vorsichtig vonstatten gehen. Nicht ich durfte den tönernen Koloß in Stücke hauen, das mußten andere tun; andere mußten den Professor – also mich – gegen ’o Malommo ins Spiel bringen.

Unter meinen Leuten verteilte ich alles, was ich hatte, mit theatralischen Gesten – ich weiß nicht, wieviel davon spontan und wieviel Berechnung war. Das fand nicht einmal den Beifall Rosettas, meiner Schwester, die mich bisher am besten verstanden und tatkräftig unterstützt hatte; sie war inzwischen selbst zu einer zentralen Figur der Camorra geworden. „Wir sind arm“, sagte sie, „ich bringe Opfer, sticke Tag und Nacht, und du verteilst die Sachen an die anderen.“ „Das sind arme Würstchen“, gab ich vor, „ich habe einfach die Pflicht, ihnen zu helfen. Sie haben noch weniger als ich.“ Ich vertraute ihr nichts von meinem ehrgeizigen Plan an, Antonio Spavone, ’o Malommo, vom Thron zu stoßen und mich an die Spitze einer modernen, mächtigen, reichen Organisation zu setzen. Wenn ich schon einige Jahre hinter Mauern zu verbringen hatte, wollte ich jemand werden, der auch draußen Macht hat, und zwar nicht bloß in den Dörfern am Vesuv oder vielleicht noch im Bereich Neapel, sondern bis nach Sizilien, nach Kalabrien, nach Amerika. Meine Vorbilder? Etwa Don Alfredo Maisto, Vittorino

Nappi, 'o Malommo? Kaum. Das waren für mich allesamt alte, verbrauchte, unnütze Leute, reif fürs Museum. Kleine Figuren ohne Format. Und wie sah die Camorra schließlich aus, die der Prozeß gegen Cutolo offenbarte? Zum ersten Mal hatte die Unterwelt eine ganze Stadt einbezogen, Adlige, Bürger, Geschäftsleute hatten sich zu einer riesigen, höllischen Maschinerie zusammengeschlossen, deren Tentakel überall hin reichten, bis in die heikelsten Affären und die ergiebigsten Geschäfte – in dem Neapel, das als ehemalige Hauptstadt des bourbonischen Königreichs beider Sizilien immer noch märchenhaft reich war.

Eine Geste erwies sich als besonders effektvoll. Ich verschenkte zwei neue Anzüge an junge Burschen, die aus dem Gefängnis entlassen werden sollten. Man hatte mir die Anzüge gerade aus San Giuseppe Vesuviano gebracht. Sie waren aus feinem beigem Gabardine und ausgezeichnet geschnitten, und sie paßten den beiden wie angegossen. Die Jungen hatten Tränen in den Augen, als sie sich verabschiedeten. Sie würden immer an mich denken, natürlich würden sie mir schreiben. „Hundert Jahre soll es Ihnen gut gehen!“ riefen sie, und ihr Gang war stolz und selbstbewußt, als sie meine Zelle verließen. Zwei Anzüge, um zwei Menschen zu kaufen. Ein Mensch ist billig zu haben, wenn ihm sogar das Notwendigste fehlt, wenn er unwissend ist, wenn er nicht erkennen kann, was hinter einer Geste oder einem Akt berechnender Freundschaft steckt.

Die Sache mit den beiden Anzügen wurde in ganz Poggioreale bekannt. „Don Raffaele hat ein edles Herz. Neulich hat man ihm ein Mittagessen mit Langusten und Champagner geschickt, und er hat es Giginiello und Marittiello in Zelle 3 gegeben. Ihm reicht der Gefängnisfraß, hat Don Raffaele gesagt.“ Giginiello hatte sich schon als Kind, mit einem Messer ausgerüstet, zusammen mit zwei Kameraden aus demselben

Viertel als Räuber betätigt; im Alter von sieben Jahren war er in die Besserungsanstalt Filangieri eingesperrt worden. Jetzt machte er Propaganda für mich wie kein anderer. Ich war sein Berater und Schreiber. „Schreiben Sie ihr, daß ich sie mag und daß sie auf mich warten muß. Sonst bring ich sie um." Ich erklärte ihm, daß man das Mädchen, das man liebt, nicht mit dem Tod bedrohen kann. Die Lektion half allerdings nicht viel. Giginiello verunstaltete während eines Tages Hafturlaub das Mädchen durch einen Schnitt im Gesicht. Monatelang hatte er sich mustergültig verhalten, nur um sich diesen Tag zu verdienen, an dem er blutig Rache nehmen konnte.

Furore machte auch die Ohrfeige, die ich einem Rechtsanwalt gab. Das war noch am Anfang meines unauffälligen Wegs nach oben, den ich Schritt für Schritt ging, Tag für Tag, nach genauem Plan. Das Echo auf solche Aktionen verbreitete sich außerhalb des Gefängnisses ebenso wie drinnen. Während ich im Besuchsraum mit Rosetta sprach, ohrfeigte ich einen Advokaten, der aus Nachlässigkeit den Termin für die Haftprüfung versäumt und einen armen Burschen weiter im Gefängnis hatte sitzen lassen. „Sie sind ein Idiot", sagte ich und schlug zu. Der Häftling sah mich entsetzt an. Ich beauftragte Giginiello, den Jungen in meine Zelle zu bringen. Der Bursche war mager, abgerissen und hatte den verstörten Blick eines Psychopathen. Er saß wegen Zigarettenschmuggel. Damit hatte er seit seiner Kindheit den Lebensunterhalt bestritten, zusammen mit seinen Eltern, dem Großvater, seinen Schwestern und Brüdern – eine zwanzigköpfige Familie. Gegen alle bestand Haftbefehl, und abwechselnd wanderten sie ins Gefängnis, so daß sie trotzdem die zwei Zigarettenstände am Bahnhof kontrollieren konnten. Der Vater zahlte dem Gerichtsschreiber 200 000 Lire pro Woche und konnte so die Reihenfolge der Festnahmen in seiner Familie regeln: Die Haftbefehle wanderten einfach im Stapel von oben nach unten – ein am Gericht in Neapel übliches Verfahren. Die Mutter hatte sich eine ganze Zeit lang sozusagen auf eigene Rechnung vor dem Gefängnis bewahrt, und zwar mit an die zwanzig Fehlgeburten. Dann aber sagte der Doktor basta: „Wenn du so weitermachst, gehst du drauf."

Peppino 'o Ricchiuncello, das Lockenköpfchen – so hieß er wegen seiner blonden Haarpracht und seiner freundlichen Art -, erzählte mir zögernd und schüchtern seine bewegende Geschichte. Ich versicherte ihm, ich würde ihn von meinem ausgezeichneten und sorgfältigen Rechtsanwalt verteidigen lassen. Er solle sich keine Sorgen machen; der Rechtsanwalt Spiezia würde sich mit ihm in Verbindung setzen, und er würde keine Lira verlangen. Er würde alles in Ordnung bringen. Während wir miteinander sprachen, ging ich ununterbrochen auf und ab. Das sollte meine Bedeutung unterstreichen und insbesondere bei Peppino den Eindruck eines Mannes hinterlassen, dem man Respekt schuldet, eines Bosses, eines Paten.

Stückchen für Stückchen bastelte ich so an meinem Aufstieg, den ich in meiner Zelle vorbereitet hatte wie auf dem Reißbrett, geplant bis in die Gestik und mein Auftreten. In der ersten Phase sollten die *surdatielli*, die „kleinen Soldaten" gewonnen werden, das Fußvolk des Milieus; mit ihrer Phantasie und ihrer Neigung, zu übertreiben und aufzubauschen, sollten sie mir als Sprungbrett dienen. Wir waren schon mitten in dieser Phase; es war, wie sich zeigte, ein Kinderspiel. Ich hatte bereits eine kleine Sammlung intensiver Korrespondenz mit Personen, die von mir Vergünstigungen erhalten hatten und sich schon als Gefolgsleute betrachteten.

„Lieber Don Rafele", schrieb mir zum Beispiel Antonino Cuomo aus Castellammare di Stabia, „ich danke Euch und ich bin Euch verpflichtet. Betrachtet mich als Euch völlig zur Verfügung stehend in jeder Hinsicht." Die letzten Worte waren unterstrichen, und da ich wußte, daß Antonino mit Pistole und Messer gleich gut umgehen konnte, war mir die Bedeutung dieses „in jeder Hinsicht“ sofort klar. Außer den Briefen kamen die Geschenke: Morgenmäntel, Hemden, Pantoffeln, Necessaires aus Leder, Pullover, Gold- und Silberschmuck. Ich hätte mich mit den Sachen zudecken können, aber ich setzte meine Politik beharrlich fort, Anhänger durch Bestechung zu rekrutieren; ich verteilte weiterhin die Geschenke, die man mir ins Gefängnis schickte. Für engstirnigen Egoismus und Geldgier war da kein Platz. Ich ging so weit, einem Alten, der nach zweiundzwanzig Jahren aus dem Gefängnis entlassen werden sollte, eine goldene Zenith-Uhr zu schenken. Sein Verbrechen war eine Ehrensache gewesen: Er hatte den Verführer seiner einzigen Tochter ermordet. Es war kalt; also gab ich ihm auch noch meinen Kamelhaarmantel. Er wußte nicht, wohin er gehen sollte. Ich sagte ihm, er solle sich an meine Schwester Rosetta in Ottaviano wenden. Dort würde er sicher gut untergebracht werden, und die „Freunde der Freunde“ würden ihm weiterhelfen.

Die „Bruderschaft“ weitete sich aus und zeigte auch schon Ansätze zu wirtschaftlichem Erfolg. Einige „Empfehlungen“ an zwei bedeutende Kaufleute in San Gennariello waren sehr wirksam: Sie weigerten sich nicht, zwei Häftlinge finanziell zu unterstützen, die in Schwierigkeiten geraten seien. Dieser Test warf nicht übertrieben viel ab, drei Millionen Lire; aber es war genug für vier oder fünf Kameraden – später gehörten sie zu meinen treuesten Anhängern. Das Geld floß zu mir nach Hause, nach Ottaviano, und Rosetta besorgte die Weitergabe. Sie war zwar nur eine einfache Stickerin, doch sie entpuppte sich als hervorragender Manager; mit der Gewissenhaftigkeit eines Buchhalters überwachte sie Einnahmen und Ausgaben. Eine Aufstellung verzeichnete die Zuwendungen von den Freunden, eine andere ihre Verwendung. Diese Buchführung hatte sie schon in den ersten Jahren meines Aufstiegs begonnen. Jetzt mußte man an die nächste Phase denken.

'O Malommo konnte von einem Tag zum anderen auf Bewährung entlassen werden. Er hatte bei Gericht und bei den Polizeibehörden gute Freunde. Im Gefängnis sprach man schon davon. Sein Prestige würde dadurch wachsen; wenn er hinauskäme, würden sich die Vermutungen über seine Beziehungen zu hochgestellten und mächtigen Leuten festigen, die für ihn sogar zur Korruption bereit waren. Ich entwickelte einen gerissenen Plan für eine Provokation, die im Milieu einen großen psychologischen Effekt haben würde. Gesprochen hatte ich mit Malommo nie. Einige Male waren wir einander zufällig auf den Gängen oder im Sprechraum begegnet. Den Hofgang durfte er alleine machen; man behandelte ihn ja als echten Boß. Mein Plan war, mir noch weit größere Privilegien zu verschaffen.

Wir kannten einander also nicht. Ich wußte jedoch, daß er Giginiello gefragt hatte, wer dieser Professor, dieser Rafele aus Ottaviano sei. Er hatte auch wissen wollen, ob es wahr sei, daß ich goldene Uhren und Anzüge aus Gabardine verschenke und kostenlose Verteidiger beschaffe. Das waren alles Dinge, die ihm unverständlich erschienen – war er doch gewohnt, zu empfangen und nicht zu geben. Er verbrachte seinen Tag mit Kniebeugen, Klimmzügen und Gymnastik, um in Form zu bleiben. Er war um die vierzig, eine große, elegante Erscheinung, mit einem Gesicht wie ein klassischer amerikanischer Boß vom Typ Humphrey Bogart, die etwas schütteren Haare leicht meliert, die Augen schwarz. Er trug cremefarbene oder himmelblaue Hemden und geschmackvolle Krawatten. Ich habe nie herausgefunden, ob es wahr ist, aber im Gefängnis behauptete man, er sei mit der Frau eines der Direktoren intim befreundet gewesen. Die Frau habe ihn mit der diskreten Unterstützung der

Wachen oft in der Zelle besucht, andererseits habe Don Antonio die Nacht mit ihr in der Dienstwohnung verbracht, wenn der Ehemann nicht da war. Er war, ehrlich gesagt, ein sehr charmanter Mann, ganz anders als die üblichen vulgären Angeber und Großmäuler aus dem Milieu. Mindestens drei Leute waren damit befaßt, seine Zelle oder besser seinen Salon in Ordnung zu halten, bis hin zu den Blumen auf dem Schreibtisch, an dem Don Antonio seine Briefe schrieb – nicht wie ich an die Kameraden, sondern an seine Dame in der Via dei Mille. Protegiert wurde er auch von den „Amerikanern", dank eines Bruders, der sich in Chicago niedergelassen hatte. Dieser gewalttätige, intrigante, zu allem entschlossene Mensch war in der New Yorker Mafia gut eingeführt – aufgrund seiner Freundschaft mit François, einem Neapolitaner aus den Spanischen Vierteln, der einem Boß wie Gambino als ebenbürtig galt. Dieser François hatte 'o Malommo geholfen, als dieser der Familie Gava, die auch einen Minister stellte, einen Gefallen tun sollte – genauer gesagt einem ihrer Schwager, der sich als Strohmann den Alleinexport des Mineralwassers aus der Quelle „Madonna" von Castellammare di Stabia gesichert hatte. Über Nacht wurde im gesamten Staat New York mit seinen weit über zehn Millionen Einwohnern das „San Pellegrino" auf Druck dieses François durch das miserable „Madonna"-Wasser ersetzt. Von Neapel wurden zwei Containerschiffe losgeschickt. Dann meinte François, es sei unsinnig, soviel Geld für Fracht auszugeben. Es genüge doch, in Neapel die Etiketten zu drucken und an Ort und Stelle das hervorragende New Yorker Wasser abzufüllen, das in jeder Hinsicht besser war als das Wasser aus Castellammare. Das Geschäft brachte Hunderte Millionen Lire ein und festigte die Beziehungen zwischen den Gava und 'o Malommo.

Ich forderte also einen bedeutenden Mann heraus, aber

mein Entschluß stand fest. Wenn ich meine Pläne weiterführen wollte, hatte ich auch gar keine andere Wahl. Über Giginiello ließ ich Malommo ausrichten – wie das im Gefängnis üblich ist –, daß ich ihn während der Essenausgabe, der Zeit des größten Durcheinanders, auf dem Korridor zwischen den Trakten zu einem Duell mit dem Springmesser erwarte. Der Grund dafür? Mir passe seine Vormachtstellung nicht, seine Bevorzugung, sein Verhalten. Eine provokante Geste, ganz unmotiviert; aber um mit dem Messer aufeinander loszugehen, genügte auch weniger, ein „leck mich am Arsch“, ein „ich mag dich nicht“ oder „ich kann dich nicht ausstehen“.

Giginiello zögerte lange, ehe er den delikaten Auftrag annahm, der in gewisser Weise auch gefährlich war. Aber ich konnte ihn überreden. Es war neun Uhr morgens. Den Zeitpunkt unseres Treffens überließ ich Don Antonio. Ich hatte Mittag vorgeschlagen, die kritische Stunde, zu der die Korridore besonders voll waren und – genau das wollte ich – es die größte Zahl von Zuschauern gab. Der „Gefängnisrundfunk“ hatte die Nachricht sofort verbreitet, noch ehe Giginiello die Zelle Spavones betrat.

Sofort waren auch die unterschiedlichsten Kommentare zu hören. Manche hielten mich für verrückt, andere für mutig. Jedenfalls breitete sich eine angeregte, erwartungsvolle Stimmung aus. Manche kannten mich nicht einmal vom Sehen und wollten wissen, wer ich überhaupt sei. „Der aus Ottaviano“, war die Antwort. „Der Professor. Der die Briefe schreibt.“ Giginiello kam zurückgeeilt und berichtete mir von der Reaktion ’o Malommos: „Was will dieser Arsch?“ Sonst hatte er nichts gesagt, und Giginiello hatte sich schnellstens verdrückt.

Im Gefängnis kann man sich mit dem Messer oder der Pistole einigermaßen verteidigen, aber wegen der Familienangehörigen, der Freunde draußen fühlt man sich doch ohnmächtig und wehrlos. Die Zeit verging, und in immer kürzeren Abständen fluteten mir heiße Wellen vom Herz ins Hirn, verursachten ungewohnte, unangenehme Gefühle von Angst und Unsicherheit. Panik erfaßte mich. Mir gelang es nicht, ruhig zu bleiben. An der rechten Schläfe spürte ich ein starkes rhythmisches Klopfen, unaufhörlich, als würde jemand mit einem Hammer draufschlagen. Zwei Gefangene, die an meiner Zelle vorbeigingen, sagten: „Junge, sei ja vorsichtig!" Ich lächelte mühsam und versuchte mir nichts anmerken zu lassen. Ich wollte Sicherheit zeigen, Härte, Unbefangenheit. Welchen Eindruck ich in Wirklichkeit machte, weiß ich nicht. Auch eine der Wachen grinste mich höhnisch an. Ich antwortete mit meinem kalten Blick, wortlos, mit hellen, eisigen, lebendigen Augen hinter den Brillengläsern.

Wenige Minuten vor zwölf nahm ich alle meine Kräfte zusammen und machte mich mit gespielter Gleichgültigkeit auf den Weg zum Speisesaal. Bis zum vereinbarten Treffpunkt waren zwei lange Korridore zurückzulegen. Zurufe aus den Zellen begleiteten mich, einer schrie „Arschloch", ein anderer „mach's gut". Zwei, drei Burschen aus Ottaviano, die neben mir hergingen, klopften mir auf die Schulter. Wahrscheinlich waren sie stolz, aus demselben Ort zu kommen.

Im stillen war ich überzeugt, daß ich zu meiner Hinrichtung marschierte. Ein Frösteln überlief mich vom Kopf bis zu den Füßen; ich mußte mir Mühe geben, nicht zu zittern. In wenigen Augenblicken könnte ich verunstaltet werden, könnte mir der Bauch aufgeschlitzt werden, könnte ich verbluten – einfach so. Auch die, die mich bis jetzt ermutigt hatten, würden sofort 'o Malommo gratulieren. Ich konnte mir schon vorstellen, was sie sagen würden. „Don Antò, was wollte der Trottel? Die jungen Kerle haben's immer zu eilig. Dieser Bauerndepp aus Ottaviano. So geht es, wenn man sich zu weit aus dem Fenster lehnt." Ein Wirbel von Sätzen raste mir durch den Kopf. Der Korridor schien kein Ende zu nehmen.

Endlich war ich am vereinbarten Punkt, wo der Flügel 3 abging. Von 'o Malommo keine Spur. Er hatte sich nicht herabgelassen – wie ich es erhofft hatte. Sofort wurde ich übermütig. In meiner Hosentasche hielt ich das Messer fest umklammert, und der Strom der Gefangenen um mich herum war für einige Minuten zum Stehen gekommen. Die Panik machte einem Hochgefühl Platz, mein Blick wurde wieder sicher, ein vorsichtiges Lächeln verdrängte die Angst und Beklemmung, die mich noch vor ein paar Augenblicken im Griff hatten.

„Rafè, du bist ein Mann!" rief ein junger Häftling. Ein anderer erwiderte: „'O Malommo läßt sich nicht mit Rotzbengeln ein!" „Er ist nur ein Pappkamerad!" entgegnete ich dem einen wie dem anderen, ich ließ die lange Klinge des Messers aufschnappen und warf es in die Luft.

„Pappkamerad", wiederholte ich noch lauter. Ein Wachmann an der Ecke grinste zustimmend. Auf meinem Rückweg durch die Korridore konnte ich bewundernde Blicke und Kommentare sammeln, wer nichts sagte, stand natürlich auf der Seite 'o Malommos. Die Würfel waren jedenfalls gefallen.

Mein Spiel entwickelte sich, wie ich es vorausgesehen hatte. Ich hatte das Bedürfnis, mich auf meinem Bett in der Zelle auszustrecken und nachzudenken. Ganz unterschiedliche, unvorhersehbare Reaktionen waren möglich. Sie könnten auch mit Verzögerung eintreten. 'O Malommo mochte die Geschichte mit Schweigen übergehen; er könnte aber auch ärgerlich reagieren und zu verstehen geben, daß er sich belästigt fühlt. Möglich auch, daß irgendein unbedeutender Gefolgsmann auf die Idee käme, mir sein Messer in den Bauch zu stoßen – als Geste der Ergebenheit für den Boß. Ohne ihn zu informieren, könnten sich seine Freunde von draußen einmischen, um einen Verfall seines Ansehens zu verhindern. Im Milieu waren derlei Gefälligkeiten üblich. Oder jemand will sich produzieren und bringt Cutolo um, mit seinen besten Empfehlungen für 'o Malommo. Ein Verhalten, mit dem ich rechnete. Ich sagte mir immer: Ich muß vorsichtig sein. Der erste Trottel, der sich einen Namen machen will, bringt mich um. Das ist das Schicksal von Bossen.

Ungeduldig wartete ich auf Rückmeldungen über die Wirkung meiner Aktion. Giginiello hastete an meiner Zelle vorbei und gab mir zu verstehen, daß er nicht sprechen konnte. Ich verbrachte einen langen, nervenaufreibenden Tag in angstvoller Spannung. Das Essen rührte ich nicht an. Ich überlegte hin und her, entwarf verschiedene Hypothesen und ließ sie wieder fallen, stellte mir auch noch das Unwahrscheinlichste vor. Doch ich hatte das Gefühl, das größte Hindernis für meinen Aufstieg beseitigt zu haben.

Der nächste Tag brachte den ersten Hinweis. Michele 'a Vecchia, ein Freund aus den Kindertagen in Ottaviano, besuchte mich. „Rafè, was hast du dir da ausgedacht?" überfiel er mich ohne einen Gruß. „Rosetta schickt mich, sie ist sehr besorgt. Sie glaubt, daß du dich ganz übel in die Nesseln gesetzt hast." Die Kunde von meinem Affront gegen 'o Malommo war also bis aufs Land gedrungen, die Buschtrommeln der Unterwelt hatten schnell gearbeitet. Ich mußte grinsen. Doch ich sagte Michele nichts davon, daß er mir ahnungslos den Beweis gebracht hatte: Der wichtigste Teil meiner Operation war gelungen. Erklärungen schienen mir derzeit nicht angebracht; sie hätten möglicherweise unnötige Gefahren heraufbeschworen. Ich bat Michele, meine Schwester zu beruhigen; sie solle sich keine Sorgen machen, es sei nur ein simples, unbedeutendes Mißverständnis. „Aber wenn du dich mit Malommo anlegst", erwiderte Michele

– er nannte den Namen mit Respekt, aber auch mit Besorgnis -, „dann legst du dich mit dem Papst an."

Michele brachte mir eine glänzende Bestätigung meines Plans. Die Nachricht war sofort verbreitet worden, nicht nur in Ottaviano, sondern ganz sicher im gesamten Milieu, in den Spanischen Vierteln, in Castellammare, in Nocera. Im Laufe der Zeit zeigte sich, daß ich in Poggioreale nur einen beschränkten Erfolg gehabt hatte – aber er hatte ein Zeichen gesetzt. Ich war zum Gegenspieler geworden, ein Floh zwar nur gegen den Giganten, aber immerhin einer, der es gewagt hatte, Paroli zu bieten.

Beim Hofgang kamen zwei Sizilianer vorsichtig auf mich zu und erklärten, mir zur Verfügung zu stehen. Es empfiehlt sich, den nachgeordneten Mafiosi nicht zu trauen, doch mir wurde eines klar: Antonio Spavone war der einzige, der sie daran hindern konnte, sich in den Zigarettenschmuggel in Neapel einzuschalten. Und nun waren sie auf ein Bündnis mit dem Mann aus, der sich öffentlich gegen Spavone gestellt hatte. Ich verbarg meine Befriedigung nicht. Bei Bedarf würde ich mich auch der Mafiosi bedienen, um meine Position zu stärken. In der Unterwelt muß man taktisch vorgehen. Der Ehrenkodex ist eine Erfindung der Bosse, um die naiven *surdatielli*, die „kleinen Soldaten", wie das Fußvolk der Camorra heißt, bequem ausbeuten zu können. Die echten Paten kennen keine Loyalität. Sie verbünden sich, ganz wie es die Umstände erfordern. Ich selbst allerdings wurde später zum unversöhnlichen Feind der Nuvoletta, der Ammaturo, der Bardellino.

Es war jetzt also wichtig, möglichst viel Publizität aus der Tatsache zu ziehen, daß 'o Malommo meine Herausforderung nicht angenommen hatte, und alle Leute um mich zu sammeln, die mit den alten Mumien der Camorra nichts mehr im Sinn hatten. Mit anderen Worten: Ich mußte eine neue Organisation mit modernen Mitteln aufbauen und sämtliche Aktivitäten von der Erpressung bis zum Drogenhandel neu ordnen. Dieses Programm mußte mit geradezu wissenschaftlicher Präzision verfolgt werden, Tag für Tag. Wenn ich schon die besten Jahre meines Lebens im Zuchthaus verbringen mußte, wollte ich sie als Boß verbringen, mit unbeschränkter Macht und einer eigenen Armee, einem hierarchisch aufgebauten Apparat mit einem absoluten Chef an der Spitze – Raffaele Cutolo nämlich, dem Professor –, mit einer kleinen Gruppe von „Generälen", mit „Gebietsrepräsentanten" und einem Heer zu allem fähiger und entschlossener Freiwilliger. Das war in der Tat eine neue, durchorganisierte Camorra, die *Nuova Camorra Organizzata*.

In den Briefen an meine treuesten Kameraden begann ich von der NCO zu sprechen. Man darf einfach nicht so viel aufs Spiel setzen – beschwor ich sie – und wegen kleiner Diebstähle und schlecht vorbereiteter Räubereien ein Leben im Zuchthaus riskieren. Damit wird man nur zweifaches Opfer dieser Gesellschaft: Zum einen, lieber Kamerad, wird man zum Leben auf der Straße gezwungen, zum anderen bezahlt man für unbedeutende Delikte einen unmäßig überzogenen Preis. Man darf einfach nicht riskieren, von Filangieri nach Poggioreale und von da nach Asinara zu kommen, aus der Besserungsanstalt über das Gefängnis in das Hochsicherheitszuchthaus. Verurteilt von korrupten Männern und beleidigt von Polizisten, die dir ins Gesicht spucken, sobald sie dich eingesperrt haben.

Meine Beschwörungen wirkten wie eine Spritze, verbreiteten Mut und Stolz. Das bewiesen mir ungezählte Antworten auf meine Briefe. Allenthalben schwor man Treue, stimmte man meinem Programm zu: Ihr habt recht, hieß es in den Briefen, Ihr seid ein wahrer Schutzpatron; ich gebe mein Leben für Euch.

Das Kürzel NCO zirkulierte bereits und wurde auch in

den Zeitungen zitiert: ein offizielles Imprimatur, auch wenn ich mich immer noch fühlte wie der dornengekrönte Christus unter den Pharisäern, wenn ich mich mit den alten, vertrockneten Paten verglich. Die neu ankommenden Häftlinge wollten so schnell wie möglich mit mir reden: alles Halbwüchsige, vor der Zeit erwachsen geworden durch die Erfahrungen in den Jugendstrafanstalten von Filangieri, Nisida und Eboli. Schon der Diebstahl eines Reifens oder eines Radios hatte sie in ein vernichtendes System hineingestoßen, aus dem sie nie wieder herauskommen würden: Verhaftung, Strafunmündigkeit, erneute Verhaftung und Bestrafung, Strafaussetzung – bis sie achtzehn wurden und alt genug waren, in Poggioreale ihre Weihen zu erhalten. Das war der vorgezeichnete Weg für viele Heranwachsende, die weder lesen noch schreiben konnten, keinerlei Bildung besaßen, die aufgewachsen waren inmitten der Brutalität der Straße, ohne Vorstellung von ihren elementaren Pflichten, aber auch von ihren Rechten. Diese Menschen waren von ihren Vätern und Müttern für die eigenen Zwecke mißbraucht worden, gleichzeitig ignoriert von der Gesellschaft, von den Politikern, von der Kirche, von denen also, die etwas zu sagen haben. Wenn ich vor ihnen stand, im Hof oder in der Zelle, gab ich mir die Aura des Propheten, des Meisters. Das war der einzige Moment, in dem ich aufrichtig dachte und fühlte.

Ich sagte ihnen, daß ein Koffer oder eine Goldkette keine zwei oder drei Jahre Zuchthaus wert seien. Wir wollen uns an der Gesellschaft schadlos halten, ja, aber auf intelligente Weise. Es gibt Möglichkeiten, sich gigantische Summen anzueignen, ohne sich zu exponieren und ohne im Gefängnis zu landen – wie das die Reichen, Fabrikanten und Händler, die Politiker vormachen. Von ihnen muß man lernen. Ein paar gute „Beteiligungen“, eine Erpressung, Zigarettenschmuggel und Drogenhandel können Brot für alle schaffen, ohne übermäßiges Risiko.

Seht euch die Nuvoletta, die Bardellino an, auch 'o Malommo. Man muß nur eine Organisation hinter sich haben, eine große Familie, eine Gesellschaft echter Männer, in der jeder einbezogen und geschützt ist, die strenge, aber für alle gleiche Gesetze hat. Der Verräter bezahlt, hart sogar; doch wer seine Pflicht tut, erhält auch den angemessenen Lohn.

Wenn ich so sprach, spürte ich in mir selbst Erregung und Stolz. Ich verlor die kalte, eiserne Überlegtheit, die ich mir in meinen theoretischen Plänen auferlegt hatte. „Ihr seid ein echter Robin Hood", meinte ein Junge aus Secondigliano, der zum ersten Mal im Gefängnis saß; er war so ergriffen, daß ihm Tränen in den Augen standen. „Nicht einmal mein Vater hat so mit mir gesprochen. Mit sechs Jahren habe ich mit dem Straßenraub begonnen, in Neapel. Die Halsketten gab ich meiner Mutter. Aber ich habe schnell gelernt, sie selbst zum Hehler des Viertels zu bringen. Zwischen sieben und neun Jahren haben mich meine Eltern an Manella vermietet, einen der geschicktesten Taschendiebe Italiens. Er wurde dann auch mein Firmpate. Ich hatte blonde Locken und konnte recht manierlich aussehen. Manella kaufte mir im Rinascente, einem Kaufhaus, einen schicken Anzug. Auch er war sehr elegant gekleidet. Sein Mantel hatte eine Tasche mit offenem Futter, durch die er die Hand stecken konnte; das gute Stück stammte von einem alten Schneider in der Via Roma. Wir arbeiteten in den vornehmen Zügen, die von Rom nach Neapel oder nach Mailand fahren, im Settebello, im Vesuvio, im Etna. Don Vincenzo Manella, mit seinen erlesenen Koffern und seiner Rolex, spielte den Vater, der seinen Sohn aus dem Internat nach Hause holt. Manella kümmerte sich um jedes Detail, bis hin zu den Etiketten auf dem Gepäck, die von den elegantesten Hotels der Côte d'Azur stammten. Ich hatte die Aufgabe, mich unter die Leute zu mischen und den „Klienten", das Opfer, in die richtige Richtung zu lenken. Das war eine Frage der Geschicklichkeit. Ich trat der von Manella ausgesuchten Person in den Weg und zwang sie, sich nach links oder rechts zu wenden, wie es mir Don Vincenzo mit den Augen andeutete. Damals bin ich in den exklusivsten Zügen in ganz Italien herumgekommen. Wenn die Aktion gelang und wir nicht beim nächsten Bahnhof aussteigen mußten, aßen wir im Speisewagen. Ich mußte mich hervorragend benehmen, denn ich durfte nicht auffallen. Ich habe sogar gelernt, wie man Obst mit Messer und Gabel ißt, eine verdammt schwierige Sache. Mein Pate arbeitete hervorragend mit seinen langen, schlanken Pianistenfingern; die Nägel waren tadellos gepflegt und farblos lackiert. Er massierte seine Hände jeden Tag mit einer Spezialcreme, damit sie beweglich und sensibel blieben. Man muß die Tasche des Opfers streicheln, sagte er, die Brieftasche muß von der Hand angezogen werden wie von einem Magneten. Ich konnte dann nicht mehr bei ihm arbeiten, weil er ausgerechnet an seinem rechten Arm eine Lähmung bekam."

Der Junge aus Secondigliano schien durch seine Erzählung erleichtert; meine Aufmerksamkeit überraschte ihn offenbar. Eine typische Karriere: vom Handtaschenraub über den Taschendiebstahl zum schweren Raub. Ein Überfall auf eine Tankstelle ging übel aus: ein Schuß auf den Eigentümer, und jetzt saß er wegen Mord. Ich sagte ihm, daß sein Verteidiger nichts tauge. Man müsse einen anderen nehmen, sonst riskiere er dreißig Jahre. Mir war sofort klar, daß man mit diesem Jungen arbeiten konnte. Unter fünfundzwanzig Jahre würde er nicht bekommen, und für diese lange Zeit könnte ich auf einen zuverlässigen, ergebenen, entschlossenen und zu jedem Gehorsam bereiten Stellvertreter rechnen. Zu ihm würden dann noch andere hinzukommen.

In welches Gefängnis ich auch verlegt wurde, nach

Avellino oder Salerno, überall zeigte man sich ehrerbietig, stellte man sich mir zur Verfügung; dieser Akt der Unterwerfung war die erste Stufe des Verhältnisses zwischen Souverän und Untertan, zwischen dem Boß und seiner Gefolgschaft. Zweimal am Tag kamen Leute, die mir die Zelle in Ordnung hielten. Allmählich spürte ich das innere Vergnügen an der Macht. Herrschen ist besser als mit einer Frau schlafen, sagt ein altes neapolitanisches Sprichwort.

Die Macht verschafft tatsächlich ein konkretes, deutlich wahrnehmbares Wohlbefinden. Von Tag zu Tag trafen mehr Geschenke aller Art ein: feinste Kleidung, Parfüms, Bücher, herrliches Essen aus renommierten Restaurants – spontane Gesten der Dankbarkeit für meine Unterstützung, für meine Solidarität. Mein Einfluß wuchs und damit die Möglichkeit, über Menschen und Mittel zu verfügen.

Auch die Gefängnisdirektoren bekamen mit, daß Cutolo zu einer bedeutenden Figur wurde. Das wurde mir bei einer Revolte im Gefängnis klar. Eine Gruppe von Hitzköpfen hatte sich auf dem Dach verschanzt. Sie waren in Untersuchungshaft und forderten eine Beschleunigung der Ermittlungen. Ihr Protest dauerte schon Stunden, der Block war von Panzerwagen der Carabinieri und der Polizei umstellt, ohne daß die Meuterer einen konkreten Vorschlag gemacht hätten. Tatsächlich war auch keiner von ihnen dazu imstande. Der Direktor bat mich um Unterstützung. Ich stieg aufs Dach und verhandelte mit ihnen. Ich sagte ihnen, sie sollten ein Gespräch mit dem Staatsanwalt fordern, denn er sei der einzige, der etwas für sie tun könne. Dic oberste Justizbehörde gab telefonisch ihre Zusicherung, und die Demonstranten kehrten in ihre Zellen zurück.

Tags darauf brachten die Zeitungen die große Schlagzeile: „Cutolo überzeugt Demonstranten." Auch das Fernsehen berichtete darüber in der Tagesschau. Dies trug zu meinem

Mythos wesentlich bei. Alle haben ein wenig mitgeholfen, unwissentlich, ahnungslose Instrumente in meinen Händen. Am selben Tag noch besuchte mich Vincenzo Casillo und bot mir eine Beteiligung an seiner Hosenfabrik in San Giuseppe Vesuviano an. Wir kannten uns schon seit der Schulzeit. Man nannte ihn 'o Nirone, den Schwarzen, wegen seiner krausen schwarzen Haare und seiner dunklen Haut. Verglichen mit uns war er ein feiner Herr. Sein Vater war Fabrikant, und er hatte immer schwere Autos. Er fuhr sogar Formel-I-Wagen. Aber für uns blieb er immer 'o Nirone, auch wenn er sich Tänzerinnen aus dem Trocadero in Neapel nach Ottaviano holte und sich dort mit ihnen sehen ließ. „Warum soll ich in deine Firma eintreten, ohne daß du von mir eine Lira bekommst?" fragte ich ihn, neugierig geworden. „Ich möchte meine Ruhe haben. Ich werde ständig belästigt."

Ich sicherte ihm meinen Schutz zu, auch ohne Beteiligung an seiner Firma, aber 'o Nirone bestand darauf. „Tu mir den Gefallen", sagte er und drückte mir die Hand.

Ich hielt mir vor Augen, welche Schwierigkeiten 'o Malommo als Einzelgänger in diesem Fall hätte. Jetzt also war der Zeitpunkt gekommen, die konkrete Basis für die Organisation zu schaffen.

Die Nuova Camorra Organizzata brauchte eine Verfassung, eine feste Struktur, einen Eid, ein Ritual. Ich selbst glaubte zwar absolut nicht an Rituale, aber sie waren notwendig und wirkungsvoll bei denen, die man soweit begeistern mußte, daß sie bei Bedarf sogar ihr Leben riskierten. Der einfache, ungebildete Mensch am Rand der Gesellschaft ist eher über sein Gefühl und seine Phantasie zu lenken als durch Gewalt. Gerade wegen seiner Primitivität ist er psychologischer Überlegenheit und Einflüsterungen besonders ausgeliefert.

FÜNFTES KAPITEL

DER BLUTSCHWUR

Die Wirksamkeit des Blutschwurs erprobte ich an Salvatore, dem Burschen aus Secondigliano. Ich hatte ihn durch Giginiello für sechs Uhr morgens in meine Zelle bestellt. Durch das Fenster drang noch ein mystisches Zwielicht, eine Mischung aus Tag und Nacht. Immer wieder hatte ich die verschiedenen Abschnitte und Formeln des Schwurs der kalabrischen 'Ndrangheta durchgelesen. Genau diesen Schwur wollte ich jetzt verwenden.

Als Giginiello und Salvatore eintraten, trug ich einen knielangen Morgenrock aus blauer Seide über dem Pyjama. Salvatore schien verängstigt. Er war auch sonst sehr schweigsam, aber nun schien er noch stummer; in seinen großen, schwarzen Augen stand gespannte Neugier. Die Stille, die zu dieser Tageszeit in unserem Block herrschte, machte die Atmosphäre noch geheimnisvoller. Mit einer gebieterischen Geste verscheuchte ich die Wache, die durch das Guckloch schaute. Auch Giginiello war offensichtlich ziemlich durcheinander. Doch keiner wagte, nach dem Grund für diese Zusammenkunft zu fragen.

Nach einem bedeutungsschwangeren, langen Schweigen ging ich langsam und gemessen zum Tisch hinüber, verfolgt von den immer neugierigeren Blicken Salvatores und Giginiellos. Aus dem Koffer nahm ich ein weißes Taschentuch und breitete es mit übertriebener, affektierter Sorgfalt auf dem Tisch aus, um die Szene noch spannender und feierlicher zu machen. Dann begann ich langsam zu rezitieren, wobei mich die beiden Kameraden vollends verblüfft ansahen: „Ich taufe diesen Raum, wie ihn unsere drei alten Vorfahren getauft haben. Wenn sie ihn mit Eisen und Ketten getauft haben, taufe auch ich ihn mit Eisen und Ketten. Ich erhebe die Augen zum Himmel, ich sehe eine Sternschnuppe fliegen. Nun ist der Raum getauft."

Wieder eine Pause. Giginiello und Salvatore standen da und schwiegen. Dann begann ich wieder: „Ich habe fünf Edelfräulein zu meiner Rechten, fünf schöne Blumen zu meiner Linken, einen Pferdehuf; diese bilden die göttliche und heilige Gesellschaft. Es fällt ein Stern, ein Schrei dringt herab: Mit den Worten der *omertà*, der Verschwiegenheit, ist die Gesellschaft nun gegründet." Und weiter: „Wieviel wiegt ein Camorrist? Soviel wie eine Feder im Wind. Und was ist ein Camorrist? Eine Wache für die *omertà*; er geht in den sieben Bezirken umher und trägt alles, was er sieht und was er hört, der Gesellschaft zu."

Keine Reaktion von Salvatore und Giginiello. Die Spannung war auf dem Höhepunkt.

Wortlos nahm ich die rechte Hand Salvatores und legte sie mit der Handfläche nach oben auf das weiße Taschentuch. Die Gesichter der Burschen waren unbeweglich und ergriffen. Nur wenig hätte genügt: eine Frage, ein falsches Wort von mir, und schon hätte sich das magische Ritual in Lächerlichkeit aufgelöst. So aber blieb eine dramatische, strenge, verschwörerische Atmosphäre erhalten. Selbst ich spürte ein leichtes Schaudern, und mit einem kleinen Ruck ritzte ich den Zeigefinger Salvatores mit der Spitze meines Messers. Leuchtend rotes, junges, kraftvolles Blut lief langsam in einem dünnen, gewundenen Rinnsal auf das weiße Taschentuch.

Schnell machte ich an meiner rechten Hand dasselbe und drückte meinen Zeigefinger gegen den von Salvatore, so daß sich mein Blut mit seinem mischte. Wieder ließ ich einige Augenblikke schweigend vergehen, dann umarmte ich ihn. Ich hörte ihn bewegt und ergriffen „Cumpà*“ murmeln. Ich erwiderte „Cumpariè*“. Weitere Worte brauchte es nicht.

Giginiello, der ahnungslose Zeuge des Schwures, hatte Tränen in den Augen. Mir war es gelungen, höchste Dramatik zu schaffen, die Generalprobe für einen Ritus, den ich dutzend-, ja hundertmal wiederholen sollte, wobei ich meine Rezitationskunst immer weiter verbesserte, die Diktion der Formeln, die Gestik. Ich könnte über wichtige und angesehene Persönlichkeiten berichten, die nur deshalb nach Ascoli Piceno in meine Zelle kamen, um ihren Pakt mit Blut zu besiegeln.

Zeremonien und Riten haben in der *malavita*, der Unterwelt, mehr als in jeder anderen Gemeinschaft grundlegende Bedeutung. Die Menschen müssen das Gefühl haben, von einer Institution aufgenommen und beschützt zu werden, die Gesetze hat, eine Hierarchie, einen Machtapparat, Symbole. Voller Stolz zeigt man die fünf eintätowierten Punkte zwischen Zeigefinger und Daumen der rechten Hand – das sogenannte Camorra-Sternbild –, auch wenn Verdächtigungen die Folge sind oder Gefängnis und Verbannung.

Dies alles scheint vielleicht unsinnig, aber man wundert sich ja auch nicht, wenn Titel und Würden für Unsummen verkauft werden, wenn sogenannte ernsthafte, gutsituierte Menschen in einen Ritterorden eintreten und sich dazu in pompöse Uniformen werfen, die an längst vergangene Zeiten erinnern – warum also am Eid der Camorra Anstoß nehmen?

---

* Cumpà = „Pate“/Gevatter

* Cumpariè“ = Diminutiv von Gevatter, hier auch im Sinne von „Kamerad“

Tatsächlich war ich es, der den Blutschwur für die Nuova Camorra Organizzata wieder aufleben ließ. Dies war eine weitere Waffe gegen meine Feinde; ich wollte damit den langsamen Zerfall der alten Camorra vorantreiben.

Ich wiederhole es: Ich mußte alle Waffen nutzen, um die zersplitterte und allenfalls folkloristisch interessante Unterwelt der Campania zu einer perfekt funktionierenden, gefürchteten Organisation zusammenzuführen. So etwas hatte es vorher nie gegeben. Nun bin ich nicht gerade der Mensch, der an Schwüre glaubt (noch dazu an mit Blut besiegelte), an Tätowierungen oder an schmatzende Küsse auf den Mund von Kameraden; solche Possen widern mich an. Ich war immer scheu, zurückhaltend, schüchtern, und beim Anblick von Blut wurde mir immer übel. Aber der Zynismus war notwendig; ich mußte vorgeben, daß ich daran glaubte. Ich konnte nicht auf diese äußerst wirksamen Mittel der Beeinflussung verzichten, die sich in der Phantasie und im Willen auch des Schwächsten festsetzen, bis auch der Wankelmütige ein brutaler, unbeugsamer Gewalttäter geworden ist, der auf ein Wort von mir Tod oder lebenslanges Zuchthaus riskiert.

Die Macht, über einen Menschen und sein Leben verfügen zu können, versetzt dich in Euphorie, in körperliche und geistige Erregung. Schaust du in den Spiegel, so siehst du nicht mehr dein wirkliches Bild; du entdeckst eine Person, die nicht mehr du selber bist, du erkennst einen Machthaber, der befehlen, der entscheiden kann: über Hunderte von Menschen. Und zwar nicht über normale, träge Bürger, die das Gesetz fürchten und sich mit ihren Lebensbedingungen abgefunden haben, sondern über Männer, die keine Rücksichten kennen, die ohne Bedenken Maschinenpistole und Messer benützen.

Zuallererst mußte ich also meine Truppe rekrutieren. Ich gebe zu, daß mir das nicht schwerfiel. Mein Name übte bereits eine starke Anziehungskraft aus. Man sprach von Cutolianern und Anticutolianern. Mit meinem Namen wurde auch meine menschenfreundliche Haltung bekannt, meine Organisation und ihr Prinzip der Gleichheit aller Mitglieder. Bei mir zu Hause in Ottaviano gingen Hunderte von Millionen Lire ein und aus. Erpressung war bereits ein einträgliches Geschäft geworden. Es gab keinen Industriellen, keinen Kaufmann oder Freiberufler rund um den Vesuv, der nicht seinen Monatsbeitrag überwies. Wer sich weigerte, wurde mit Sprengstoff belehrt, oder – wenn die Lektion deutlicher sein mußte – mit der Maschinenpistole.

Meine Schwester Rosetta sorgte zusammen mit Vincenzo Casillo und anderen eifrigen Freunden draußen für die Verteilung des Geldes. Ein Teil blieb natürlich in der Kasse der „Familie". Es handelte sich im wesentlichen um Zuwendungen für die Kameraden im Gefängnis, monatliche Beihilfen für Familien, Rechtsanwaltshonorare und Verwaltungskosten. Noch war der Kreis der Aktivitäten freilich eingeschränkt. Wir hatten keine Einkünfte aus dem Drogenhandel oder aus öffentlichen Bauaufträgen, aus eigenen Konservenfabriken oder aus Immobiliengeschäften. Es mußte also noch einiges getan werden, bis wir Bilanzsummen in Milliardenhöhe verzeichnen konnten. Rosetta erwies sich immer mehr als perfekte Verwalterin.

Mein Bruder Pasquale tat so, als würde er nicht bemerken, was um ihn herum geschah. Er war immer ein sanfter, furchtsamer Mensch gewesen, ihm machte fast sein eigener Schatten Angst. Nur wenige Male kam er mich im Gefängnis besuchen. Der Kontakt mit Rosetta war jedoch sehr intensiv; sie kam jede Woche, wo immer ich mich auch befand. Ihr vertraute ich Befehle, Entscheidungen, Hinweise an, und sie kehrte mit präzisen, hieb- und stichfesten Antworten zurück. Nie machte sie einen Fehler – eine Frau aus Eisen, eine echte Camorra-Patin, die an ihre Mission glaubte. Außer der Verwaltung und der heiklen Aufgabe, Befehle zu übermitteln, wickelte sie auch viele andere Angelegenheiten ab; dabei benutzte sie meinen Namen mit Umsicht und Behutsamkeit, etwa um einem Arbeitslosen einen Posten zu verschaffen, einer obdachlosen Familie eine Wohnung zu besorgen oder eine dringend notwendige Einlieferung ins Krankenhaus zu veranlassen.

Unser Haus neben dem Schloß war zu einem kleinen Ministerium geworden, und es überraschte mich selbst, wie eine bescheidene, wenn auch entschlossene und willensstarke Stickerin mit leichter Hand und unbefangen delikate Geschäfte erledigte. Wer sich nicht an mich wenden konnte, kam direkt zu ihr. Nie ein Fehler, nie ein Mißverständnis oder ein Streit wegen einer falschen Entscheidung. Als Rosetta einen Hinrichtungsbefehl überbringen sollte, machte sie ein düsteres Gesicht, sie fixierte mich mit ihren klaren Augen und sagte: „Bist du sicher, daß du keinen Fehler machst?" Sie hatte große Bedenken, trotzdem wagte sie nicht, meine Entscheidung in Frage zu stellen.

Meine Schwester und die kleine Gruppe von Stellvertretern spielte eine entscheidende Rolle beim Aufbau der Organisation. Für die Rekrutierung mußten wir schon nichts mehr tun: Hunderte junger Burschen aus den ärmsten Vierteln Neapels traten freiwillig bei. Manche nannten sich Cutolianer, ohne mit mir oder einem meiner Leute überhaupt Kontakt aufgenommen zu haben. Es waren Jungen ohne Ideale, ohne einigendes Band, ohne Ziele; ihnen konnte Raffaele Cutolo das Gefühl geben, in eine feste, schlagkräftige, siegreiche Organisation eingebunden zu sein. Mein Name half ihnen, die unmittelbaren Probleme zu lösen und sich sicher zu fühlen, da sie eine ständig wachsende Macht hinter sich wußten. Ich mußte sogar gegen Leute einschreiten, die sich zu Unrecht auf meine Unterstützung beriefen. Damit war ein gefährlicher Punkt erreicht. Die Burschen gingen in ein Geschäft und forderten: „Don Raffaele sagt, Sie müssen zweihunderttausend Lire überweisen." Wer nicht bezahlte, bekam sofort die Rache zu spüren: ein zertrümmertes Schaufenster, eine in Brand gesteckte Fassade. Ein gefährliches Phänomen, dem man sofort Einhalt gebieten mußte. Sonst würde man wieder in ein unkontrollierbares Chaos geraten, in dem jeder auf eigene Rechnung handelt. Ich mußte Strafen verhängen, auch strenge. Ein Boß hat oft schmerzliche Entscheidungen zu treffen.

In Neapel und seinem Umland herrschten Verwahrlosung, Unordnung und Elend. In einer solchen Atmosphäre war sich niemand der Gefahr bewußt, die von einer wachsenden Nuova Camorra Organizzata ausging. Die Behörden und meine Gegner unterschätzten diese Entwicklung. Ich muß mich für meinen Aufstieg im Grunde genommen beim Polizeichef Colombo – dem Bruder des damaligen Ministerpräsidenten – und beim Chef der Mordkommission Bevilacqua bedanken. Beide waren völlig unsensibel gegenüber den Veränderungen, selbst als die Zahl der Mordfälle in wenigen Jahren stürmisch anstieg. Bevilacqua blieb ruhig, denn aufgrund seiner Freundschaft mit 'o Malommo glaubte er, über die Situation informiert zu sein. Antonio Spavones immer wieder geäußerte Ansicht war, daß Cutolo ein kleiner Landarbeiter sei, den man für ein paar Lire haben könnte und der bald in einer Zelle von Poggioreale ein blutiges Ende nehmen würde. Malommo, mein Hauptfeind, bemerkte nicht, welche Macht ich in Poggioreale und außerhalb erlangt hatte – oder er wollte es nicht wahrhaben.

Antonio Spavone war es dank der Kooperation des Richters Dr. De Simone gelungen, aus Mangel an Beweisen von der Anklage des Mordes an seinem Freund Ferrigno freigesprochen zu werden. Und nun lief er frei in Neapel herum, besuchte die schicksten Nachtlokale und Restaurants. Er fühlte sich sicher, stark, unverletzlich. Wenn man ihn aufklären wollte, wie weit Cutolo und die Cutolianer bereits vorgedrungen waren, erwiderte er nur: „Davon weiß ich nichts." Die erste Lektion hatte also nicht genügt. Er und seine Leute stellten sich taub, aber Neapel wurde allmählich zum Pulverfaß, zu meiner Hochburg. Aus der Provinz rückten die Cutolianer vor. Sie hatten vor, sich schadlos zu halten; die Landarbeiter wollten sich um jeden Preis in der Stadt durchsetzen. Darüber hinaus bildeten die am schlimmsten heruntergekommenen Viertel Neapels, in denen seit Unzeiten brennender Hunger nach einem besseren Leben herrschte, einen hervorragenden Nährboden für die NCO. 'O Malommo war sich nicht darüber im klaren, daß er auf einer Seifenblase ritt. Die Landarbeiter würden auf eine Weise Rache nehmen, die er nie vergessen würde.

Ich war in meiner Zelle mit Schreiben beschäftigt, als Mico Tripodi vorbeikam, der gefürchtete Boß der 'Ndrangheta von Sanbatello. Er müsse mit mir sprechen. „Die Kalabrier", meinte er, „haben Probleme, in den Zigarettenschmuggel einzusteigen. Die Brüder Giuliano aus Forcella, Freunde von Malommo, machen Schwierigkeiten. Wir müssen uns zusammentun und etwas dagegen unternehmen." Nun wurde mir eine so wertvolle Allianz sogar auf dem goldenen Teller präsentiert. Don Mico war unerbittlich: Spavone mußte eliminiert werden. Zwei seiner Leute standen bereit, es fehlte nur noch einer von hier.

Das war ein gefundenes Fressen für mich; ohne meine Mitwirkung konnte 'o Malommo nicht ausgeschaltet werden. Eine Schlappe durften wir uns auf keinen Fall leisten. Der Plan war fertig, Don Mico und seine Leute hatten ihn bis ins Detail ausgearbeitet. Seit Tagen wurde 'o Malommo beschattet. Zwei Burschen auf einem Motorrad und andere Männer in einem Auto würden ihn gegen Abend nahe seiner Wohnung in Arenaccia erwarten; 'o Malommo kam normalerweise sehr früh zum Abendessen nach Hause. Ich bat Don Mico um zwei Tage Zeit zur Auswahl des geeigneten Mannes.

Auch Rosetta stimmte mit mir überein, daß Mussecchia für diese Arbeit der geeignetste war. Am Freitag abend war das Kommando vollständig. Bange warteten Don Mico und ich. Die Nachricht kam pünktlich, gegen acht Uhr. Mario, ein von mir bezahlter Aufseher, brachte sie. Malommo sei erledigt. „Eine Ladung Blei ins Gesicht, nicht mehr zu erkennen", erklärte er. „Ich habe es aus der Nähe gesehen, ich war zwei Schritte weg." Zusammen mit den Freunden entkorkte ich eine Flasche Champagner. Schließlich hatte Antonio Spavone das verdient; bedeutende Gegner dürfen militärische Ehren erwarten. Don Mico verzog den Mund, als er trank. Für ihn war Champagner *nuddu*, nichts.

Mit jedem Schluck Champagner genoß ich die tiefe Befriedigung über den Fortschritt der Nuova Camorra. Sie wurde allerdings abgeschwächt durch das, was die Zeitungen am nächsten Morgen meldeten: 'O Malommo war schwer verletzt worden, sein Gesicht schrecklich entstellt, aber er war nicht tot. Ich sprach darüber mit Don Mico. „Diese Bastarde", rief er und spuckte erregt aus. „Es fehlten ja nur Millimeter", beruhigte ich ihn. „Man kann sie nicht dafür verantwortlich machen. Das Ziel saß im Auto." Im Besuchsraum erklärte mir Mussecchia, daß der Schuß danebenging, weil das Auto Spavones plötzlich angefahren war. Aber auch so genügte die Lektion meinen Plänen.

In Neapel, im Milieu, hatte sich Schrecken breitgemacht, während die Cutolianer den Anschlag als den letzten, siegreichen Angriff auf die Überreste der traditionellen Camorra feierten. 'O Malommo schwebte zwischen Leben und Tod, entstellt, Nase, Mund und ein Auge zerfetzt. Nur seine Schwester wagte sich ans Krankenbett. Seine Freunde hatten Angst, sich sehen zu lassen – nicht vor der Polizei, sondern vor uns, den Cutolianern. Beim ersten Anzeichen von Gefahr verließen die Ratten das Schiff. Wo waren sie, die Maisto, Bardellino, Nuvoletta, Ammaturo, Scioria und alle die anderen Verbündeten des Heeres von Franceschiello, auf dem 'o Malommo seine Macht aufgebaut hatte? Noch wußte Malommo nicht, wie er zugerichtet war, daß das zerstört war, was sein Narzismus am meisten liebte, seine Maske als feiner Herr aus besten Kreisen. In den wenigen lichten Momenten wird Don Antonio Spavone wohl an mich gedacht haben, den Professor, an Raffaele aus Ottaviano, den er 'o Cafunciello nannte, den kleinen Bauerntölpel, den er mißachtet und zurückgewiesen hatte. Vielleicht dachte er auch an seinen Fehler, sich der Herausforderung auf dem Korridor im Zuchthaus von Poggioreale entzogen zu haben. Glück und Erfolg beruhen eben auch auf den Fehlern der Feinde.

Ich sollte 'o Malommo nicht wiedersehen. Seine mächtigen Freunde verschafften ihm ein Visum für die Vereinigten Staaten, und er ging zu seinem Bruder nach Chicago. Mehr als 30 chirurgische Eingriffe waren nötig, hieß es, um Nase, Mund und Auge einigermaßen wiederherzustellen. In New York – über meine Reise dorthin während meiner zwei Jahre im Untergrund werde ich noch berichten – wurde er von François aufgenommen. Aber es gelang Spavone nicht, Verbindung mit den Freunden der Cosa Nostra aufzunehmen – wohl auch deshalb, weil man in Amerika die Sieger liebt, und 'o Malommo hatte verloren. Der aufsteigende Stern war Raffaele Cutolo, der Professor, der junge Mann aus Ottaviano, aggressiv und kultiviert – mein Ruf war bis über den Ozean vorgedrungen –, der den Krieg zwischen Neapel und der Provinz ausgelöst hatte.

Die Zahl der Ermordeten wuchs schwindelerregend. Das erhöhte mein Prestige, ließ das Fieber des „Cutolismus" steigen und hob im gleichen Maß meine Macht als Geschäftspartner. Der Polizeichef Colombo ließ uns weiterhin ohne wesentliche Behinderung arbeiten. Bei einem Abendessen erläuterte er – so wurde mir berichtet - seine Strategie: „Nun, sie bringen sich doch gegenseitig um."

Tatsächlich hatten wir den eigentlichen, letzten Kampf um die Macht noch vor uns. Ich ließ mich da nicht von leichtsinniger Euphorie blenden wie meine Gefolgsleute. „Rafè, wir sind oben", meinte Michele 'a Vecchia. „Sie zahlen, ohne mit der Wimper zu zucken, ohne Unterschied. Die Geschäfte gehen gut." Ich ordnete an, Industrie und Handel in Ottaviano in Ruhe zu lassen. Das sei eine Freizone, das Land Cutolos.

Seltsame Bitten erreichten mich. Eine Sängerin zum Beispiel wollte, daß ich etwas für sie tat. Man wollte sie nicht am Festival teilnehmen lassen. Meine Intervention brachte für sie den Triumph: Man wählte sie auf einen der ersten Plätze. Ein Ingenieur stand am Rande der Katastrophe: Die Halsabschneider von Castellammare di Stabia – die Maresca, die Brüder der Donna Pupetta – waren nicht gerade zimperlich. Einen Bagger hatten sie ihm schon in die Luft gesprengt, und ein andermal lauerten sie ihm abends am Ausgang des Theaters San Carlo in Neapel auf, bedrohten ihn öffentlich in Gegenwart seiner Frau und seiner Freunde, behandelten ihn wie einen Schwachsinnigen. Ich schrieb ein paar Zeilen. Einige Tage später kam der Ingenieur – ein gutsituierter, respektabler Herr – persönlich ins Gefängnis, um mir zu danken.

Ich kannte die Methoden der Brüder Maresca. Die Lampetielli (der Clan, zu dem die Maresca gehören) sind reißende Wölfe gegenüber den Schwachen, sanfte Lämmer gegenüber den Starken. Das hat ihnen ihre alte Mutter beigebracht. Don Vittorino Nappi sagte immer: „Das ist ein dreckiges, gemeines Volk, ausgemachte Leichenfledderer. Und die Mutter ist noch die gierigste, die grausamste von ihnen. Sie verleiht an arme alte Leute Geld gegen Zinsen, und wenn die dann am Monatsende zur Post gehen, um ihre Rente zu holen, steht sie buchstäblich daneben und reißt ihnen das Geld aus den Händen. Die Frauen der Maresca sind übel. Pupetta lebte mit Roberto Ammaturo zusammen, obwohl sie wußte, daß er für den Tod ihres Sohnes Pascalino verantwortlich ist ... Alle wissen, daß Ammaturo an der Ermordung des Jungen beteiligt war. 'O Guaglione, wie Pascalino auch genannt wurde, war bei den Lampetielli aufgewachsen und ebenso frech geworden. Er haßte den Liebhaber seiner Mutter. Eines Abends ging er in die Spielhölle, wo Roberto Ammaturo mit den Sciorìa und anderen Banditen spielte, zog die Pistole und schrie: „Du bist eine Null." Niemand reagierte, nicht einmal Ammaturo, dieser Feigling, Syphilitiker und Kokser. Doch sie rächten sich eiskalt, wie üblich bei diesen miesen kleinen Banditen. Sie zwangen Ammaturo, den Jungen nach Neapel zu bringen; dort entführten sie ihn, banden einen Betonblock an seine Füße und warfen ihn bei Capri ins Meer. Pupetta, die die untröstliche Mutter spielte, wagte nicht, ihren Liebhaber zur Verantwortung zu ziehen. Die Lampetielli sind feige. Als Banditen können sie sich nur bei braven Leuten aufspielen. Wie die Mutter. Ein dreckiges Volk."

Dies die lapidaren Worte Don Vittorinos. Wenn er einmal von einer Person eine Vorstellung hatte, ging er nicht mehr davon ab – und er hatte fast immer recht. Seine wenigen, klugen Ratschläge sind mir wie heilige Gesetze immer präsent; nur mein unbändiger Stolz hat mich daran gehindert, bei ihm in die Lehre zu gehen. „Junge“, hat er mir geraten, „denke daran, ein Boß der Camorra braucht drei Dinge. Erstens: Geld, um Politiker und Richter zu bestechen. Zweitens: die unbedingte Überzeugung, daß die Camorra das Recht hat, mit dem Tode zu bestrafen, daß sie über das Leben aller verfügen kann. Und drittens: Du mußt gesund und sauber bleiben. Kein Kokain, keinen Alkohol. Sei dir dessen immer bewußt! Schwäche ist etwas für die Niedrigen, für Blöde. Das Zuchthaus muß dich stählen. Deine Gefolgschaft muß stolz sein auf das, was du erträgst. Macht erfordert ungeheure Opfer.“

Es war nicht schwierig, das Gericht von Neapel und vor allem das Justizministerium in Rom mit einem Netz von Freunden zu überziehen. Geld macht allen Freude, und die Angst vor einer Pistolenkugel ist Pfeffer im Hintern auch des Uneinsichtigsten. Diese Beziehungen sind unabdingbar – das habe ich meinen engsten Vertrauten immer wieder eingeschärft -, um geringere Strafen zu erreichen und Freunde in ein anderes Zuchthaus verlegen zu lassen. Ich muß dazu sagen, daß die Strafminderung ein wichtiges Mittel ist, den Gefolgsmann bei der Stange zu halten: Sie läßt ihn glauben, daß Don Raffaele alles kann. Durch gezielte Verlegungen lassen sich die Verbindungen stärken, in einem Zuchthaus homogene, treue, gehorsame Truppen formieren, die sich verteidigen können und sogar erbarmungslose Befehle ausführen.

In den Trakten Milano und Salerno – die Zellenblocks werden nach Städten bezeichnet – gehörte die Mehrheit zu den Cutolianern, und damit kontrollierten wir das gesamte Gefängnis Poggioreale. Auch mit der Bewaffnung gab es keine Probleme. Die Freigänger kamen abends mit Revolvern oder Maschinenpistolen zurück. Eine Kontrolle? Der Wachtmeister Capuzzo hatte Order, beide Augen zu schließen. Wir waren zu einer bewaffneten Armee geworden, die jedem Angriff begegnen konnte – nicht nur in Neapel. In den Zuchthäusern Avellino, Santa Maria Capua Vetere und Salerno arbeiteten wir auf dieselbe Weise.

Enzo Casillo brachte mir am Morgen eines Freitags gute Nachricht. Sonst war der Freitag immer ein schlechter Tag, kein Tag für mich. Ich hatte wenig geschlafen, die ganze Nacht Korrespondenz erledigt, ich war müde und verdrießlich, als ich in den Sprechraum hinunterging. Manchmal erfassen dich Mutlosigkeit, Zweifel, das Gefühl, daß alles unnütz ist, bis hin zu dem Gedanken, das ganze selbst aufgebaute Theater hinzuwerfen – und du hast niemanden, mit dem du darüber sprechen kannst. Eine tiefe Müdigkeit schleicht sich ein, verbreitet sich heimtückisch durch Arterien und Venen in Körper und Geist. Freunde wie Feinde erscheinen dir als bedeutungslose Statisten, und auch die Welt jenseits der Gitter, die wenigen Fenster, die aufgehängte Wäsche, das Stückchen Himmel, das vorüberfliegende Flugzeug und das Echo des Verkehrs werden vage und unwirklich. Es ist, als ob alles zerbröckeln würde, in dir wie draußen. Du hast keinen Willen, keine Kraft mehr für Projekte und Pläne, für Taten und Gefühle.

Nicht einmal dann empfand ich etwas Besonderes, als ich sah, daß mein Sohn Roberto mit Enzo Casillo gekommen war. Ich küßte ihn geistesabwesend und streichelte sein Gesicht: das Gesicht eines Jungen, der begeistert war, einen Vater wie mich zu haben. Einen Augenblick mußte ich daran denken, wie verfehlt und schlimm eigentlich dieser Stolz war, stand doch wieder ein Mensch am Beginn des falschen Wegs. Ich habe solche nachdenklichen Momente, unvermutete Momente plötzlicher Klarsicht. In diesen schrecklichen, kurzen Augenblicken durchbohre ich mich selbst mit Messern der Vernunft.

Ich mußte wohl sehr abwesend geschaut haben, als Enzo mich in die Wirklichkeit zurückholte: „Rafè, hör mir gut zu. Es ist geschafft. Man billigt dir geistige Unzurechnungsfähigkeit zu, und du wirst in das Psychiatrische Justizkrankenhaus verlegt. Die Freunde haben sich eingesetzt. Der Neffe des Richters Cozzolino gehört zu uns, ebenso der Bruder des Präsidenten, der Rechtsanwalt, der die Gnadengesuche bearbeitet. Na, bist du zufrieden? In der Psychiatrie kannst du dich zu Hause fühlen wie in Ottaviano. Es ist da viel besser als hier."

Ich wandte mich um und betrachtete die anderen Gefangenen, die mit ihren Frauen und Rechtsanwälten sprachen. Ich fragte Enzo, wie lange es noch dauern würde. „Einen Monat, anderthalb", antwortete er. Um zu prüfen, wie gut die Kontakte zu den Richtern sind, ordnete ich an, die Angelegenheit zu beschleunigen. Außerdem sollten meine Rechtsanwälte zu Gesprächen zu mir kommen.

Allmählich hatte ich meine Nerven wieder im Griff. Ich sagte Roberto, daß er an eine Arbeit denken solle. Ein Freund hatte ihm angeboten, Teilhaber in einem Bekleidungsgeschäft in San Giuseppe Vesuviano zu werden. Es war notwendig, daß er etwas tat. Ich mußte ihm schließlich beibringen, daß eine Camorristenkarriere nicht vererbt wird.

Enzo hatte noch andere gute Nachrichten. Salvatore La Marca war wieder Bürgermeister in Ottaviano geworden. Die Verwaltung war in unserer Hand. Das war auch ein Denkzettel, zumindest eine sanfte Warnung an einen aufdringlichen kommunistischen Gemeinderat: Er hatte gewagt nachzufragen, wieviel Steuern mein Bruder Pasquale bezahlt. Pasquale war mir ziemlich gleichgültig, aber allein schon um das Ansehen meiner Familie zu wahren, konnte ich einen solchen Affront nicht hinnehmen. Für den Augenblick, dachte ich, genügte die Lektion.

Durch 'o Nirone ließen zwei oder drei Camorristen aus dem Gebiet Eboli, die Marandino, um ein Gespräch bitten.

Auch ein Unternehmer aus Sant'Antonio Abate, Alfonso Rosanova, hatte von sich hören lassen. „Der hat mächtig Kies", erklärte 'o Nirone und kniff seine schwarzen, intelligenten Augen lächelnd zusammen. „Auch Corrado möchte dich sprechen. Erinnerst du dich? Corrado Iacolare, ein Verwandter von Don Enrico Maisto, aus San Giuseppe. Fast alle wollen eine Audienz. Sie fallen uns in den Schoß wie reife Früchte. Vorgestern abend ließ mir Catiello 'e Somma im Restaurant eine Flasche Champagner bringen. Ein Zeichen der Verehrung und Freundschaft."

Ich ermahnte 'o Nirone, Freundschaftsangeboten gegenüber sehr vorsichtig zu sein. Ich habe das auch in meinem Buch *Poesie e Pensieri* geschrieben: „Ein echter Camorrist überlegt stets mit dem Hirn, nicht mit dem Herzen." Am 12. Mai 1977 kam die Bestätigung dafür, daß 'o Nirone und die Freunde gut gearbeitet hatten. Das Appellationsgericht Neapel erkannte mich als nicht zurechnungsfähig an und verfügte meine Einweisung ins Irrenhaus „für einen Zeitraum nicht unter fünf Jahren". Meine Rechtsanwälte und die Gutachter hatten die Frechheit, mir dies als ihren Sieg zu verkaufen – als ob mir nicht bekannt wäre, welche Kontakte, welche Unterstützung und welche vielstelligen Summen notwendig sind, um ein so aufsehenerregendes Urteil zu erreichen. „Die Rede vom ‚Skandal'", sagte ich voraus, „wird drei Tage dauern, nicht länger." Ich fühlte Euphorie und Begeisterung in mir aufkommen. Psychiatrisches Krankenhaus, das hieß Freiheit, persönliche Freiheit, Bewegungsfreiheit. Ich feierte das Ereignis mit einem Gedicht in freien Versen, mit wenigen Punkten und Kommas. Die Interpunktion war mir sowieso immer lästig.

Plötzlich Stille im Saal
Das Gericht, der Präsident Lo Schiavo

Der Angeklagte: Cutolo Raffaele
Die Anklage: Bewaffneter Anschlag,
Zweifacher Mordversuch
Die Verlesung der Anklage
Ein gefährliches Element
Höchststrafe in der Ersten Instanz
Fünfzehn Jahre
Prozeß in der Zweiten Instanz
Rosetta, Camorristen, Gangster
Von überall her
Gemurmel, leise Stimmen
Cutolo soll verurteilt werden
Besser ins Zuchthaus mit ihm
Die Verteidiger: Gangemi, Spiezia, Mazza
Halten ihr Plädoyer
Cutolo sei verrückt
Das Gericht zieht sich zurück
Scheinheilige Grüße, Umarmungen, Versprechen
Das Gericht tritt in den Saal
Gespannte Atmosphäre
Lastendes Schweigen
Plötzliche Überraschung
Der Präsident verkündet
Irrenanstalt für Cutolo
Fünf Jahre Freispruch
Angst, Schrecken, Bestürzung
Die Camorristen, die Banditen zittern
Cutolo lacht
Und betrachtet seine Lämmer
Die in vergangener Zeit
Ohne Grund
Verwirrt waren

Freude bei den Verwandten
Angst bei den anmaßenden Usurpatoren
Als kultivierter Mensch
Grüßt der Boß Cutolo
Und geht.

SECHSTES KAPITEL

DER AUSBRUCH AUS DEM IRRENHAUS UND DAS LEBEN IM UNTERGRUND

Das gerichtspsychiatrische Krankenhaus Sant'Eframo ist ein altes Klostergebäude aus dem 17. Jahrhundert. Von dort hat man einen herrlichen Blick über ganz Neapel. Meine bevorstehende Verlegung war natürlich schon angekündigt worden. Don Raffaele kam; das war für alle, einschließlich des Direktors Professor Alfonso Rosapepe, eine Ehre und versprach vielerlei Vorteile.

Ich traf dort alte Freunde, den kalabrischen Mafioso Umberto Egidio Muraca zum Beispiel, vor allem auch den Wachmannschafts-Feldwebel Salvatore Greco. Er und der Direktor standen mir uneingeschränkt zur Verfügung. „Sie sehen, Herr Cutolo", so begrüßte mich Professor Rosapepe in seinem Amtszimmer, „hier können Sie sich zu Hause fühlen." Er lud mich auch zum Abendessen in seine Privatwohnung ein. Seine Frau, eine Psychologin, und der Sohn, frischgebackener Doktor der Rechte, waren ebenfalls da. Zwei Insassen in weißen Kellnerjacken bedienten mit großer Eleganz. Es war ein vorzügliches, aufwendiges Mahl mit französischem Wein und Champagner am Schluß. Ich mußte daran denken, wie Antonio Spavone in die Wohnung des Direktors von Poggioreale eingeladen wurde.

Ich sprach mit Professor Rosapepe und seiner Frau über die verschiedensten Themen: daß die Gefängnisse überfüllt seien, daß es unmöglich sei, auch nur einen geringen Grad von Resozialisierung zu erreichen, vor allem bei den Jugendlichen. Frau Rosapepe beschrieb die Verhältnisse in Sant'Eframo. Sie seien ideal. Sie selbst war vom Justizministerium als Soziologin angestellt. „Die Insassen lieben mich, und sie kommen mit allen Wünschen zu mir. Dem Monster von Bari – er hat seine Eltern und Schwestern umgebracht und die Leichen eine Woche lang im Schrank versteckt – habe ich Malen beigebracht. Er nennt mich Mama."

Ich hielt der gnädigen Frau nicht vor, daß ich nachts aus den Beruhigungszellen bestialische Schreie hörte. Ihr Mann hat die Existenz dieser Abteilung öffentlich abgestritten, aber ich konnte sie mir in Begleitung des Wachtmeisters Greco selbst ansehen. 23 Betten, allesamt belegt mit armen Teufeln, die mit kräftigen Stricken festgebunden waren. Beim geringsten Zeichen von Widersetzlichkeit wurden die armen Kerle mit Psychopharmaka vollgestopft und in diesen Betten ruhiggestellt. Es waren echte Folterbänke, auf denen man einen Gefangenen viele Tage schmoren ließ, wenn er sich nicht einsichtig zeigte. Seine Notdurft mußte er durch ein Loch im Bett, das unter seinem Hintern war, verrichten. Alles, was der gute Rosapepe neu eingeführt hatte, war ein Schlauch mit Duschkopf neben jedem Bett, mit dem die Wärter den Häftling säuberten.

Frau Rosapepe war sehr neugierig auf meine *Poesie e Pensieri.* Ich erzählte ihr, daß ich fast die ganze Nacht schreibe. Sie zeigte sich interessiert an meiner literarischen Produktion und versprach: „Ich werde Sie besuchen, damit ich Ihre Gedichte lesen kann."

Der Aufenthalt in Sant'Eframo erwies sich als in jeder Hinsicht angenehm und bequem. Vom Büro des Direktors aus konnte ich überallhin telefonieren, auch ins Ausland, und zwar völlig ungestört. Ich knüpfte wichtige Kontakte mit Südamerika, speziell mit Peru, um den Import einiger Partien Kokain zu organisieren. Wann und wo ich wollte, empfing ich meine Mitarbeiter, mit denen ich geschäftliche und organisatorische Probleme besprach.

Ein idealer Aufenthaltsort, den ich allerdings wegen eines Zufalls verlassen mußte. Man hatte herausgebracht, daß wir zusammen mit Don Egidio Muraca den Ausbruch des kalabrischen Mafioso Michele Dattilo aus der Strafanstalt Porto Azzurro vorbereiteten. Eine Lappalie, verglichen mit den weit bedeutenderen Aktionen, die wir in unserem Hauptquartier planten und anordneten. Aber die Fahnder halten sich immer an Kleinigkeiten fest. Waren nicht Dutzende von Todesurteilen aus Sant'Eframo hinausgegangen und dann in der Campania vollstreckt worden? Kamen von hier nicht Forderungen in Milliardenhöhe? Die Polizei klammerte sich aber statt dessen an die geplante Flucht Dattilos und an meine Telefonate nach Peru. Der Hauptwachtmeister Greco seinerseits wurde wegen einiger Flaschen Wein und Öl verfolgt, die ihm Muraca aus Kalabrien geschickt hatte, und nicht wegen der Wohnung, die man ihm überschrieben hatte. Viel Lärm um nichts.

Von Sant'Eframo wurde ich ins Psychiatrische Justizkrankenhaus Aversa verlegt. Auch diese Unterkunft war mir sehr angenehm. Direktor war dort Professor Ragozzino, der ein vorzügliches Gutachten für mich erstellt hatte. Er hatte sich im Prozeß wegen meines zweifachen Mordversuchs von Palma Campania dafür ausgesprochen, mir völlige Unzurechnungsfähigkeit zuzuerkennen. In Palma Campania hatte ich beim Versuch, mich der Festnahme zu entziehen, auf zwei Carabinieri geschossen und sie verletzt. Auch Ragozzino erwies sich als sehr freundlich und verständnisvoll. Er hieß mich in seinem Büro willkommen und riet mir zur Vorsicht. „Ihr wißt, Ihr werdet von allen beobachtet", sagte er. „Ihr müßt sehr vorsichtig und wachsam sein." Ich klärte ihn nicht darüber auf, daß ich nur sehr kurz im Irrenhaus von Aversa zu bleiben gedachte. Ich mußte hinaus, ich mußte in der Welt herumreisen, um die Verbindungen zu koordinieren und die Geschäfte voranzutreiben. Die Nuova Camorra Organizzata war bereits eine Holding mit ausgedehnten Geschäftsbereichen geworden. Auch wenn ich von Aversa genauso leicht wie von Sant'Eframo aus die verschiedenen Aktivitäten leiten und die Mitglieder überwachen konnte, befahl ich doch meinen engsten Vertrauten, einen Fluchtplan auszuarbeiten.

Alfonso Rosanova unterbreitete mir Investitionsvorschläge. Er war unsicher und zugleich voller Erwartung, als er zum erstenmal in meine Zelle kam. Ich begegnete ihm herzlich, aber knapp; ich sagte ihm, daß man die Gelder, die aus Erpressungen und unseren anderen Geschäften stammten, nun in Fabriken, Werften und Hotels anlegen müsse. Es sei gefährlich, das Geld unproduktiv herumliegen zu lassen, während die Bedürfnisse der Mitglieder immer mehr anstiegen. Auch mit Hilfe der Banken müsse das Geld arbeiten.

Rosanova versicherte, daß ein kleines Kreditinstitut in Salerno zur Verfügung stehe, dessen Generaldirektor – ein angesehener und über allen Verdacht erhabener Christdemokrat - ohne Probleme Milliarden von Lire „waschen" könne. Die Begegnung mit diesem Mann, der eines der Gehirne der NCO in Wirtschaftsangelegenheiten werden sollte, brachte großen Gewinn. Er hatte klare Vorstellungen und einen hervorragenden Geschäftssinn. Und keinerlei Skrupel. Er schien mir zu allem fähig, was Geld brachte. Dennoch ließ ich bei ihm nicht das Gefühl aufkommen, daß ich mich von seinen Ansichten abhängig machte. Ich war immer zu vorsichtig, um mich an eine einzige Person zu binden.

Ich vertraute ihm also nicht an, daß wir den großen Coup

dadurch landen wollten, daß wir uns im Zigarettenschmuggel und im Drogenhandel, den Haupterwerbsquellen unserer ärgsten Feinde, als gleichberechtigte Konkurrenten etablierten. Mächtige Feinde hatten wir immer noch genug, die offen oder heimlich gegen uns arbeiteten. Darum hatte ich ja auch geschrieben: „Die Welt ist eine steinige Wüste, und die Menschen sind wilde Tiere, bereit, sich für schmutziges Geld zu zerfleischen.“

Rosetta und meine Nichte Carolina weihte ich in meinen Fluchtplan ein. Sie durften darüber nur mit Enzo sprechen, mit Michele 'a Vecchia und 'o Giappone. Man durfte keine Zeit mehr verlieren. Meine Anwesenheit im Ausland war nötig, zumindest für ein Jahr. Es ging darum, den Aufstieg der NCO intensiv voranzutreiben. Unsere Feinde starben zu Dutzenden. Man konnte bereits davon sprechen, daß wir unser Territorium wissenschaftlich durchorganisiert hatten, mit einer ganz klaren Hierarchie und einer strengen Aufgabenteilung. Wer seine Pflicht nicht erfüllte, wurde ohne Erbarmen eliminiert. Ein Raffaele Cutolo in Freiheit würde unseren Machtanspruch in der gesamten Campania endgültig bestätigen, mit ihren Verbindungen nach Norden, nach Süden und ins Ausland. Der Boß in Freiheit, das mußte für den endgültigen Sieg der Nuova Camorra von unschätzbarem Wert sein. Der Moment war günstig.

Am Morgen des 5. Februar 1978 wurde der Plan durchgeführt, und zwar perfekt. Man sprach von zwei Wachleuten als Komplizen. Ich würde sagen, daß sie sich zu Recht wegdrehten, als eine mächtige Explosion einige Meter der Mauer um das Irrenhaus in Stücke riß und ich seelenruhig auf die Straße hinausging. Es war allerdings auch besser für die beiden Wachen; für den Fall, daß sie etwas unternommen hätten, hatte ich Order gegeben, sie zu töten. Auch der Alarm durfte erst mit

Verspätung gegeben werden. Es funktionierte tatsächlich alles bestens.

Mit dem schnellen Auto, das meine Freunde besorgt hatten, hatte ich genügend Zeit, Eboli und das versteckte Gehöft der Lettieri in Albanella zu erreichen, im Piano del Carpine über dem Tal des Sele. Ich hätte auch noch Zeit gehabt, bei meiner Mutter in Ottaviano vorbeizuschauen, aber das wollte ich doch noch nicht riskieren.

Alfonso Rosanova hatte zusammen mit den Brüdern Marandino einen gemütlichen und gut geschützten Zufluchtsort vorbereitet. Im Schlafzimmer fand ich ein kleines Waffenarsenal vor: eine Maschinenpistole, einen Präzisionskarabiner mit Zielfernrohr, zwei P 38, Handgranaten, Tränengaspatronen; damit würde ich mich hervorragend verteidigen können. Das Schlafzimmerfenster war ein ausgezeichneter Beobachtungsplatz. Man konnte, ohne selbst gesehen zu werden, das Land mindestens zwei Kilometer weit überblicken. Keiner, der sich an den Grenzen des Gehöfts herumtrieb, blieb verborgen. Auch das Zimmer selbst war gemütlich und bequem. Der Bauernhof gehörte Don Peppino Lettieri und seiner Frau Elvira, beide etwa sechzigjährig, zurückhaltend, meinen Freunden gegenüber von äußerster Ehrerbietung, liebenswürdig und kultiviert. Vielleicht wußten sie nicht, wer ich war. Er war klein, hager, verbraucht von der Feldarbeit, wortkarg. Sie war zart und hatte kleine, schwarze, kluge Augen; sie trug schwarze Kleidung, und ihr Haar hatte sie mit einem Tuch zusammengebunden.

Sie richteten eine reiche, festliche Tafel her; das Essen hatten meine vermögenden Freunde aus einem Restaurant kommen lassen. Die Marandino waren die unangefochtenen Bosse der Gegend. Sie betrieben bedeutende Geschäfte, auch ein Hotel mit Thermalquellen.

Ich empfahl allen größte Zurückhaltung und pedantische

Aufmerksamkeit. Man würde mich mit Spürhunden suchen, Razzien durchführen, Carabinieri und Polizisten würden mit meinen Feinden gemeinsame Sache machen. Einige Tage lang sollte es keinerlei Besuche hier geben, auch nicht von meinen Stellvertretern. Über mein Versteck durften nur zwei Leute Bescheid wissen, Alfonso Rosanova und Giovanni Marandino. Nicht einmal 'o Nirone sollte die Adresse bekommen. Ich würde selbst entscheiden, wann er sie erfahren sollte. Auch auf das Telefon mußte man ein paar Tage verzichten. War die erste fieberhafte Suche erst einmal vorbei – das Fernsehen hielt einen auf dem laufenden –, konnten wir uns wesentlich freier bewegen. Mittlerweile besaß ich den Personalausweis von Prisco Califano, einem unverdächtigen Unternehmer aus Nocera Inferiore. Ich brauchte auch ein Auto, mit dem ich mich unabhängig bewegen konnte.

Als ich mit den Lettieri allein war, ging ich vor das Haus, angezogen von den Farben und dem Schweigen des Landes ringsum, das so ganz anders war als das mir anvertraute von Ottaviano. Aber der Geruch der Erde und die düstere Winterdämmerung sind überall auf dem Lande gleich. Die kahlen Baumgerippe zeichneten gespenstische Linien in den Raum und nahmen unnatürliche, unheimliche Dimensionen an. Nur die Vögel, die vereinzelt vorbeiflogen, unterbrachen die graue, triste Monotonie des Bildes, lenkten einen kurzen Moment von der alles durchdringenden Traurigkeit ab.

Es gibt Augenblicke, in denen sich ein Mensch zutiefst alleine und seinem Schicksal ausgeliefert fühlt. Ich hätte mich am liebsten ans Telefon gehängt, um die Stimme meiner Mutter, Rosettas oder Robertos zu hören, oder um Radhia anzurufen, meine Frau, die Tunesierin, wie die Zeitungen sie nannten. Da ist also der mächtige, gefürchtete Bandenchef, reich, verehrt – und jetzt ist er allein mit sich, schwach und verzweifelt, hat Tränen in den Augen, und sein Herz ist voll Kummer. Nein, sagt nicht, daß ein Mensch, der töten kann und bedenkenlos den Tod anderer Menschen anordnet, jeder Sensibilität und zarten Seiten entbehrt.

Die Tagesschau berichtete groß von meiner Flucht, wie ich vorausgesehen hatte. Onkel Pepe und Donna Elvira, seine Lebensgefährtin, schienen nicht besonders überrascht, als das Foto des Chefs der Nuova Camorra gezeigt wurde – mein Bild. Sie mußten also durch Ninuzzo Marandino und die anderen Freunde darüber informiert worden sein, wen sie beherbergten. Es machte einen merkwürdigen Eindruck auf mich, den für drei Personen gedeckten Tisch mit der frisch gewaschenen, weißen Decke, den Karaffen mit Wasser und Rotwein, den Gläsern und Gedecken zu sehen. Selbst wenn man auch über eine gewisse Freiheit verfügt: In der Zelle den Tisch für sich alleine zu decken, macht traurig und melancholisch. Hier nun versetzten mich die dampfenden, hausgemachten Spaghetti mit duftender Tomatensauce zurück in die Zeit meiner Kindheit. Die Pasta asciutta war ärmlich, einfach, und doch verbreitete sie mit ihrem Duft und ihren Farben Heiterkeit und Wohlbefinden.

Don Peppino Lettieri erinnerte mich mit seinem Schweigen, seiner zurückhaltenden Art und den vorsichtigen Bewegungen stark an meinen Vater. Ich betrachtete lange sein ausgemergeltes Bauerngesicht, die Falten auf seiner Stirn und seinen Wangen, die großen, schwarzen, traurigen Augen. Ich dachte daran, wie merkwürdig und unvorhersehbar doch das Leben ist, dachte an diese beiden Alten, die da plötzlich und unfreiwillig in das Schicksal eines flüchtigen Mannes verwickelt werden, eines Mörders, der vielleicht aus dem blauen Himmel heraus zu jeder Tat fähig ist. Hatten sie sich das überlegt, als sie ihre Gastfreundschaft anboten? Hatten sie überhaupt Zeit und Gelegenheit dazu gehabt? Hätten sie sich weigern können? Schutzlos und einfach wie sie waren, spürte ich eine tiefe Zärtlichkeit für sie. Ich fühlte mich schuldig, weil ich in ihr Privatleben eingedrungen war, weil ich sie in das Schicksal eines flüchtigen Banditen verwickelte und weil ich ihr Haus – mit seinen wenigen, lebensnotwendigen, armseligen Möbelstücken, den rauchgeschwärzten Kupferpfannen, den Schüsseln aus Ton, den hölzernen Schöpflöffeln und den Einmachgläsern mit den Wintervorräten – zu einem waffenstarrenden Versteck gemacht hatte, das von einem Augenblick auf den anderen zur Zielscheibe einer Armee von Carabinieri und Polizisten werden konnte.

„Don Rafè, wir gehen schlafen", sagte Don Peppino. „Wenn Ihr noch etwas braucht: Wir stehen Euch zur Verfügung."

Ich wünschte gute Nacht und sagte, daß ich noch ein wenig aufbleiben würde, bis zu den letzten Nachrichten. Auf dem Bildschirm sah ich noch einmal dieselben Bilder, das große Loch in der Mauer der psychiatrischen Anstalt von Aversa, mein Foto, das schon viele Jahre alt war, und auch eines von 'o Giappone. Sie hatten Puca als einen der Drahtzieher des Ausbruchs identifiziert, und sie hatten auch festgestellt, daß meine Schwester Rosetta und meine Nichte Carolina beteiligt gewesen waren. Ihre Verhaftung war mir sehr unangenehm; wie immer, wenn die Frauen aus meiner Familie in meine Angelegenheiten hineingezogen wurden. Hunderte von Leuten hatte man auf den Chef der Nuova Camorra angesetzt. Sogar Hubschrauber und Panzerwagen waren an der Operation beteiligt; in der Tagesschau waren sie zu sehen, wie sie Ottaviano besetzten und über der Campania hin und her flogen. Welche Vergeudung von Menschen und Geld, dachte ich, als ich ins Schlafzimmer hinüberging.

Die Verfolgung eines Menschen ist wie die berühmte Suche nach der Stecknadel im Heuhaufen. Das laute, röchelnde

tiven Sprung auf das Niveau der sizilianischen Mafia tun. Im wesentlichen ging es darum, die letzten Widerstände in der Zone der Mazzoni nördlich von Neapel zu beseitigen, die immer noch von der Bande der Nuvoletta und der Bardellino beherrscht wurde. In den anderen Zonen gab es keine Probleme; man verhielt sich nolens volens vernünftig. Wer sich für die Herausforderung entschieden hatte, dem verpaßten wir etwas, woran er zu kauen hatte. Die Mehrheit allerdings hatte vorgezogen, die Seiten zu wechseln und war zur NCO gekommen.

Ich mußte laufend die Listen der wichtigsten Anhänger, der zu uns gehörenden Beamten, der Gebiets- und Zonenbosse, der Mitglieder der Gipfelversammlungen aktualisieren – ohne die Mitläufer und freiwilligen Cutolianer zählen zu können, die immer mehr wurden. Meine Flucht würde diese Entwicklung sicherlich noch verstärken. Ein gelungener Ausbruch hebt Ansehen und Charisma eines Bosses. Er verbreitet Euphorie bei den Anhängern und Schrecken bei den Feinden. Vor beiden mußte man sich jedoch in acht nehmen, denn beide können schaden: die einen durch übermäßige Begeisterung und Eifer, die anderen durch ihren gesteigerten Haß.

Über Fernsehen und Radio verfolgte ich die weitere Fahndung. Noch immer wurden massenhaft Leute und Material eingesetzt. Doch der Eifer der Polizei würde wohl nicht länger als ein paar Tage anhalten. Cutolo in Freiheit, da werden die Auseinandersetzungen wieder aufleben, und sie werden sich weiterhin gegenseitig eliminieren: Polizeichef Colombo hegte noch immer diese Hoffnung. Auch die Zeitungen vertraten diese Meinung. Man überschlug sich mit Erklärungen: Es gibt keine alte und es gibt keine neue Camorra. Es gibt nur eine Masse gewöhnlicher Verbrecher, gemein und blutrünstig, ebenso wie in Mailand oder Turin. Der Polizeichef sprach uns jede Würde ab – nach der gerade die ganz hartgesottenen Verbrecher streben -, jede Fähigkeit, die Gesellschaft systematisch mit unserer Organisation zu durchsetzen. Seine Vorgesetzten sollten sich sehr bald darüber klar werden, welch gewaltigen Irrtum er da aufrechterhielt. Ich würde die Campania in eine Festung verwandeln, regiert von der Camorra, die an allen Schaltstellen ihre Leute hat, einer reichen, mächtigen, gefürchteten Camorra.

Ich träumte so vor mich hin und notierte Stichworte in meinen linierten Schulheften, entwarf und verwarf Strukturen eines Stabes aus Generälen, Obersten, Hauptleuten. Ich analysierte Fähigkeiten und Grenzen der wichtigsten Mitarbeiter. Enzo Casillo, 'o Nirone, konnte sich steigern und verbessern. Er war treu, gehorsam, entschlossen; er konnte aber auch abwarten und war bei gegebenem Anlaß ein gewandter Verhandlungsführer mit Takt und Diplomatie.

Corrado Iacolare war intelligenter, verschlagener. Aber ich war mir klar darüber, daß dies auch seine Schwäche war. Er war zu scharfsinnig, um für mein Charisma anfällig zu sein, zu schlau, um meine Gewaltherrschaft zu akzeptieren und Befehle auszuführen, die ihm sinnlos erschienen – eine überzogene Strafe etwa, einen vermeidbaren Mord, eine fragwürdige Anordnung. Ein Boß achtet auf die indirekten Reaktionen seiner Stellvertreter. Er liest in ihrem Blick, ihren Gesten, ihren Äußerungen. Es gefiel mir zum Beispiel nicht, daß er meinen Befehl zur Eliminierung eines ungehorsamen Gefängniswächters länger als notwendig diskutierte. „Er hat ein fünfjähriges Kind", sagte er überflüssigerweise und glaubte wohl, meine Härte mit Sentimentalitäten korrigieren zu können, die sich ein Boß nun einmal nicht leisten kann. Doch im Moment funktionierte Corrado Iacolare, war für die Organisation nützlich, ein Sklave der Camorra aufgrund seiner Vergangenheit. Erpressung? Nein, bloßes Wissen genügt. Alles, was ein Camorrist tut, ist aufgeschrieben, bleibt unauslöschlich im Gedächtnis.

Tore De Maio, 'o Guaglione, war noch sehr jung, gerade zweiundzwanzig, aber er würde älter und erwachsen werden. Der einzige Thronfolger, den ich weit und breit sah. Ein Junge von wertvoller Gesinnung, er würde es nie wagen, mich zu verraten. Er war mir verblüffend ähnlich. Kalt, gerissen, entschlossen, ehrgeizig, doppelbödig, schwer zu fassen, unversöhnlich gegenüber den Feinden, in seinen Manieren ein Herr. Er mordete elegant und kaltblütig wie ein echter Boß. Innerhalb weniger Jahre hatte er im Gebiet Nocera einen rasanten Aufstieg genommen. Der alte *capo* der Zone, Salvatore Serra, genannt Cartuccia, hatte ausgedient; er war eine schwachsinnige, brutale Bestie, unnötig blutrünstig, ein Schwein, das man bei der ersten Gelegenheit würde schlachten müssen.

Ich überlegte fieberhaft. Ich wählte die Männer aus, die für die schwierigsten Aufgaben und Funktionen geeignet waren. Alfonso Rosanova wäre ein hervorragender Finanzminister für die NCO. Er zeigte Initiative, er kannte die ergiebigsten Investitionsmöglichkeiten, er konnte sich gut unter Politikern und Bankiers bewegen. Sein Fehler? Er liebte das Geld zu sehr. Ich habe gesehen, wie er Wechsel, Schecks, Brillanten und Gold küßte, die man ihm als Pfand gegeben hatte. Ein habgieriger, süchtiger Wucherer, zu jeder Tat bereit, die seinen Reichtum vergrößerte.

Ein anderer in Wirtschaftsangelegenheiten brillanter Kopf war Don Antonio Sibilia, fleißig und im Baugewerbe sehr talentiert. Über ihn konnten wir uns leicht ins Immobilien- und Baugeschäft einschalten. Ich hatte die glänzende Idee, ihn entführen zu lassen; er würde nicht merken, daß wir dahintersteckten, und sich freiwillig in unsere Hände begeben. So intelligent war Don Antonio Sibilia und doch so naiv. Kaum hatten ihn meine Leute entkommen lassen, bat er mich über die Brüder Graziano aus Quindici um eine Audienz. Auf den Knien und unter Tränen flehte er mich in meiner Zelle an: „Ihr müßt mir helfen. Das ist kein Leben mehr, Tag und Nacht werde ich terrorisiert. Ich sehe Schatten und auf mich gerichtete Pistolen, wo ich auch bin. Seit Wochen traue ich mich nicht mehr nach Neapel hinunter." Ich mußte ihn aufheben, und er versuchte mir die Hand zu küssen. Ich glaube, daß nur selten ein so starker und gewiefter Mann wie Antonio Sibilia so befreit und beruhigt aus einem Treffen mit einem anderen Mann wegging, der ihm gegenüber in Wirklichkeit nur ein Floh war.

Und die anderen? 'O Giappone, Mariettiello, 'o Cartunaro, 'o Nimale, der überaus zuverlässige Antonino Cuomo, Carlo Biino? Urteilsvollstrecker, bewaffnete Arme der NCO, unerbittliche Henker. Die schwierigste Aufgabe für einen Boß ist, die Gehirne auszuwählen, die Führer, die Intelligenz einer Organisation. Auch wenn sie hierarchisch aufgebaut war, mit einem großen Monarchen, einem Paten an der Spitze – Raffaele Cutolo, dem Professor, dem Ingenieur, dem Gott –, so mußte die Nuova Camorra doch wirkungsvolle und gut funktionierende Strukturen besitzen, mit einer Aufseherin, einer Patin: meiner Schwester Rosetta, die aufmerksam und treu war.

Mir schien nun doch, als sei ich übervorsichtig gewesen, indem ich 'o Nirone gesagt hatte, er solle erst nach drei Tagen wieder Kontakt zu mir aufnehmen. Ich brannte darauf, ihn wiederzusehen und unsere nächsten Projekte zu besprechen. Angst, entdeckt und festgenommen zu werden, hatte ich nicht im geringsten. Ich fühlte mich sicher, ich wollte etwas tun, mich bewegen, handeln. Die Beziehungen zu den Lettieri waren familiär und herzlich geworden. Ich würde ihnen Annehmlichkeiten verschaffen, und ich konnte ihnen ihre offensichtliche Angst nehmen, daß uns die Polizei überraschen würde.

„Wir werden immer schön essen“, hatte ich gesagt, um das Eis zu brechen. „Meine Freunde sollen alles bringen, was schön und gut ist. Euch fehlt auch ein Farbfernseher und ein größerer Kühlschrank. Das wird alles bald da sein, Ihr werdet sehen. Sagt mir, was ihr sonst noch braucht, sagt ganz frei, was ihr wünscht. Ihr müßt nur den Mund aufmachen.“ Doch die Lettieri schienen mir nicht sonderlich berührt von dem Wohlstand, der da unverhofft auf sie zukam. Sie schienen keine Veränderungen zu wollen; sie wirkten stolz auf ihre Armut, die sie trugen wie eine zweite Haut. Sie ließen sich nicht verwirren. Nur die Frau zeigte den Anflug eines Lächelns, eine höfliche Geste zur Anerkennung meiner freundlichen Großzügigkeit.

Ich habe immer geglaubt, daß ich telepathische Fähigkeiten besitze, und als sich ’o Nirone vorzeitig auf dem Hof im Piano del Carpine sehen ließ, war das für mich ein Beweis für das magnetische Fluidum, das ich auch über große Entfernungen hinweg aussende. Ich mußte lachen, was Enzo Casillo wahrscheinlich auf meine Freude zurückführte, den Freund wiederzusehen.

„Ich mußte alle Freunde bremsen. Die Kameraden brennen darauf, dich wieder zu umarmen, dir Pläne zu unterbreiten, Befehle zu bekommen. In den Dörfern der Campania ist ein regelrechtes Fieber ausgebrochen. Man spricht nur von dir, gut oder schlecht. Freude herrscht auf der einen Seite, Schrecken auf der anderen.“

„Wir müssen unsere Treffen genau planen“, antwortete ich, „es könnte gefährlich werden. Wahrscheinlich werden viele beschattet, die Telefone abgehört. Wir dürfen nicht leichtsinnig werden. Ich muß in Freiheit bleiben für unsere großen Ziele. Es war auch nicht gut“, ich tat so, als müßte ich ihn doch ein bißchen tadeln, „daß du jetzt schon hierhergekommen bist. Vielleicht wäre es besser gewesen, wenn sich zuerst der Kamerad

Marandino hätte sehen lassen. Vorsicht ist alles. Ist dir auch niemand gefolgt?" wollte ich wissen.

„Absolut niemand. Ich war sehr vorsichtig. Ich habe den Umweg über Paestum genommen. Außerdem kann mich keiner erkennen. Das Foto, das die von mir haben, stammt aus der Zeit meiner Erstkommunion."

Ich sagte ihm, daß ich zwei „saubere" Autos brauche, unauffällige Mittelklassewagen. Mit Papieren war ich ausgestattet. Aus ihnen ging hervor, daß ich der angesehene Bauunternehmer Prisco Califano war, vierzig Jahre alt, wohnhaft in Nocera Inferiore, selbstverständlich unbescholten, mit zahlreichen Niederlassungen im gesamten Gebiet Salerno. Also einwandfreie Voraussetzungen. Ich würde mich frei bewegen können, sobald die Fahndungshektik abgeklungen war. Das Gespräch mit 'o Nirone war eine Befreiung für mich. Die Aussichten waren ermutigend. Viele Projekte, viele Geschäfte warteten auf uns. Auch die Erpressungen nahmen zu; die Leute hatten sich daran gewöhnt, die Zahlung von Schutzgebühren war Usus geworden, ein ganz gewöhnlicher Teil des Geschäftsablaufes. Kein Kaufmann, kein Industrieller sah einen Sinn darin, sich zu weigern und das Risiko unvermeidbarer Folgen einzugehen, die deutlich schlimmer waren als der *pizzo*, die Abgabe, die man je nach Situation monatlich oder auch einmalig zu entrichten hatte.

Nach kurzer Zeit blieben, wie ich einkalkuliert hatte, von der Fahndung nach Cutolo lediglich die alten Fotos in den Schaukästen der Polizeipräsidien und der Kommissariate übrig. Mein Name erschien in den Zeitungen nur noch, um die Ermordeten den Cutolianern oder meinen Feinden zuzurechnen. Es war genau, wie ich es vorausgesehen hatte. Ich begann mich recht ungezwungen zu bewegen, fuhr allein im Auto herum und telefonierte mit einer ganzen Reihe hilfreicher

Freunde. Die Geschäfte entwickelten sich noch besser, als ich dachte; ein wesentlicher Teil der Einkünfte stammte aus den zahlreichen Diebstählen von Lastwagen mit dem TIR-Zeichen.

Mit meiner – manches Mal übertriebenen – Verwegenheit stiftete ich Verwirrung; mir machte es immer Spaß, meine Freunde durcheinanderzubringen und zu überraschen. Eines Abends hätte Michele 'a Vecchia um ein Haar einen Kollaps bekommen. Ich fuhr nach Ottaviano, ganz alleine, trat in unser Lokal und stellte mich hinter Michele, der mit drei Freunden pokerte. Da es um Hunderttausende von Lire ging, sah keiner von den Karten auf. Ich blieb gut eine halbe Stunde stehen, verfolgte das Spiel und freute mich immer mehr auf das Gesicht, das 'a Vecchia machen würde, wenn plötzlich einer der meistgesuchten Bosse Italiens vor ihm stand. Als ich ihm die Hand auf die Schulter legte und er sich zu mir umdrehte, unterdrückte er nur mit Mühe einen Schrei; beinahe wäre er unter dem Tisch gelandet. Er zog mich weg, auf die leere, dunkle *piazza* hinaus und fragte mich, ob ich wahnsinnig geworden sei. „Das wollten sie mir doch jahrelang nicht zuerkennen", meinte ich lachend und putzte meine Brille. „Ich möchte jetzt nach Hause gehen zu meiner Mutter. Aber du mußt vorausgehen. Ich möchte nicht, daß sie erschrickt. Sie hat mich seit ein paar Jahren nicht mehr gesehen."

Michele machte sich auf den Weg. Ich folgte ihm zu Fuß den leichten Anstieg zum Schloß hinauf. Ich spürte tiefe Freude, als ich das Kieselsteinpflaster sah, die verwinkelten Häuser, die alten Mauern. Schon im voraus kostete ich die Verblüffung meiner Familie aus, die sich an mein Leben im Untergrund gewöhnt hatte und überzeugt war, zu wer weiß welchem mysteriösen, geheimen, weit entfernten Versteck fahren zu müssen, um mich wiederzusehen. Ich ging über den verlassenen, im Dunkel liegenden Hinterhof mit den verriegelten Türen. Als ich über die Schwelle meines Hauses trat, standen schon alle um den alten Tisch herum.

„Was machst du hier?“ fragte meine Mutter, während sie mich umarmte. Sie war noch kleiner geworden, winzig, verwelkt von den Jahren und der Arbeit. Sie hatte sich in den Kopf gesetzt, auch ohne meinen Vater das Land zu bestellen. Rosetta warf sich mir in die Arme. „Du mußt sofort weg“, flehte sie, „sie suchen dich. Sie suchen dich jeden Tag.“

Roberto erschien am ruhigsten, vielleicht hatte er keine Ahnung, welches Risiko ich einging.

Michele 'a Vecchia brachte mich wieder zum Auto zurück, das ich in der Nähe unseres Stammlokals geparkt hatte. „Du bist ein Irrer“, sagte er lachend, „aber ein sympathischer Irrer.“ Ich freute mich, einen alten Freund wiederzusehen, noch dazu in den Gassen meines Dorfes, in denen die Nachtschwärmer an den Straßenecken standen, sicher über unnütze Themen diskutierend, über die Seitensprünge der Frau, über lächerliche Geschäfte, über unrealisierbare Pläne. Im schwachen Licht der Straßenbeleuchtung hatten sie alle gleiche, ununterscheidbare Profile, waren sie formlose Marionetten, ohne jede Geschichte, namenlos. Ich jedoch, Raffaele Cutolo, Boß der Nuova Camorra, war nun hier – frech, kühn, stolz, mit zwei durchgeladenen Revolvern in den Hosentaschen, bereit, das Schicksal herauszufordern, auf jeden zu reagieren, der mir zu seinem Verhängnis in den Weg kam.

Natürlich erfuhren alle, daß ich im Dorf und in unserem Stammlokal gewesen war, und ich hatte gar nichts dagegen. Das war neue Nahrung für die Legenden und ließ die vier in Ottaviano stationierten Carabinieri sicher vor Ärger schwarz werden, die für ihre Suche sogar einen Geländewagen bekommen hatten. Auch der Bürgermeister La Marca war überrascht von meinem kurzen Auftauchen im Dorf. Ich weiß nicht, ob ihn meine mögliche Rückkehr begeisterte oder bestürzte – man kann ja nie wissen: Vielleicht gibt es Rechnungen zu begleichen, Forderungen persönlich zu überbringen. Ein Cutolo, der frei herumläuft, löst wohl nicht unbedingt Freude aus.

Auch Enzo Casillo und Ninuccio Marandino mißbilligten meinen Besuch in Ottaviano. „Du darfst dich nicht so exponieren“, meinten sie, „das ist eine Gefahr für die gesamte Organisation.“

Für den Abend war ein wichtiges Treffen vorgesehen, ein Essen mit Nicola Lettieri, einem christdemokratischen Abgeordneten aus der Gegend; sein Bruder betrieb zahlreiche Omnibuslinien im Cilento. „Ein guter Mann“, sagte Marandino, „sehr anständig. Er ist Unterstaatssekretär im Innenministerium. Wir müssen ihn um einen Gefallen für einen Freund bitten, ein Empfehlungsschreiben, damit sein Sohn nicht zum Militär muß. Eine Kleinigkeit. Er wird das sicher machen.“ Ich war zu dem Abendessen unter meinem neuen Namen eingeladen, als Bauunternehmer Califano. Es wäre unsinnig gewesen zu sagen, wer ich wirklich war. Man riet mir immer noch zur Vorsicht.

Bei Tisch zeigte sich der Abgeordnete tatsächlich so, wie man ihn mir beschrieben hatte: herzlich, sympathisch, ein gewandter Redner. Den Gefallen würde er uns selbstverständlich tun, durch seinen Freund, den Verteidigungsminister Attilio Ruffini. Das Essen war sehr gut, das Restaurant lag am Meer und wurde von wichtigen, betuchten Leuten besucht. Ausgezeichnete Spaghetti mit Venusmuscheln, frischer, köstlicher, gut zubereiteter Fisch, dazu gekühlter Weißwein. Ich zeigte mich von meiner besten Seite, denn der Abgeordnete begegnete mir mit besonderer Sympathie und Herzlichkeit. Vielleicht war dies der Grund, vielleicht aber auch der Wein, daß ich plötzlich das ununterdrückbare Bedürfnis spürte, dem Abgeordneten Lettieri zu enthüllen, wer ich wirklich war.

„Sie sitzen hier mit einem großen Verbrecher zu Tisch", sagte ich zum blanken Entsetzen Marandinos und Casillos. „Ich bin Raffaele Cutolo persönlich." Wieder einmal hatte mich der Teufel geritten. Der Abgeordnete brach in ungläubiges Gelächter aus. Das war doch unmöglich, man konnte ihm doch nicht einen solchen Streich gespielt haben.

„Meine Freunde haben Respekt vor mir", wandte er ein, „sie würden es niemals wagen, mich in eine Begegnung zu verwickeln, die angesichts meiner zentralen Position in der Regierung gefährlich wäre." Er aß weiter und zwang sich, mich für Prisco Califano zu halten, den Bauunternehmer aus Nocera – auch wenn er wußte, daß er die Gefälligkeit, um die Marandino ihn gebeten hatte, Raffaele Cutolo erwies. In meinen Akten sollte man später ein Schreiben mit dem Briefkopf des Innenministeriums finden, in dem mich der Abgeordnete Lettieri informierte: „Minister Ruffini hat mir mitgeteilt, daß dem Wunsch Ihres Schützlings entsprochen wurde." Ein Dokument, über das zum Nachteil des armen Abgeordneten viel diskutiert wurde, wobei man ganz außer acht ließ, daß dieser Brief nur einer von vielen aus den Sekretariaten von Regierungsmitgliedern und Abgeordneten war.

Sehr viel weitergehende, handfestere Kontakte knüpften meine Freunde und ich jedoch mit Politikern, die bereit waren, uns zu helfen, und die im Gegenzug von uns unterstützt werden wollten. Lettieri übernahm die Aufgabe, die Zahlungen der anderen Politiker an uns weiterzuleiten; seine Funktion war, Verdachtsmomente gegen Persönlichkeiten aus Neapel und Rom zu zerstreuen, mit denen die NCO tatsächlich Verbindung hatte. Ich werde darauf noch zurückkommen, im weiteren Fortgang meiner Geschichte.

Mit 'o Nirone besprach ich meine dringende Reise nach Mailand. Man konnte sie nicht mehr länger hinausschieben, auch wenn sie objektiv riskant war. Das mußte ich in Kauf nehmen. Abighi, der Tunesier, war mit einer großen Menge Kokain eingetroffen. Er hatte meine Schwester Rosetta telefonisch vom Hotel Alfonso Rosanovas in Massalubrense aus informiert. Es war gefährlich, denn das Telefon wurde überwacht; aber Rosetta hatte das Gespräch sehr umsichtig geführt. Die Ladung Kokain hatte beträchtlichen Umfang. Man mußte direkte Verbindungen mit dem Norden herstellen und mit Francis Turatello klare Abmachungen treffen, unvorhergesehene Gefahren mußten vermieden werden. Das Abkommen konnte nur ich schließen. Ein Boß von der Bedeutung eines Turatello schließt Pakte nur mit Leuten seines Niveaus. Ich sagte klipp und klar, daß ich die Mailänder Mission an niemand anderen delegieren konnte. Und ich würde sofort fahren. 'O Nirone und Marandino erkannten, daß es sinnlos war, über meine Entscheidung noch zu diskutieren.

Ich kam nach Mailand mit einem nagelneuen, schnellen Mercedes, den Carlo Biino chauffierte. Carlo war ein zuverlässiger Kamerad und guter Schütze, mit blitzschnellen Reaktionen, ein hervorragender Fahrer und Leibwächter. Ein merkwürdiger Zwischenfall hielt uns am Stadtrand von Mailand auf. Wir wurden von der Polizei angehalten und zur Überprüfung der Personalien ins Präsidium gebracht. Auf der Fahrt sprach ich weiter ganz unbefangen mit Carlo, um ihm Sicherheit und Ruhe zu geben. Ich beklagte mich über den Zwischenfall, weil wir angeblich zwei wichtige Verabredungen nicht halten könnten und uns damit zwei Bauaufträge in Nocera entgehen würden. Mit verschiedenen Papieren wies ich mich als Bauunternehmer Prisco Califano aus Nocera Inferiore aus. Man hielt uns sieben, acht Stunden fest. Ich begann mir tatsächlich Sorgen zu machen, und es war mir unangenehm, schon wieder im Gefängnis zu sein. Der wohlgeordnete Mailänder Verkehr, den ich vom Fenster aus sehen konnte, der Strom eleganter Menschen, ihre offensichtliche Sorglosigkeit, die Schönheit der Straßen mit den blühenden Bäumen, die großartige Architektur der alten, würdevollen *palazzi* – all das machte mir eine Rückkehr in die Abgeschlossenheit eines Gefängnisses noch unannehmbarer.

Ein freundlicher Kommissar befreite mich aus den unerfreulichen Gedanken. Es tat ihm sehr leid, daß er mich so lange unnütz aufgehalten habe; er bat mich von ganzem Herzen um Entschuldigung. Die Überprüfungen hätten ergeben, daß nichts gegen mich vorliege; dennoch bat mich der Kommissar in den Raum nebenan. „Herr Califano, ich möchte Ihnen mitteilen, daß Ihr Fahrer nicht besonders zu empfehlen ist. Sie sollten sich besser von ihm trennen."

Im Auto informierte ich Carlo Biino lachend über den Rat, den mir der Kommissar unter vier Augen gegeben hatte; ich müsse ihn entlassen. „Du bist kein empfehlenswerter Mensch, du bist meiner Person nicht würdig." Auch wenn die Vorstrafen Biinos seine Festnahme nicht erlaubten, so hatten sie den jungen Kommissar doch mißtrauisch gemacht. Er hat heute eine wichtige Position inne. Ich nenne hier seinen Namen nicht, damit ihm niemand vorwerfen kann, daß er sich Cutolo hat entgehen lassen – es wäre ein schlimmer Makel in seiner Karriere.

Francis Turatello war ein ziemlicher Snob, ein Mann von Klasse, allerdings mit übertrieben vornehmem Gehabe. Er bezeichnete sich gern als „Gentleman-Gangster". Auch im Gefängnis war er sehr auf Abstand zu anderen Häftlingen bedacht gewesen. Dabei war es ihm gleichgültig, ob es sich um bedeutende Leute handelte oder nicht. Unsere erste Begegnung verlief nicht sonderlich freundschaftlich; erst später, als man mich mit „Don“ anredete, kam gegenseitige Anerkennung in unsere Beziehung. Von gemeinsamen Freunden war er über meine Ankunft und mein Interesse an einem Treffen informiert worden.

Als ich in den eleganten Salon seiner Wohnung im Dachgeschoß eines *palazzo* im alten Mailand trat, konnte ich feststellen, wie zutreffend die Berichte über seinen Lebensstil waren, über seine Klasse, das niveauvolle Ambiente. Ich hatte eigentlich vermeiden wollen, sein Gast zu sein, und ein Treffen in einem Nachtclub vorgeschlagen; aber er hatte insistiert: „Ich bin lieber in meiner Wohnung, unter Freunden.“

Ich traf auf eine kleine Gruppe feiner Leute; schöne Frauen mit teurem Schmuck, elegante Herren von gediegener Erscheinung. Es gab Diener in weißen Jacken, in der Ecke stand ein Barmann bereit, um merkwürdige Cocktails mit exotischen Namen zu mixen. Im Mailand der siebziger Jahre war es chic, in Francis' Salon zu verkehren, es galt keineswegs als unanständig, es war auch nicht gefährlich. Turatello konnte das beste Kokain verschaffen, das es am Platz gab, er konnte helfen, gestohlenen Schmuck wiederzubekommen, er konnte Interessenten in Milliardengeschäfte einschleusen. Ich muß gestehen, daß ich ihm gegenüber immer einen gewissen Neid empfand. Jetzt, wo ich ihm gegenüberstand, kam wieder meine ländliche Herkunft zum Tragen, ich fühlte mich als primitiver Bauer aus Ottaviano; so sehr ich mich auch anstrengte, es gelang mir nicht, mich mit der Autorität und Gelassenheit der Nummer eins der Camorra zu präsentieren.

Auch um meine Verlegenheit in den Griff zu bekommen, schlug ich ihm vor, sich für ein Gespräch unter vier Augen zurückzuziehen und unsere Angelegenheit rasch zu regeln. Meine Männer würden das Kokain nach Mailand bringen, aber für die Verteilung dort würden wir uns seiner Kanäle bedienen, natürlich mit einem stattlichen Anteil für ihn. Konflikte hatten hier keinen Sinn, es gab für jeden genug zu verdienen. Die Übereinkunft trug reiche Früchte und vermied unnützes Blutvergießen, abgesehen davon, daß die Leute Turatellos in der gesamten Lombardei die weitaus bessere Position hatten. Gleichzeitig verschaffte uns die Vereinbarung Vorteile gegenüber den Nuvoletta und ihrem Partner Roberto Ammaturo – seit Jahren in Neapel die einzigen, die imstande waren, Kokain aus Peru tonnenweise einzuführen und in Italien und im Ausland zu verteilen. Für die NCO stellte die Absprache mit Francis Turatello eine Wende dar, markierte einen entscheidenden Fortschritt. Endlich waren wir im großen Handel.

In Neapel empfingen mich 'o Nirone, Rosanova und die anderen als Triumphator. Wir feierten in einem Nachtclub in der Via Caracciolo. Aus Amsterdam war Radhia gekommen. Probleme für meine Sicherheit gab es nicht: Einige Gäste hatte man entfernt, und das ganze Lokal war von Cutolianern umstellt.

Ich glaube, ich habe noch nie soviel Champagner getrunken. Daß Radhia bei mir war, verstärkte meine Euphorie und Gelöstheit. Ich sah mich schon auf dem Gipfel angekommen. Ich konnte mir nicht vorstellen, auf welch noch höhere Ebenen der Macht ich in einigen Jahren gelangen sollte.

Die Tunesierin hat dich verführt
O mein Herz
Ich drehe und wende mich
Auf meiner rauhen Pritsche
Und kann und kann nicht schlafen
O Radhia, meine Liebste.

Lidarsa Bent Brahim Radhia ist sicher die Frau, die mir in meinem Leben am meisten gegeben hat. 'A Tunisina, die

Tunesierin, die Geliebte Cutolos, schrieben die Zeitungen, wiederholten einfältig die Leute. Welche Plattheit. Wer kann je ermessen, was Radhia für mich war? Mit welcher Arroganz verurteilte man sie, zerriß man sich die Mäuler über sie. Welch absurder Anspruch, wissen zu können, was sich im Herzen eines Menschen verbirgt!

Radhia und ich haben uns zufällig kennengelernt. Ein Freund hat uns einander vorgestellt, und sofort war ein Gefühl zärtlicher Freundschaft und gegenseitiger Anziehung dagewesen. Radhia war 27, schön und zart, sie hatte rabenschwarze, weiche Haare, große dunkle Augen und einen feenhaften Körper. Wir konnten stundenlang miteinander reden. Sie nannte mich den Dichter, und nicht den blutrünstigen Camorra-Boß. Frauen hatten in meinem Leben immer eine überragende Bedeutung. Sie waren die einzigen Wesen, die mir ein Gefühl von Sicherheit, von Vertrauen und Freundschaft gaben. Nur bei ihnen habe ich echte, umfassende Anhänglichkeit und Treue erfahren. Und wieviele ich hatte! Wenn man die wenigen Jahre in Betracht zieht, die ich in Freiheit lebte, sogar zahllose. Aber Radhia hat mir das tiefste, ein unauslöschliches Zeichen hinterlassen. Ein süßes, zartes Zeichen: die kleine Yosra. Es war eine erlebte, gewollte, bewußte Vaterschaft, gerade im richtigen Alter, als ich die Reife besaß zu verstehen, was Vater sein heißt und die Freude am Vater-Sein zu genießen.

Mein kleines Mädchen
Wie liebe ich dich
Du hast mir beigebracht
Mich kosten lassen
Wie schön sie ist
Die Zuneigung und die Liebe
Eines kleinen Mädchens.

Du hast mich die schönsten Stunden
Verbringen lassen
Meiner traurigen
Und bitteren Freiheit ...

Raffaele Cutolo ein Dichter? Auch dies hat man abfällig beurteilt. Cutolo mußte anders sein, ein blutrünstiger, unversöhnlicher Rächer, ein Zerstörer. Er konnte nicht wie andere Menschen zarte Gefühle hegen, ein differenziertes Seelenleben haben. Ein Mörder eben. Ist man einmal abgestempelt, gibt es keinen Ausweg mehr. Ich muß über die Leute lachen, die von Rehabilitation reden, von sozialer Fürsorge, von offenen Armen für die Gestrauchelten. Ein Besuch, ein heuchlerisches Lächeln angeblichen Verständnisses, eine Vorstellung Eduardo de Filippos in der Hölle von Filangieri – und dann sind die Kinder in der Jugendstrafanstalt wieder den Gemeinheiten, der Gewalt überlassen, der Grausamkeit einer Umwelt, die Heranwachsende von 12 oder 13 Jahren zu frühreifen Verbrechern macht.

Was ging mir alles durch den Kopf, was fühlte ich alles, da im Nachtclub mit Radhia neben mir, süß, leidenschaftlich, ihren zärtlichen Liebkosungen hingegeben, lächelnd, völlig taub für die Gespräche über unsaubere Geschäfte, Intrigen, kühne Pläne. Rosanova wütete in seinen Kalkulationen über Hunderte von Millionen Lire, die da zu kassieren waren; 'o Nirone war von einer vulgären Bardame in Anspruch genommen, die mit nacktem Busen um ihn herumsprang. Doch wir mußten auf jeden Fall noch etwas Wichtiges besprechen. Brunone Tagliamonte mußte eine Lektion erteilt werden.

Rosanova war der alleinige Geschäftsführer der Immobilienfirma Bloc-Sud S.p.A., die Tagliamonte ein Grundstück für 200 Millionen Lire verkauft hatte. Das Terrain erwies sich als nicht bebaubar, und Tagliamonte forderte (zu Recht) die

Rückgabe der Differenz zum wahren Wert. Das war, nennen wir es so, eine „Unhöflichkeit“ gegenüber „Freunden“. Ich tat so, als würde ich die unhaltbare Anschuldigung gegen Alfonso Rosanova akzeptieren und ordnete an, Brunone zu mir nach Albanella zu rufen.

Es war für mich immer hart, über das Leben eines Menschen zu entscheiden. Ich schlief die ganze Nacht nicht, ich dachte an die Ankunft Brunone Tagliamontes. Am Morgen riefen mich meine Leute an, er sei mit einem Freund, Ernesto Gallo, auch er ein Geschädigter, angekommen: Was sollten sie tun? Wie sollten sie sich verhalten? Gerade skrupellose Menschen sind wie Kinder, man muß sie immer an der Hand führen; und ein Boß hat eben auch diese Aufgabe. Ich befahl, Tagliamonte und Gallo nicht zu mir auf den Hof zu bringen. Sie sollten mit ihnen zunächst zum Essen gehen, irgendwo am Meer; mit der Ausrede, ich sei beschäftigt, sollten sie den Nachmittag abwarten. Dann sollten sie die beiden unter dem Vorwand, sie nach Piano del Carpine bringen zu wollen, in einer verlassenen Gegend töten, in Plastiksäcke stecken und ins Meer werfen. Giovanni Marandino und zwei weitere Kameraden würden dazu an einer einsamen Stelle des Strandes von Santa Maria di Castellabate warten.

Der Plan wurde perfekt durchgeführt. Erst nach einigen Tagen fand man die Plastiksäcke mit den schon verwesenden Körpern Brunone Tagliamontes und Ernesto Gallos weit draußen im Golf von Salerno, und es verging noch einige Zeit, bis sie identifiziert waren. Eine hervorragende Arbeit. Ich beglückwünschte Kamerad Marandino und vor allem Alfonso Rosanova; dem trug ich jedoch auf, 100 Millionen Lire an die Kasse der NCO zu überweisen, die Summe, die er eigentlich Tagliamonte hätte zurückgeben müssen. Sie sollte nun zum Kauf einer Konservenfabrik in Battipaglia eingesetzt werden.

Wir konnten sie zu einem Viertel ihres Wertes bekommen – und die Subventionen der Europäischen Gemeinschaft für Konservenhersteller ausnutzen. Warum nicht auch an diesem üppigen Festmahl teilnehmen? Die Industriellen der Gegend bereicherten sich auf dem Rücken der armen Landarbeiter. Mit fingierten Rechnungen über Tomatenkäufe und mit einigen unsauberen Beamten in den Arbeitsämtern als Komplizen, die eine weit überhöhte Anzahl von Beschäftigten angaben, konnten sie eine hundert- oder zweihundertmal höhere Produktion melden und Milliarden von Lire als Zuschüsse kassieren. Ein gefundenes Fressen. Das Geld, das die Europäische Gemeinschaft zur Modernisierung der Fabriken und zur Förderung der Landwirtschaft bestimmt hatte, verwandelte sich in prächtige Villen an der Küste von Amalfi und in Yachten für Hunderte Millionen Lire.

Warum also sollten wir uns nicht an dem Geschäft beteiligen? Auf alle Fälle aber sollten – dies war meine ausdrückliche Order an Rosanova – die Bauern anständig für die Tomaten bezahlt werden. Meine Bindung an das Land und seine Menschen setzte sich immer wieder durch, selbst wenn das mit meinen Interessen kollidierte. Wir würden jedenfalls auch dadurch reich werden, daß wir nur den halben Preis zahlten für die Dosen, die Kartons und alles, was man für die Produktion brauchte; und wir konnten das sogenannte schmutzige Geld aus Erpressung und Drogenhandel anlegen, ohne uns dem Wucher der Banken ausliefern zu müssen. Wir hätten sicherlich saubere Hände als die Fabrikanten, die seit ch und je Arbeiter und Bauern erpressen und ihre Aktivitäten meistens mit betrügerischen Bankrotten in Italien und fetten Bankkonten im Ausland beenden. Eine bösartige, perverse Tour.

Ich habe immer jene falschen Camorristen verabscheut, die sich dazu hergeben, Gewalt gegen arme Leute zu decken. Ich mußte gegen viele einschreiten. Es waren miese Typen, Angsthasen, brutal zu Schwachen und Armen. Ich schickte zwei Kameraden nach Angri, um die Sache mit Ferraioli in Ordnung zu bringen, einem Schurken, der sich Industrieller nannte. Er hatte Betriebsräte am Fabriktor von einem gewissen Tempesta verprügeln lassen. Ich vermute, das wird sich nicht mehr wiederholen. Ferraioli ließ mir ausrichten: „Sagt Don Raffaele, daß es sich um ein Mißverständnis handelt." Von wegen Mißverständnis. Ferraioli war ein Lump und wurde wie sein Freund Tempesta in unser schwarzes Buch eingetragen.

Auf bestimmte Dinge reagiere ich allergisch; ich kann nichts dagegen tun. Wenigstens in diesem Punkt haben die Gutachter recht. So brachte ich mich auch an jenem Morgen an der Tankstelle in Palma Campania in große Gefahr. Als ein Ernteaufseher zwei oder drei Mädchen mißhandelte, mischte ich mich ein. Die Mädchen waren nicht älter als 13, 14 Jahre, hörten der Musikbox zu und aßen Eis, während sie darauf warteten, in den Bus des Aufsehers einsteigen zu können. Insgesamt standen da wohl zwei- oder dreihundert Jugendliche herum, die mit Bussen nach Hause gebracht werden sollten, ins obere Cilento, 200 Kilometer entfernt. Das waren drei Stunden Fahrt am Morgen und drei Stunden am Abend, um hier im Tal des Sele für einen Hungerlohn und ohne Versicherung zu arbeiten. Ein regelrechter Menschenhandel. Es waren alles Mädchen, fast noch Kinder, in einem Alter, in dem man spielt und ans Meer geht. Statt dessen müssen sie sich auf den Feldern bücken und Tomaten ernten. Sie singen und lachen bei der Arbeit, mit ihren sauberen jungen Gesichtern, braungebrannt unter den großen Strohhüten. Ständig müssen sie achtgeben, daß ihnen die Aufseher nicht an ihre hübschen kleinen Hintern in den engen Jeans fassen. Tätscheln ginge ja noch, häufiger aber versuchen die Aufseher, sich im Gebüsch an ihnen zu vergehen. Wer sich dagegen wehrt, wird in der nächsten Saison nicht wieder genommen, und dann geht es dem Mädchen noch schlechter. Es muß in einem heruntergekommenen, trostlosen Haus bleiben, in einem Bergdorf von 1000, 2000 Einwohnern, mit einem Vater, der einem sogar den Spaziergang verbietet oder die 1000 Lire für ein paar Strümpfe verweigert.

An der Tankstelle trieb der Aufseher gerade drei Mädchen wie Vieh in einen Bus. Ich packte ihn am Kragen.

„Mir gefällt das nicht, wie du mit den Mädchen umgehst", sagte ich, und ich fühlte, wie mir die Hitze in den Kopf stieg.

„Du Arschloch, was willst denn du? Wer bist du denn?"

Ich würgte ihn noch mehr und stieß ihn mit Gewalt rückwärts, in die offene Bustür hinein. Da schritt ein Polizist ein; er beschränkte sich jedoch darauf, uns zu trennen. Er hatte kein Interesse, den Anlaß für unsere Rauferei zu klären. Das Verhör in einem Kommissariat hätte wohl für einige Überraschungen gesorgt. Es hätte zum Beispiel die Tatsache ans Licht gebracht, daß die Aufseher die Polizisten bestechen, damit sie die Zahl der Passagiere in den Bussen nicht beanstanden. Wenn man in einem Ford mit 15 Sitzen die doppelte Anzahl von Leuten transportiert, geht davon ja nicht die Welt unter. Es ist auch kein Problem, wenn sie im Graben landen und es Tote gibt. Es gibt genug Mädchen, die gezwungen sind, sich wie Vieh transportieren zu lassen.

Ich fühlte mich wirklich als Robin Hood. Ich riskierte, identifiziert und entdeckt zu werden, wieder im Gefängnis zu landen – wegen einer banalen Geschichte. Ist es ein Widerspruch, einerseits – unter großen Gefahren für die eigene Freiheit - ausgebeutete Arbeiterinnen zu verteidigen, andererseits zu töten, gewaltsam Geld zu erpressen, mit Drogen zu handeln? Ich nehme das Geld von denen, die es ihrerseits rauben, von den Ausbeutern und Gewalttätern, von denen, die sich unrechtmäßig bereichern. Ich erpresse keine Handwerker oder kleinen Händler. Meinen Leuten habe ich das stets verboten, und wer sich nicht daran hielt, wurde bestraft, manchmal auch sehr hart. Meine Leute sind revolutionäre Hüter des Rechts. Vielleicht haben sich die Terroristen an der Camorra orientiert.

Der Drogenhandel ist ein Thema, das mich sehr verlegen macht. Ich habe mich davon jahrelang ferngehalten. Ich habe etwas dagegen, mit Heroin zu töten. Allein der Gedanke daran ist schlimm. Ich habe immer meinen Sohn Roberto und die kleine Yosra vor Augen. Aber wenn ich aus dem Handel draußen bleibe, kontrollieren ihn die anderen, meine Feinde, die Nuvoletta, Ammaturo, Bardellino und Turatello. Ich habe mir wenigstens teilweise ein gutes Gewissen bewahrt, indem ich mich auf den Handel mit Kokain beschränkte, die Droge der Reichen, der Begüterten, der angesehenen Leute, der feinen Damen. Zumindest mußte ich nicht befürchten, ahnungslose arme Jugendliche zu vernichten.

SIEBTES KAPITEL

DIE REISE NACH AMERIKA

Gipfeltreffen in Albanella. Die Köpfe der NCO mußten eine wichtige Entscheidung treffen. Ja oder nein, das war ernsthaft zu prüfen, man durfte nicht übereilt handeln. Casillo, Iacolare, Marandino und Rosanova waren gekommen, die vier Berater, denen ich am meisten vertraute. Über einen Freund aus den Spanischen Vierteln in Neapel hatte ich eine Einladung aus Amerika erhalten, die ich schon seit einiger Zeit erwartete. François und Gambino wollten mich in New York treffen. Das war ein Vorschlag, über den man nachdenken mußte. Hatten die „Freunde" der Cosa Nostra endlich bemerkt, wer in Neapel herrschte, oder wollte man mich in eine Falle locken? Da ich untergetaucht war, hätte man mich leicht verschwinden lassen können.

Alfonso Rosanova, der Scharfsinnige, hatte genaue Vorstellungen. Ohne Zweifel wollten die Amerikaner 'o Malommo loswerden; der Mann war am Ende, er hatte Angst und keinen Einfluß mehr. Man vertraute ihm nicht mehr. François wurde jeden Tag über die Lage in der Campania informiert, so als wäre er nie aus den Spanischen Vierteln weggegangen. Außerdem hatte meine Flucht aus dem Irrenhaus von Aversa wohl den Geschmack der Amerikaner getroffen. Alfonso schloß mit einem historischen Ausspruch: „Wenn das eine Falle ist, werden wir uns darum kümmern."

„Ah ja“, antwortete ich lachend, „ihr rächt Cäsar und macht dann alleine weiter.“

Die Entscheidung lautete jedenfalls ja. Ich flog von Mailand nach New York als Prisco Califano, mit dem Namen, der mir schon Glück gebracht hatte. Bei mir hatte ich meine Vuitton-Koffer, die mir Francis Turatello geschenkt hatte, ich trug einen eleganten graublauen Zweireiher und ein cremefarbiges Seidenhemd mit den eingestickten Buchstaben PC. In meinem Handköfferchen hatte ich Pläne für eine Reihe von Bauprojekten; ich machte ganz den Eindruck eines anspruchsvollen Bauunternehmers. Mein neapolitanischer Akzent störte da keineswegs, er machte mich der Stewardess nur noch sympathischer.

Ich war nicht im geringsten aufgeregt, als ich meinen Paß an der Kontrolle vorzeigte – er war ja echt. Der Polizist sah mich aufmerksam an, und ich lächelte ruhig zurück. Eine Pistole würde ich in New York bekommen. Der Freund, der sie mir bringen sollte, war pünktlich am Kennedy Airport. Ich entdeckte ihn sofort unter den vielen Leuten, die auf ihre italienischen Verwandten warteten. Er war um die vierzig, untersetzt, hatte einen dichten Bart und lange Haare. Er war ein alter Bekannter von Antonino Cuomo aus Castellammare. Wegen eines Mordes war er in die Staaten geflohen. Er umarmte und küßte mich; er hatte die alten Gewohnheiten noch nicht aufgegeben. Als wir in dem glänzenden, großen schwarzen Cadillac mit weißem Interieur saßen, wies er auf ein zweites großes Auto, das uns folgte. „Vier Leibwächter. Man kann ja nie wissen.“ Er war sehr zuvorkommend und freundlich; während der langen Fahrt zum Waldorf Astoria sah er sich immer wieder um.

„Machst du dir Sorgen?“ fragte ich ihn.

„Nein, ich bin nur vorsichtig. Man ist hier daran gewöhnt.“

Ich erkundigte mich nach dem Kameraden François. Er erwarte mich am nächsten Tag zum Mittagessen in der Mulberry Street. Ich hätte genug Zeit auszuruhen, würde aber nie alleine sein. Drei Kameraden würden auf mich aufpassen.

Zwischen Albanella und New York liegen Welten: ein echter Schock für mich. Noch nie hatte ich etwas Ähnliches gesehen. Sicher, ich war in Paris, Mailand, Amsterdam, aber hier schien sich alles zu vertausendfachen: Gebäude, Autos, Menschen, Brücken, Straßen, Wolkenkratzer, gigantische Reklame, am Himmel ein ununterbrochenes Hin und Her von Hubschraubern und kleinen Privatflugzeugen. Ein Bauer aus Ottaviano konnte da nur staunen. Ich fand es sehr komisch, daß man mich in Italien jagte, überzeugt, ich könnte mich nur in den Bauernhäusern am Vesuv oder allenfalls noch in Rom aufhalten. Statt dessen war ich hier in New York, in einem fürstlichen Hotel, mit Eskorte und gepanzertem Auto, und wurde von den mächtigen Chefs der Cosa Nostra – Abteilung „Beziehungen mit Italien" – als Chef der Camorra erwartet. Ein Durchbruch: Wie sollte man da nicht aufgeregt sein?

Mein Zimmer, besser gesagt mein Appartement, war riesig groß, elegant und erlesen ausgestattet. Im kleinen Salon zwei Leibwächter, die perfekt neapolitanisch sprachen. Sie nannten mich respektvoll „Don Rafè" und wußen genau, wer ich bin. Sie fragten nach Antonino Cuomo, meinem Zonenchef von Castellammare di Stabia. Offensichtlich stammten die beiden von dort. Ich wußte nicht, wie lange sie schon in Amerika waren, doch ihr Aufenthalt hier hatte überhaupt nichts daran geändert, daß sie aussahen wie Kameraden aus dem neapolitanischen Hinterland. Unverwechselbar.

In der Mulberry Street begrüßten mich heimatliche Düfte. Im gewohnten Cadillac fuhr ich an einem (natürlich) italienischen Restaurant vor; seine mächtige Fassade war aus rosa Marmor, am Eingang stand eine große Vitrine voll mit Fischen und Muscheln. Der Kamerad, der mich vom Flughafen abgeholt hatte, begleitete mich. An einem Tisch erwarteten uns zwei Männer; sie erhoben sich und kamen mir mit offenen Armen entgegen. Der eine war François, der andere ein Mitglied der Familie Gambino. Ich fühlte mich wie beim Debüt in der feinen Gesellschaft. François war ein gepflegter, junggebliebener Sechziger; seine Stimme klang tief, und seine zusammengekniffenen Augen blickten mich forschend an. Er trug einen dunklen Anzug von hervorragendem Schnitt. Nur die übertrieben große und bunte Krawatte und das weiße Taschentuch, das in üppigen Falten aus seiner Brusttasche quoll, zeigten, wie exzentrisch und eitel dieser Mann war.

„Hattet ihr eine gute Fahrt, Kamerad?" fragte François; auch Gambino wollte wissen, ob ich ordentlich empfangen worden sei. Natürlich war das ein Ritual: Sie wußten ganz genau, daß sie alles bis ins i-Tüpfelchen vorbereitet hatten, um Zwischenfälle oder unvorhergesehene Ereignisse von vornherein zu vermeiden.

„Was spricht man so in Neapel?" fragte wiederum François. „Da hat es doch ein ziemliches Durcheinander gegeben." Er bezog sich offensichtlich auf die Auseinandersetzungen zwischen den Cutolianern und den anderen, auf die vielen Toten, auf den Terror, der sich im Milieu ausgebreitet hatte. „Aber jetzt seid Ihr in Freiheit, und Ihr könnt alles wieder geradebiegen", meinte François, und aus seinem Unterton konnte ich entnehmen, daß er mich als Chef der Camorra anerkannte. Ich antwortete mit einem zustimmenden Lächeln.

„Wir haben viele Freunde in ganz Italien. Ihr wißt ja, wie unser Gesetz lautet: Wer nicht Amboß sein will, muß Hammer sein." Zuvorkommend übersetzte ich für Gambino; möglich, daß er unseren Dialekt nicht verstand.

„Man muß die Dinge intensiv vorantreiben“, fuhr ich fort. „Man darf sein Süppchen nicht alleine kochen. Sonst geht man den Bach hinunter.“

François nickte zustimmend, er teilte meine Meinung. Wir sprachen verschlüsselt, mit einer Art Kode; wir verwendeten Redensarten, wie es Usus ist zwischen alten Camorristen, die sich auskennen.

„Ich weiß, daß Ihr etwas für die Armen tut und Eure Leute gut behandelt. Wir sind hier in allen Einzelheiten informiert. Man darf aber die Hoffnung auf eine Zusammenarbeit nicht aufgeben. Tote, zuviele Tote, sind nicht gut, für niemanden.“

Dies war also der erste „Ratschlag“: Wir wollten dich treffen, wir erkennen dich als *capo* an, aber in erster Linie muß sich ein *capo* Einigkeit, Zusammenhalt und gute Verbindungen zum Ziel setzen.

„Denkt daran: Einigkeit macht stark“, fügte François hinzu und versenkte die Gabel in einer Riesenportion Spaghetti mit Venusmuscheln. „Mit Schalen“, erklärte er, „und mit den kleinen Tomaten aus den Bergen. Ich lasse sie mir direkt aus Neapel schicken. Das esse ich seit fünfzig Jahren, jeden Tag, mittags und abends. Das genügt mir.“

Eine kleine Abschweifung, um der Unterhaltung etwas von ihrem Ernst zu nehmen. Eine Nebenbemerkung, in Klammern gesprochen. François nahm das eigentliche Thema dann auch gleich wieder auf.

„Es muß alles in ordentlichen Bahnen laufen. Wir brauchen Ware, und Sizilien kann nicht genügend liefern. Besonders wenn es Turbulenzen gibt. Die Mailänder passen uns nicht. Neapel, das ist richtig.“ Nun stimmte auch Gambino zu.

Ich wandte mich dem Allgemeinen zu. „In der Campania", erwiderte ich, „habe ich alles unter Kontrolle. Meine Leute sind wie Soldaten. Und außerdem lasse ich mich nicht aufs Kreuz legen", setzte ich hinzu, im Ton des unnachgiebigen Bosses, der Unterwerfung und Gehorsam gewöhnt ist. Der Satz hatte die gewünschte Wirkung. François und Gambino blickten sich zustimmend an.

„Ihr haltet die Zügel straff", sagte Gambino aufrichtig und ohne Umschweife. „*All right*, Kamerad." Gambino war ein schweigsamer Mann mit einem undurchdringlichen Gesicht, groß und grobschlächtig, sein Bauch quoll über den breiten Ledergürtel, aber er hatte feine, gepflegte Hände, die gewohnt waren, Obst mit Messer und Gabel zu schälen (dies entspricht meinen Vorstellungen von Kultiviertheit).

„Wenn ihr nach Neapel zurückkommt", meinte François, „werden die Freunde schon über unser Treffen informiert sein. Versucht, euch zu vertragen. Tote waren noch nie gut, für niemanden. *All right*, Joe?" schloß er und blickte dabei Gambino fragend an.

Der Boß war einverstanden, fügte aber hinzu, daß Opfer manchmal nicht zu vermeiden seien. „Nullen müssen eliminiert werden", erläuterte er und deutete dabei mit dem rechten Daumen nach unten.

François ließ eine Flasche Champagner kommen, auch bei uns das bevorzugte Getränk für große Anlässe. Zum Toast kamen auch die drei Leibwächter an den Tisch.

„Auf den Kameraden Rafele", sagte François und hob sein Glas. Ich hatte nun die Investitur der Cosa Nostra erhalten. Und das war keineswegs ein bloßes Ritual, sondern ein Kreditbrief, der in der ganzen Welt galt: in den USA und Kanada, in Südamerika, in Paris. Noch am selben Abend würden die Botschaften nach Neapel und Palermo hinausgehen. Mit meiner Person stieg die NCO in den Kreis der großen

Organisationen auf. Ich hätte gerne die Gesichter der Ammaturo, der Nuvoletta und all der anderen gesehen, wenn sie von meinem amerikanischen Gipfeltreffen mit François und Gambino erfuhren.

Ich kündigte meinen Gastgebern an, daß ich am nächsten Tag zurückreisen würde. Viele Geschäfte seien in Italien zu erledigen, und ich müsse ihre Einladung zu einem Wochenende in Kalifornien ausschlagen. Das war ein Schachzug, um meine Bedeutung zu unterstreichen. Ein Boß muß seine Verantwortung kennen, er kann es sich nicht erlauben, sein Hauptquartier lange zu verlassen und in der Welt herumzureisen wie ein Tourist. Dies sollte auch zeigen, daß ich mich nicht allzusehr von Amerika beeindrucken ließ, von der Macht der Cosa Nostra, der Welt der Lucky Luciano und Al Capone.

Bevor wir uns verabschiedeten, zog ich noch einen Trumpf aus dem Ärmel. Ich erwähnte meine Freundschaft mit Vito Genovese, der in meiner Heimat geboren war, und mit Frank Coppola, genannt Frank Tre Dita, mit den drei Fingern. „Oh, der alte Frank“, meinte Gambino mit einem herzlichen Lächeln, *„a good boy*, ein braver Junge.“

„Wir sind alte Freunde“, fügte ich hinzu, „wir achten uns sehr.“

Wir verabschiedeten uns, wie es sich für echte Bosse gehört. François umarmte mich und drückte mich an seine Brust, wobei er mir lange und fest in die Augen blickte.

Drei Tage waren nötig, um in Albanella das amerikanische Abenteuer in allen Einzelheiten zu schildern. Enzo Casillo und Corrado Iacolare hatten das Privileg, zuerst unterrichtet zu werden. Sie konnten kaum glauben, wie unkompliziert unsere Begegnung abgelaufen war, wie herzlich mir die beiden alten Bosse begegnet waren, wie pompös ich bewirtet worden war: das Waldorf Astoria, der Cadillac, die Leibwächter.

„*All right*", scherzte ich und nahm die duftenden kleinen Seifenstücke aus meinem Necessaire, die ich als Souvenir aus dem Badezimmer des teuersten Hotels der Welt mitgenommen hatte. Meine beiden engsten Vertrauten waren sich jedoch nicht klar über die Bedeutung meiner amerikanischen Mission, über den Schlag, den ich 'o Malommo und den Nuvoletta versetzt hatte. Man mußte jetzt noch mehr auf ihre Reaktionen achten. Ich wußte, daß sie mich hartnäckiger suchten als die Carabinieri. In solchen Angelegenheiten ist die Unterwelt wesentlich erfolgreicher als die Ordnungsmacht. Noch hatte jedoch keiner meiner Feinde herausgefunden, wo ich mich verbarg. Man vermutete mich im Gebiet um den Vesuv oder in Mailand, als Gast des Turatello-Clans. Die Carabinieri und meine Feinde überwachten vor allem Rosetta, meine Nichte Carolina und meine engsten Vertrauten. Sie hofften, durch sie auf meine Spur zu stoßen.

'O Nirone unterrichtete mich über einen schwerwiegenden Vorfall, der sich wenige Tage zuvor in San Giuseppe Vesuviano ereignet hatte. Der Sohn des Fabrikanten Francesco Casillo, eines Freundes, war entführt worden. Eine sehr ernste Angelegenheit: Man forderte mich auf meinem eigenen Territorium heraus, man griff das Ansehen der Cutolianer an. Wir mußten handeln und das Kind finden, um jeden Preis. Ich alarmierte die Bosse aller Zonen. Wir mußten unsere Schlagkraft beweisen, indem wir die Geisel fanden und die Entführer bestraften – sicher nur dumme Kerle, die unüberlegt gehandelt hatten. Enzo Casillo fragte mich, ob er zum Vater des entführten Jungen gehen und ihn unserer Hilfe versichern solle. Überdies sei er ein Verwandter von ihm. Ich war einverstanden.

Vom Haus Marandinos aus rief ich Salvatore De Maio an, Tore 'o Guaglione, den ich selbst zu meinem Repräsentanten im gesamten Gebiet Nocera gemacht hatte. Wenn man den Gerüchten trauen konnte, dann waren die Entführer aus Nocera oder Umgebung. Ihnen war bereits ein Menschenraub perfekt gelungen, die Entführung des Bankiers Amabile aus Cava dei Tireni. 'O Guaglione und seine rechte Hand, Antonio Benigno, begannen sofort mit der Arbeit. In Castellammare wurden die Nachforschungen von einem Bruder Antonino Cuomos und von Antonio Lucarelli geleitet, genannt Giarrone, einem sonst ziemlich wertlosen Mann, der jedoch eine gute Spürnase hatte. Casillo und Iacolare sollten die Gegend um den Vesuv abdecken und dabei die Leute Sibilias einsetzen, im Bezirk Nola sollten ihnen die Brüder Graziano helfen.

Schon nach wenigen Tagen kam, wie vermutet, eine Erfolgsmeldung: Francesco Langella, 'o Pezzaro, ein fliegender Händler aus Ottaviano, sei einer der Entführer des kleinen Casillo. Ich ordnete an: „Den will ich hier vor mir haben, und zwar in ein paar Stunden." Ein Boß darf keinen Widerspruch dulden.

Da stand er nun, der Feigling, die Null, der Kriecher, dumm und niederträchtig, keinen Pfennig wert: 'O Pezzaro. Enzo Casillo und Tore 'o Guaglione hatten ihn soeben vor dem Haus aus dem Auto geholt. Er zitterte, sein Blick irrte hin und her. Ein kleiner, magerer, schlecht gekleideter, armseliger Lumpensammler. Sein Gesicht war bleich, unrasiert. Sogar Sarachiello, der Hofhund, wollte den Kerl in die Beine beißen, als sie ihn in das Zimmer neben der Küche im Erdgeschoß zerrten. 'O Pezzaro ahnte, was ihn erwartete. Ich schloß die Tür und schlug ihm, kaum daß er auf dem Hocker saß, rasch hintereinander zweimal brutal ins Gesicht. Sein Gesicht verzerrte sich. 'O Nirone und 'o Guaglione standen schweigend dabei. Im Türspalt sah ich die verängstigten Augen Don Peppino Lettieris.

„Wo ist der Junge?" fragte ich 'o Pezzaro und packte ihn

am Kragen. Ich spürte, wie es in meinem Kopf vibrierte. Dieser erbärmliche Wurm hatte es gewagt, Cutolo herauszufordern, seinen Namen, sein Ansehen – und noch dazu „in seinem Haus", in Ottaviano.

O' Pezzaro leistete keinen Widerstand. Er antwortete sofort, er spuckte alles aus. Er versuchte meinem Blick zu entgehen, aber ich riß ihm den Kopf hoch. Meine Empörung war nicht mehr zu beherrschen, meine Wut kochte über. Ein winziger Augenblick verging. Ich zog die P 38 und setzte die Mündung auf sein Herz. Während ich den Abzug betätigte, bäumte sich Pezzaro verzweifelt auf. Dann sank sein Körper auf dem Hocker schlaff zusammen, der Kopf fiel auf die Brust, die Arme baumelten an den Seiten, auf seiner Brust breitete sich ein Blutfleck aus. Eine perfekte Exekution, wie aus dem Lehrbuch. Der Mann hatte nicht einmal Zeit, alles wahrzunehmen.

Dem lauten, unvermittelten Knall folgte eine lastende, düstere Stille. Lettieris Auge war immer noch im Türspalt zu sehen, bestürzt, entsetzt, wie eine Messerklinge auf mich gerichtet. Auch Nirone stand wie versteinert da. 'O Guaglione betrachtete den Toten mit zynischem, kaltem Blick. Offenbar bewunderte er meine Tat, meine blitzschnelle Entscheidung.

„Also gehen wir, oder wollt ihr hier noch Totenwache halten?" fuhr ich sie an, während ich die Pistole wieder in die Tasche steckte.

„Begrabt ihn unter den Lotusbäumen und holt dann den Jungen. Heute abend soll Casillo seinen Sohn wiederhaben, wir wollen keine Zeit verlieren."

Die Lettieri hatten nicht den Mut, wieder aus der Küche zu kommen. Schweigend ging ich in mein Zimmer hinauf. Einen Mann zu töten, ist kein Vergnügen, für niemanden. Meine Schuldgefühle versuchte ich zu unterdrücken, indem ich mir sagte, daß Pezzaro selbst dafür verantwortlich sei, er hatte die

Organisation herausgefordert, die niederträchtige Tat begangen. „Möglich auch", sagte ich mir, „daß sie den Jungen schon umgebracht haben."

Verborgen hinter der Gardine sah ich 'o Nirone und 'o Guaglione zu, wie sie die Leiche Pezzaros zu den Lotusbäumen trugen, um sie dort zu begraben. Ein trauriger Zug. Enzo Casillo, groß und untersetzt, berührte mit dem Kopf die Zweige der Bäume. Ein verschwommenes, diffuses, graues Licht machte die Szene noch dramatischer.

Nun spürte auch ich meine Nerven, ich war müde, fertig – wie immer, wenn ich eine schwere Entscheidung hatte treffen müssen.

Ich streckte mich für eine Viertelstunde auf meinem Bett aus und beschäftigte mich damit, belanglose Einzelheiten zu betrachten: die kleine Lampe aus billigem Glas, den Triumphbogen aus Messing mit einer Uhr, gekrönt von einem Adler, zwei Flaschen, zwei Gipsfiguren, Garibaldi und Königin Elena. Von unten waren die gelassenen Stimmen 'o Guagliones und 'o Nirones zu hören. Ich hörte auch die Lettieri sprechen. Sie hatten Kaffee gemacht, um die lastende Atmosphäre aufzulokkern und meine beiden Leute aufzumuntern. Sie mußten ziemlich erschöpft sein, denn sie hatten eine tiefe Grube schaufeln müssen, um die Leiche 'o Pezzaros zu verstecken. Mich erreichte der starke Duft des Kaffees, das Klappern der Tassen und der Teelöffel.

Das war der geeignete Augenblick, um zur Tagesordnung zurückzukehren.

„Gibt es auch einen Kaffee für mich?" fragte ich, als ich die Treppe hinunterging. Signora Elvira gab mir schweigend die Tasse.

„Ich muß nach Neapel fahren", sagte ich zu Nirone. Man mußte mit den Leuten der Regionalregierung sprechen, damit sie die Arbeiten an Corsicato vergaben. Salvatore Zaza konnte sich nicht immer das Beste herausfischen, die größte Scheibe abschneiden. Auch Salvatore La Marca mußte sich einordnen, mußte spuren. Wenn er Bürgermeister von Ottaviano bleiben wollte, mußte er mir mindestens zehn der dreißig Posten in der Gemeinde abgeben: zwei Hausmeister, zwei Gemeindepolizisten, vier Verwaltungsbeamte und zwei Straßenkehrer. Die Ausschreibungen? Rosetta hatte mit den Frauen gesprochen, die sich um die Hausmeisterstelle bewerben wollten. Sie hatte sie überzeugt, daß es für sie das beste sei, die Bewerbung zurückzuziehen. La Marca? Ein Gangster aus einer Gangsterfamilie. Nach dem Krieg war er an der Bande seines Onkels beteiligt gewesen, jetzt hatte er seine eigene, alle mit weißer Weste und hübschen Bankkonten, aber es blieb eine Bande. Ich war es leid, für alle zu bezahlen. Das Schloß hatte ich bekommen, richtig. Aber das ganze Land drum herum hatte sich der feine Herr La Marca unter den Nagel gerissen. Es stimmte, wenn man ihn und seine Leute Ehrenmänner bei Tag und Mörder bei Nacht nannte.

Salvatore La Marca ... Er hat mich als Beispiel für den Niedergang unseres Landes bezeichnet. Gut, wenn ich ein Zeichen der Degeneration bin, dann ist er der personifizierte Größenwahn. Mit seiner politischen Stellung konnte er seine Hand auf alles legen. Ein Imperium gehörte ihm: landwirtschaftliche Betriebe, Zementwerke, Häuser, Mietwohnungen, Grundstücke. Er hatte alles zu Gold gemacht, selbst den Müll: Von den Abfällen wurden seine Kühe und Schweine fett. Er war alles – Bürgermeister und Provinzdezernent. Don Salvatore, der Wohltäter Ottavianos. Sein größtes Vorhaben war ein Golfplatz am Vesuv. Das sollte Hunderten von Menschen in Ottaviano Arbeit bringen. Ein unglaublicher Unfug, doch die Leute taten so, als glaubten sie ihm; sie grüßten ihn, verehrten ihn.

Er preßte das Land aus wie eine Zitrone. Er war ein größerer Bandit als ich. Er trägt sogar den Namen eines Banditen, ich nicht. Sogar mit dem Schloß wollte er mich übers Ohr hauen, mich bescheißen. Aber ich hatte mir eine schöne Rache für ihn ausgedacht: Ich habe ihn gezwungen, es auf meinen Namen zu kaufen und mir zu schenken. Er hat nie begriffen, welchen Wert das Schloß für mich hat. Es war der Traum meiner Kinderzeit, durch das Gittertor zu gehen – die Grenzlinie zwischen den Bauern, zu denen ich gehörte, und den Reichen, dem Adel; ich träumte davon, die 365 Zimmer anzusehen – genausoviele wie das Jahr Tage hat - die Möbel und die Wandmalereien zu bewundern, im großen Becken zu schwimmen, die geheimnisvollen Falltüren zu öffnen und den Wald zu durchstreifen. 365 Räume, das fand ich witzig. Ich stellte mir vor, wie die Herrschaften sich von einem Zimmer ins andere begaben, jeden Tag ein anderes bewohnten, das ganze Jahr über.

Ich stand oft stundenlang am Tor, den Kopf zwischen den Stäben, und starrte staunend auf die Statuen im Garten. Da standen Ritter, Kaiser, Päpste mit strengem Blick und prunkvollen Gewändern – unergründliche Persönlichkeiten, deren Geschichte, Taten, Abenteuer ich mir in meiner Phantasie vorzustellen versuchte. Die langen Äste der großen, hundertjährigen Bäume schlossen sich über der Allee zu feierlichen Bögen, sie trugen dazu bei, das Schloß in einen Märchenpalast zu verwandeln. Wenn ich die Söhne des Fürsten in Tenniskleidung herauskommen sah – stets begleitet von Bediensteten und Gouvernanten –, empfand ich Verlegenheit, Wut und Neid. Und ich schämte mich für alles, was mit mir zu tun hatte: das alte Haus, die primitiven Frauen und Männer unseres Hinterhofs, den sauren Geruch nach Essen und Kot, in dem ich aufwuchs, die rohen Manieren der Leute, ihre Vulgarität, ihre Flüche. Mit ihrem aristokratischen Äußeren, den sauberen, eleganten Anzügen, den schulterlangen, gepflegten blonden Haaren stießen mich die Söhne des Fürsten hinab in den Staub der Hinterhöfe, wo Menschen, Hunde, Pferde, Katzen und Mäuse eine gemeinsame Existenz führen, wo keiner die Chance hat, über das Allernotwendigste hinauszukommen, über Brot und Makkaroni, Schlafen und Aufwachen.

Don Salvatore La Marca würde derlei nie verstehen können. Er lebte abgeschieden in seiner Villa, dem Stein gewordenen Zeichen seines Größenwahns, im Palast eines Krösus, mit unserem Blut gebaut.

Das Haus Don Salvatores lag am Ortsrand Ottavianos, mit einem riesigen Garten voller Trauben, Aprikosen, Mirabellen und Kirschen. Ich ließ 'o Nirone draußen im Auto auf mich warten. Gigino, der Depp, ein Freund aus der Kinderzeit, öffnete mir. Er gehörte jetzt zur Dienerschaft Don Salvatores. Er schien nicht sehr überrascht, mich zu sehen; vielleicht wußte er überhaupt nichts von mir, dem Mörder auf der Flucht, dem Boß der Camorra. Er lächelte mich mit seinem lieben, guten, freundlichen Blick noch genauso an wie damals, als ich ihm half, sich gegen die wilden Attacken der Schulkameraden zu wehren.

„Ist Don Salvatore zu Hause?“

Gigino nickte. Durch einen weiten, dicht zugewachsenen Laubengang, der zum Swimmingpool hin offen war, führte er mich zum Haus, der Villa eines Fürsten. Ärger und Wut kamen in mir hoch. Er zog seinen Nutzen daraus, daß wir töteten, Don Salvatore der Aasgeier, dieser respektierte, hochgeschätzte Mann, für den die Ottavianer in ihrer Dummheit auch noch Dankbarkeit und Sympathie empfanden. O ja, er baute Straßen und Schutzräume am Vesuv. Was bedeutete es schon, daß die Hälfte der dazu bereitgestellten Gelder in seine Villen floß, daß sich seine Sippe daran bereicherte? Im Circolo dell'Unione Scudieri, dem Club der feinen Herren, lachten sie herzlich bei der Vorstellung, wie er die Gemeinde, die Provinz und die Region betrog, indem er Straßen wie Pudding baute, deren Asphaltdecke schon beim ersten Unwetter zu Bruch ging. Der Circolo hatte sogar einen Vorbestraften als Mitglied aufgenommen, einen Verwandten des Banditen La Marca, der über seine Mutter auch noch mit dem italo-amerikanischen Boß De Lucia, einer wichtigen Figur der Cosa Nostra, verwandt war. Das waren Verbindungen, auf die sich Don Salvatore freilich nicht gerne ansprechen ließ. Er hatte seine Vergangenheit total ausgelöscht und sich dafür eine Gegenwart gestrickt, die seinem Größenwahn entsprach.

Jeder Weg auf dem Grundstück der Villa war einem Familienmitglied gewidmet. Ich las die Namen und dachte, wie lächerlich das alles sei; ich grinste ich mich hinein, während ich las, was unter der weißen Büste von Don Salvatores Vater am Ende der Straße stand: „Gewidmet Francesco La Marca, 1892 – 1972, von seinen Kindern Salvatore, Domenico, Maria, Anna, Luigi, Benito, Nunzia, Umberto und den Enkeln, die ihn in ihrer Erinnerung genauso lieben wie einst im Leben, und die die Werte der Familie und der Arbeit aufrechterhalten, solange ein LA MARCA lebt; geadelt durch den Sinn für Ehre und durch die Verbundenheit mit der Erde – dieser Erde, indem sie jede Pflanze, jede Scholle mit der Liebe hegen, die er gespendet hat. Am Tag des heiligen Franziskus, 4. Oktober 1981."

Don Salvatore war groß und kräftig, er hatte das Gesicht eines neureichen, zufriedenen Menschen; sein dünner, schwarzer Schnurrbart ließ ihn noch arroganter erscheinen. Seine dunklen, flinken Augen waren die eines Diebes. Und ständig war er darauf aus, einen auszunutzen und übers Ohr zu hauen. Don Salvatore empfing mich in seinem großen Arbeitszimmer,

das über und über bedeckt war mit Pergamenten und Urkunden, dessen Regale vollgestopft waren mit Pokalen und Plaketten, Anerkennungen seiner Verdienste als Wohltäter und Politiker, der ständig bereit war, von einer Fahne zur anderen zu wechseln, und nur eines im Sinn hatte: seinen Grundbesitz und seine Guthaben zu vervielfachen. Er wollte mich umarmen, doch ich wies ihn zurück. Mein Blick sagte ihm, was ich von seiner scheinheiligen Freundschaftsgeste hielt.
„Salvatò, lassen wir die Schauspielerei, mir wird übel davon. Ich will mit dir über Fakten und Geschäfte reden."

Don Salvatore konnte seine Überraschung nicht verbergen, daß ich ihm plötzlich gegenüberstand. Er hatte wohl nicht geglaubt, daß ich in meinen Heimatort kommen würde, noch konnte er wissen, wie oft ich das schon getan hatte, um allein und im Dunkeln durch die traurigen Straßen Ottavianos zu gehen. Er wollte mir auch noch weismachen, daß er sich um meine Freiheit und meine Unversehrtheit sorgte. „Du solltest etwas vorsichtiger sein. Ich spreche nicht von den Carabinieri, die ein Auge zudrücken würden, sondern von deinen Feinden." Ich antwortete ihm brüsk: „Ich muß vor allem auf Typen aufpassen wie dich. Du wärst imstande, mir eine Falle zu stellen. Ich weiß, daß du Lakaien hast, die zu allem bereit sind. Dr. Beneventano und De Lucia soll ich umgebracht haben. Dabei haben die beiden im Gemeinderat nicht etwa mir dazwischengefunkt, sondern deinen Leuten. Raffaele Cutolo hat breite Schultern, und er trägt viel, aber nicht alles und nicht für alle Zeit. Er wird die Säcke nicht weiter alleine schleppen und damit anderen Häuser mit Swimmingpools finanzieren und den Aufstieg in Provinzämter ermöglichen. Salvatore, du kannst mich nicht mehr für dumm verkaufen. Meine Leute sterben nicht für nichts, sie schmoren nicht in Poggioreale, damit ihr euch die Bäuche mästet."

Mit einer theatralischen Geste warf mir Salvatore La Marca zwei Scheckbücher auf den Tisch.

„Die gehören dir. Füll sie aus, wie du willst. Du weißt, daß ich dich als Bruder betrachte."

Sein Gesicht sagte mir, daß er überzeugt war, mir damit den Wind aus den Segeln genommen zu haben. Salvatore faltete die Hände und stützte die Ellenbogen auf den Tisch; der große Brillant am Mittelfinger seiner rechten Hand sprühte Funken. Einfältig wie er war, glaubte er, mich mit seiner falschen Großzügigkeit hereinlegen zu können. Doch seinen Blick durchzuckte, kaum wahrnehmbar, Angst. Ich bemerkte seine Unterlegenheit sofort, seinen Schrecken, dann das Frösteln, das ihm unkontrollierbar den Rücken hinunterlief. „Ich muß dir wohl nicht erst die Pistole unter die Nase halten, daß du mir glaubst: Jedem anderen, der mir die Scheckbücher so um die Ohren haut, hätte ich sofort eins verpaßt."

Salvatore stand auf und ging auf mich zu. Ob wir denn nicht mehr die Freunde von früher seien? Aus demselben Ort, Brüder, aufgewachsen auf demselben Boden mit den gleichen Bedürfnissen, den gleichen Gedanken und Sorgen? Er hatte keine Ahnung, daß er den Graben zwischen uns nur noch tiefer machte. Er tat immer noch so, als wüßte er nicht, daß wir ganz verschiedene Menschen geworden waren. Er hatte sich vom Banditen in einen respektablen Herrn verwandelt, an dessen Tafel berühmte Mitglieder seiner Partei wie Giuseppe Saragat, Romita, Tanassi, Orlandi oder Longo Platz nahmen. Ich dagegen, der Bauer, Sohn eines unbescholtenen, von der Plackerei kaputtgemachten Landarbeiters, war ein Gangster auf der Flucht, bedroht von Verrat und Spionage, von Revolverhelden und Messerstechern. Von wegen Brüder! Uns auf dieselbe Ebene zu stellen, war eine weitere Unverschämtheit, die mich noch mehr in Rage brachte.

„Salvatò, bleib bei den Fakten", schrie ich ihn an und drohte ihm mit der Faust.

Ich war nahe daran, die Rechnung zu begleichen. Don Salvatore La Marca wußte das. Verkrampft wand er sich in seinem Sessel. Endlich hatte er verstanden, daß die Situation keine unnützen Wortgefechte mehr gestattete, keine Tricks, Versprechungen und Lügen. Es mußten präzise, konkrete Abmachungen getroffen werden, die Punkt für Punkt einzuhalten waren. Und zwar nicht bloß in bezug auf die vier Angestelltenposten in der Gemeindeverwaltung von Ottaviano, Straßenkehrer, Hausmeister, Gemeindediener, die Lizenzen für Zeitungskioske, die Personalausweise ...

„Salvatò, wir wissen, wieviel das Projekt des internationalen Flughafens am Lago di Patria wert ist. Wir sind nicht so blöd, wie du meinst und wie der Regionalminister Ciro Cirillo glaubt, auch so ein Schwein, das auf Kosten der armen Leute fettgeworden ist. Wir wissen auch, wieviele Milliarden die Kläranlagen abwerfen werden. Du wirst deinen Bauunternehmerfreunden sagen, daß wir dem Bankett nicht mehr nur von ferne zusehen wollen. Wir setzen uns mit an die Tafel, und zwar ganz oben. Ich habe für Tausende von Leuten zu sorgen. Sie riskieren ihre Haut für mich und auch für euch. Macht euch keine Illusionen: Wir werden uns nicht mit Entführungen aufhalten, das ist zu gefährlich; wer nicht spurt, ist ein toter Mann."

Salvatore La Marca unterdrückte mit Mühe eine ärgerliche Bewegung. Sein Blick zeigte, wie sehr er sich zurückhalten mußte. Er wäre wohl gerne explodiert, wie er das in der La-Marca-Bande getan hätte; aber er hielt sich im Zaum, er setzte auf seine zweifellos vorhandenen Fähigkeiten als Diplomat und Politiker.

„Du weißt genau", antwortete er, „daß ich für euch zu

allem bereit bin. Ich werde sofort mit meinen Freunden sprechen, die mögen und schätzen dich, da kannst du sicher sein. Der Name Don Raffaele genießt ja in ganz Neapel Ehrfurcht und Respekt. Niemand will etwas gegen dich unternehmen. Erinnere dich, wieviele Sozialwohnungen wir deinen Leuten zugeteilt haben."

„An arme Leute, die sich an Raffaele Cutolo wenden mußten, damit sie die Wohnungen bekamen. Sonst würden sie immer noch in ihren winzigen Löchern stecken und mit ihren Kindern verfaulen. Und meine Familie lebt noch immer in dem alten Haus, das die Journalisten hartnäckig Villa nennen, und meine Mutter muß mit ihren 80 Jahren das Unkraut aus dem Garten reißen. Jedenfalls habe ich euch meine Rechnung präsentiert. Und sie wird beglichen. Sag das deinen sauberen Freunden, vor allem diesem Cirillo, der in Hawaii Urlaub macht, und dem Schwein Antonio Gava. Mach sie darauf aufmerksam, daß sie sich nicht sicher fühlen können, bloß weil sie sich von Lorenzo Nuvoletta beschützen lassen und auf seinem Gut zu Abend essen. Mein Arm ist lang, ich habe das bewiesen."

„Rafè, beruhige dich. Überleg doch vernünftig. Die Politiker sitzen am längeren Hebel. Ich kenne die Leute. Du darfst den Bogen nicht überspannen."

„Salvatò, ich sage dir und den anderen: Die Stimmen, die ich euch verschaffe, kann ich euch auch wieder wegnehmen. Und nicht nur die Wählerstimmen. Denkt daran. Ich kann euch auch beseitigen lassen."

Ich stand auf, steckte meine Pistole wieder ein und wollte gehen. „Ich will jetzt nicht länger stören", sagte ich ironisch.

Salvatore kam mir entgegen und umarmte mich. Diesmal ließ ich es geschehen. Ich hatte im Moment nicht die Kraft, ihn zurückzuweisen.

„Was denn, willst du nicht hierbleiben und einen Teller Makkaroni mit deinem Bruder essen? Sonst bin ich dir böse.“

Ich antwortete, daß mich draußen ’o Nirone erwarte und daß ich in Neapel dringende Verpflichtungen hätte, ein wichtiges Treffen. Auf dem Weg zurück zum Auto, vorbei an den Statuen, ging mir durch den Kopf, wie feige dieser Mann sein mußte, wie ängstlich, daß er seine Macht und seinen Reichtum durch Amtsmißbrauch und Korruption verteidigen mußte. Salvatore La Marca war also nicht mehr imstande, auf meine Drohungen und Demütigungen zu reagieren wie ein wirklicher Mann – so wie man ihn bei uns versteht.

Ich berichtete Enzo Casillo vom Ergebnis meiner Begegnung und erklärte ihm, daß sich die Bauunternehmer und Politiker ab jetzt uns gegenüber korrekt verhalten würden. Salvatore La Marca habe den Wink verstanden, und er würde die anderen über meine neuen Bedingungen informieren. Ich verwehrte es mir, zu meinem Haus hinaufzufahren und meine Mutter und Rosetta zu begrüßen; ein Minimum an Vorsicht ist nicht falsch. Im Grunde seines Herzens blieb La Marca ein windiger, kleiner Bandit, und ich hätte mich nicht gewundert, wenn ich auf eine Straßensperre der Carabinieri gestoßen wäre. Ich gestattete mir nur einen kurzen Halt am Ortsrand von Ottaviano, um Michele zu sehen, einen alten, ergebenen Freund. Er war sehr überrascht, daß ich am hellen Tag durch die Gegend fuhr, und er riet mir, vorsichtiger zu sein. Es gäbe genug Schurken. Als das Auto die letzten Häuser Ottavianos hinter sich ließ, überkamen mich wie so oft Erschöpfung und Traurigkeit. Das Ortsschild, durchlöchert von Pistolenschüssen, war wie ein letzter Gruß.

ACHTES KAPITEL

DIE TODESURTEILE FÜR CARTUCCIA UND CUOMO

In Albanella hatte ich eine unerfreuliche Begegnung. „Es ist jemand da für Euch", kündigte mir Donna Elvira gleich an. Eine kleine Frau in einem zerknitterten schwarzen Kleid; ihr Gesicht war verbraucht, obwohl noch jung, und seine Blässe trat durch die wirren und schlecht gebleichten Haare noch mehr hervor.

„Ich bin die Frau von Cartuccia", sagte sie sofort. Ich konnte nicht verhindern, daß sie mir die Hand küßte. Weinend begann sie zu sprechen, immer wieder von Schluchzern unterbrochen. „Sie wollen ihn umbringen, und ich habe vier Kinder. Neulich hat man ihm in Porto Azzurro die Nase und einen Arm gebrochen. Ihr müßt ihn retten. Bitte tut etwas. Ich kann doch nicht den Vater meiner Kinder verlieren."

Ich versuchte sie zu beruhigen. Ich würde jemanden nach Porto Azzurro schicken, und die Freunde würden ihn beschützen. Die Frau wurde wieder ruhiger und hörte auf zu weinen. Ich fühlte mich sehr unwohl. Ein Boß muß auch heikle Entscheidungen treffen können; trotzdem sind dies für mich Momente, die mich verlegen machen, in denen ich wirklich leide.

Frau Lettieri brachte einen Kaffee, um die lastende

Atmosphäre im Eßzimmer etwas aufzulockern. 'O Nirone und Don Peppino Lettieri waren die ganze Zeit stumm auf ihren Stühlen gesessen. Enzo wußte genau, daß Salvatore Serra, genannt Cartuccia, der Boß von Pagani, am Ende war. Früher oder später würde seine Stunde schlagen. Seine Leute in Pagani und Nocera benahmen sich daneben, und meine Organisation hatte ihm schon Salvatore De Maio, Tore 'o Guaglione, entgegengesetzt, den hellwachen, ehrgeizigen und blutdürstigen Burschen. Er war Anfang zwanzig, hatte ein Gesicht wie ein Engel und ein Herz aus Stein – und er machte atemberaubend schnell Karriere. Mit Erpressungen hatte er sich bereits eine solide Existenz geschaffen, er besaß Wohnungen, Autowerkstätten und Supermärkte. Er führte ein strenges Regiment, auch in den Zuchthäusern. Im Rathaus von Nocera zitterten der Bürgermeister und die Stadträte schon, wenn sie seinen Namen nur hörten. Tore 'o Guaglione arbeitete mit Terror und Geld. Wenn er mit einer goldenen Rolex nicht überzeugen konnte, setzte er die P 38 ein: zwei gleichermaßen wirkungsvolle Mittel, je nach dem Charakter dessen, der zur Räson gebracht werden mußte.

Es war eine Freude zu sehen, wie Tore mit der Pistole umging. Er erinnerte an die alten Camorristen von Nocera, die einander auf der *piazza* oder im Café entgegentraten wie in den Salons im Wilden Westen. Tore ging immer geradeaus, und er hatte bereits die Hälfte der Bande Cartuccias zerschlagen: welcher Unterschied in der Entschlossenheit, im Stil, in der Klasse. Salvatore Serra war ein schlapper, ängstlicher Bursche, mit der klagenden Stimme eines heidnischen Bettelmönchs. Er war ein verrückter Mörder, er schoß, wenn ihn sein syphilitischer Anfall packte, ohne Sinn und Verstand; er war unfähig, im richtigen Moment abzudrücken, dann, wenn es unausweichlich ist, notwendig und wichtig für die Sache.

Konnte ich solche Überlegungen der bedauernswerten, wehrlosen Frau vor mir enthüllen, die fast starb vor Angst, weil sie wußte, daß ihr Mann, der Vater ihrer Kinder, zum Tode verurteilt war?

In der Unterwelt hatte es die Todesstrafe schon immer gegeben. Sie war die wirkungsvollste Waffe, die die alte wic die neue Camorra gegen Verräter und gegen Feinde einsetzte. Vielleicht hatte ich zu häufig mit ihr gearbeitet, aber die Umstände zwangen uns dazu, die Notwendigkeit, die neue Organisation zu stärken. Ich stand vor der Aufgabe, ein kleines Heer aufzubauen, um der mächtigen, weitverzweigten Föderation von Familien wie den Nuvoletta, den Bardellino und den Giugliano entgegentreten zu können. Ein altes Machtsystem mit tiefreichenden Wurzeln sollte umgestoßen werden. Leute wie die Nuvoletta machten keine Scherze. Sie versorgten seit Jahren den italienischen Markt mit Kokain aus Südamerika und genossen seit Jahrzehnten politischen Schutz auf höchster Ebene. Es war kein Geheimnis, daß Don Antonio Gava mit seiner ganzen Familie auf dem Gut Don Lorenzo Nuvolettas Ferien machte. Und die Gegner Gavas mußten sich, um dessen Übermacht in Aversa und Caserta begegnen zu können, vergleichbare Protektion verschaffen. Wie wären der gute Minister Enzo Scotti oder dieser windige Pfaffe Bosco in dieser Zone sonst zu Ansehen und Stimmen gekommen?

Bis zu einem gewissen Ausmaß habe ich Gemeinde- und Provinzialräte eingesetzt, aber sie, die Nuvoletta, gingen seit langer Zeit mit den Ministern Arm in Arm. Aber daran rührte niemand. Korruption kam nur von mir. Ja, natürlich konnte ich die Verlegung manches Unglücksraben in ein anderes Zuchthaus veranlassen, konnte ich dafür sorgen, daß eine Strafe in Hausarrest umgewandelt wurde. Aber das kostete Geld. Es ist kein Geheimnis, daß für 300 000 Lire ein Haftbefehl im

Aktenstoß von oben nach unten wandert. Castelcapuano, das Schwurgericht in Neapel, ist verrottet wie seine alten Mauern. Man spricht immer nur vom Richter De Simone, der aufgrund verschiedener Verdachtsmomente suspendiert wurde, die im Zusammenhang mit dem Freispruch 'o Malommos von der Anklage des Mordes an Ferrigno geäußert wurden. Und die anderen? Sind das etwa alles Heilige?

Urteile, vor allem Todesurteile, verhänge ich aus einem Bedürfnis nach Gerechtigkeit. Ich sehe mich in der gleichen Situation wie Khomeini: Köpfe und Hände abschneiden, ohne Erbarmen, um Platz zu schaffen für meine Arbeitslosen in einem Dschungel wie Neapel, wo ein Arbeitsplatz im Fernmeldeamt zwölf Monatsgehälter kostet.

Man redet immer nur von Cutolo. Aber sind die Präsidenten des Grünen Kreuzes nicht ebenso Banditen? Diese Krankenhilfeorganisation ist nichts als ein durch und durch korrupter Verein. Um Mitglied zu werden, um eine Stelle als Fahrer oder als Krankenträger zu bekommen, muß man erst einmal fünf, sechs Millionen Lire als „verlorenen Zuschuß" auf den Tisch legen. Es hatte überhaupt keinen Effekt, daß die Kooperative als Riesenschwindel entlarvt wurde. Ich mußte schon sehr energisch eingreifen, damit die naiven Habenichtse ihr Geld wiederbekamen, die ihre armseligen Wohnungen verkauft hatten, um sich an der Kooperative zu beteiligen.

Solche Aktionen fallen den Nuvoletta im Traum nicht ein. Sie kümmern sich bloß um ihren eigenen Wanst. Oberhalb Marano, wo ein öffentlicher Park eingerichtet werden sollte, bauen sie eine Siedlung im Grünen; Zuschüsse, die die Regionalregierung für die Landwirtschaft bewilligt, lassen sie in die eigene Tasche fließen; sie züchten Vollblutpferde und bauen außerhalb von Marano eine Rennbahn, um das illegale Wettgeschäft kontrollieren zu können. So müssen sie sich nicht einmal mit den neapolitanischen Camorristen auseinandersetzen, die die Rennbahn von Agnano betreiben. Alles saubere Geschäfte. Ohne Zweifel. Die Nuvoletta waschen das schmutzige Geld aus dem Kokaingeschäft nicht einmal, die Nuvolettas sind sauber. Dafür bürgen ihre mächtigen Beschützer. Wehe den Staatsanwälten, die die Nase in ihre Geschäfte stecken. Die Feinde Cutolos werden geschützt – eine öffentliche Gefahr ist nur Don Raffaele mit seiner Neuen Camorra. Die alte Camorra, die seit jeher Milliarden zusammenrafft, wird nicht angetastet. Bestenfalls macht man eine große Schau und sackt irgendeinen kleinen Fisch ein.

Wieder unterbrach ein Anruf meine Gedanken. Es läutete ständig. Ein Wunder, daß man mein Versteck in Albanella nicht schon längst gefunden hatte. Wegen jedem Mist riefen sie mich an, sie waren wie Kinder. Von wegen Camorristen, von wegen Stellvertreter. Das ist der Grund, warum ein Mann wie ich Boß wird, der Messias, das Gehirn.

„Wer wars?“ wollte Casillo wissen.

„Pepe 'o Svizzero“, antwortete ich. „Er hat aus Versehen 'o Siciliano, Mario Strazzeri, in die Nieren geschossen. Das ist völlig belanglos, aber er wollte es mir sagen.“

„Und deshalb stört man dich?“

„Enzo, die rufen mich auch an, weil sie nicht wissen, wem sie einen LKW mit Wurst oder mit Hosen verkaufen sollen. Und wir wollen mit Drogen handeln? Da möchte man doch gleich alles hinwerfen. 'O Giappone, 'o Cartunaro, 'o Chiattone, alles kleine Soldaten, aus denen ich erst noch echte Männer machen muß.“

Am Abend diskutierte ich das Problem mit Alfonso Rosanova in seinem Hotel Giardino degli Aranci in Massalubrense. Alfonso war ein echter Manager, der aus nichts Milliarden herauswirtschaftete; ich sprach mit ihm darüber, die wirtschaftlichen Aktivitäten der NCO neu zu organisieren. Man mußte sich in das große Geschäft einschalten; man mußte Fabriken, Grundstücke und Supermärkte erwerben und sich öffentliche Aufträge sichern.

„So eine Sauerei", explodierte ich. „Der Trottel Billi Maresca hat sich Capri unter den Nagel gerissen, hat Hotels, Grundstücke und Häuser gekauft. Und die Familie Catiello 'e Somma? In Sorrent und Capri kann man kein Stück Fleisch essen, das nicht von ihnen importiert ist. Grotesk! Man schlachtet nicht einmal mehr die Kühe aus der Gegend, obwohl sie ein ausgezeichnetes, butterweiches Fleisch haben. Die Capresen und Sorrentiner haben alles in der Hand. Sogar Antonio Spavone, 'o Malommo, haben sie in das Fleischgeschäft eingeschaltet. Stell dir das vor. Er behauptet immer noch, daß er aus der Camorra ausgestiegen ist, aber wenn er Geld sieht, verliert er die Beherrschung."

Rosanova nickte, widersprach nicht. Warum auch? Ich war sowieso im Bild darüber, daß auch er sich hinter unserem Rücken bereicherte, daß er Geld zu Wucherzinsen verlieh, mit Drogen handelte, mit Grundstücken spekulierte. Auch das Hotel hatte er mit unserem Blut erworben. Jetzt saß er wohlgenährt an der Tafel, lutschte Hummerscheren aus und schlürfte Champagner. Mein verächtlicher, durchdringender Blick mußte ihn stutzig gemacht haben; er bat mich, ruhig zu bleiben, mich nicht aufzuregen, um so mehr, als ein Carabiniere das Giardino degli Aranci überwachte.

Auf dem Rückweg nach Albanella dachte ich über mein Leben nach. Ich war allein und gehetzt, hatte Macht über das Schicksal so vieler Menschen, konnte über ihre ungewisse Zukunft bestimmen. Dieses Bewußtsein lastete schwer auf mir.

Es war eine warme Mainacht, eine angenehme Brise

wehte von den Tomaten- und Kartoffelfeldern herüber, die schon voll im Saft standen – ein unübersehbares grünes Meer, die Ebene von Nocera, unterbrochen nur vom Band der Autobahn, das silbern im Licht des Vollmonds lag. Auf der Höhe der Wallfahrtskirche von Pompeji schaute ich unwillkürlich zum beleuchteten Kreuz auf dem Glockenturm hinüber und bat automatisch um den Schutz der Madonna. Für einen Moment kam es mir widersinnig vor, daß ich betete. Konnte ich, der Mörder, Auftraggeber von Dutzenden, Hunderten Morden Schutz von der Madonna von Pompeji erbitten? Ein Funke rationaler Überlegung, sofort wieder ausgelöscht von meinem Instinkt, der mir sagte, daß ich mit demselben Recht wie die anderen behaupten konnte, ein Christ zu sein, daß ich ebenso das Recht auf den wohlwollenden und mütterlichen Blick der Jungfrau und Gottesmutter hatte. Sie war doch immer bereit, Gnade und Wunder zu wirken, sie konnte verhindern, daß mich die Kugeln meiner Feinde treffen – und mir Zeit und Gelegenheit geben, diese umzubringen.

Merkwürdige Widersprüche? Ich kann den Einwand durchaus verstehen. Ist es nicht so, daß Pasquale Barra, 'o Nimale, das Tier, oder Carlo Biino, ein anderer Killer, sich das heilige Antlitz Jesu Christi an die Windschutzscheibe geklebt haben, das in unserer Gegend so sehr verehrt wird – auch wenn man gerade unterwegs ist, einen Mord zu begehen? Vielleicht grüßen sie beim Aussteigen das Bild noch einmal und bitten wenigstens um ein bißchen Beistand. Wie kann sich einer von heute auf morgen von alldem befreien, was man ihm eingeflößt hat? Ich habe meine Mutter zur Wallfahrtskirche in Pompeji und zur Madonna in Arco begleitet – kann man sich davon freimachen? Zusammen mit vielen hundert anderen Frauen und Kindern verließen wir Ottaviano in langer Reihe, marschierten dreißig, vierzig Kilometer zu Fuß, bevor wir die Kirche erreichten. Ein ungeordneter Pilgerzug, die Kinder tollten herum, während die Frauen, eingehüllt in ihren Tüchern, ununterbrochen sangen: Man flehte um Wunder, um Unmögliches. „Wer Gnade bei der Jungfrau erlangen will, soll nach Montevergine gehen", sangen sie. Erst am Portal der Kirche verstummten sie, fielen auf die Knie und krochen auf allen vieren weiter, wobei sie den Fußboden bis zum Altar küßten.

Weiß der Himmel, was mich in dieser Mainacht zu solchen Erinnerungen und Überlegungen zwang. Ich hatte das Gefühl, an einem besonderen Punkt meines Lebens zu stehen. Wirre Gedanken überfluteten mich, auch als ich alleine war, in meinem Schlafzimmer. Es war spät geworden, die Lettieri schliefen bereits. Vom Fenster aus erschien mir das Haus wie ein Floß, das im weiten Meer der Pflanzen dahinglitt. Die Ruhe wurde nur ab und zu von Hundegebell unterbrochen. Ich schnupfte ein wenig Kokain, um mich aus der niedergedrückten Stimmung zu befreien, in die mich diese Gedanken und Erinnerungen gebracht hatten. So kann man die Realität zur Seite schieben, die sich im Inneren verbirgt, unzerstörbar und übermächtig, und die um so eher wieder auftaucht, je weniger du es erwartest, und die auch in veränderten Situationen und Bedingungen ihre Macht entfaltet. Ich mußte mich dazu zwingen, mich als der zu fühlen, der ich war: Don Raffaele Cutolo, der harte und eiskalte Boß, der bereit ist, Todesstrafen zu verhängen, bereit, im Interesse der Organisation die Verantwortung für die vielen Opfer zu übernehmen, deren Zahl von Tag zu Tag größer wurde, mit einem Tempo, das selbst mich beeindruckte.

Im Morgengrauen weckte mich eine kaum wahrnehmbare Veränderung. Ich sah durchs Fenster, konnte aber nichts Verdächtiges entdecken. Nur die Geräusche der ersten Feldarbeit waren von weitem zu hören. Unwillkürlich blickte ich auf den Kalender, es war der 15. Mai 1979. Solche Vorzeichen sind offenbar ein natürliches, glaubwürdiges Signal: Ein Käuzchen rief, eine Katze schrie klagend. Ich schnupfte Kokain, um die schlimmen Ahnungen zu vertreiben. Ich war noch betäubt und weit weg, als nach wenigen Stunden die leichte Irritation in lauten Lärm überging, der von Menschen und Autos kam: Carabinieri forderten mich auf zu öffnen.

Ich sah, daß es keinen Sinn hatte, irgendetwas zu unternehmen. Ich stand vor einem Kommando mit angelegten Maschinenpistolen und kugelsicheren Westen. Den Offizier, der die Operation leitete, sprach ich mit einem Satz an, den die Zeitungen zitierten und der inzwischen historisch geworden ist: „Es ist richtig, daß man Euch geschickt hat. Cutolo muß von einem Oberst verhaftet werden." Ich wußte durchaus, daß er nur Major war. Ein solcher Satz ist in erster Linie für die Anhänger gedacht: Man gibt ihn weiter, verändert ihn, reichert ihn an, stilisiert ihn hoch. Ich weiß, was meine Leute brauchen. Ein Boß benötigt sehr viel Fingerspitzengefühl.

Der Einzug ins Zuchthaus Poggioreale war ein Triumph. Schon bei der Aufnahme konnte ich feststellen, welche Macht und welches Prestige ich erreicht hatte. Der Direktor begrüßte mich, der Hauptwachtmeister hütete sich, mir meine Uhr und meine Krawatte abzunehmen. Ich gab sie ihm freiwillig. Ich wollte keine Privilegien – zumindest nicht so offensichtlich.

Die Nachricht, daß Don Raffaele nach Poggioreale kam, war schon vom Radio und vom Fernsehen verbreitet worden. Das Zuchthaus, zur Hälfte von meinen Leuten besetzt, war in Aufruhr. Nach über einem Jahr in Freiheit – wenn auch auf der Flucht – sträubte sich zunächst etwas in mir, als der Oberaufseher die erste Gittertür öffnete. Aber diesen Moment der Unsicherheit wischte der Applaus hinweg, die herzlichen Rufe, die mich im Block Milano empfingen.

„Rafè, du bist der Größte. Rafè, du bist unser Gott. Rafè, verfüge über uns."

Ich kam wieder in mein Reich, hier hatte ich Tag für Tag meine Macht aufgebaut. Tiefe Befriedigung flutete vom Bauch zum Kopf. Eine Gemütsverfassung, die niemand nachvollziehen kann, der nicht, wie ich, fast zwanzig Jahre im Zuchthaus verbracht hat.

Die Zelle war komfortabel, eigentlich für zwei Häftlinge gedacht. Menichiello war noch damit beschäftigt, sie in Ordnung zu bringen. Auf dem Tisch ein Zweig Orchideen. Bei uns schenkt man sich Blumen; das hat mit Schwulsein nichts zu tun. Ich schaffte es noch, die Tagesschau mit dem Bericht über meine Festnahme in Albanella einzuschalten. Es berührte mich eigenartig, mich auf dem Bildschirm zu sehen. Der Kameramann hatte mich nicht gut erwischt. Ich war zwar gerade erst aus dem Bett gekommen und deshalb unrasiert, aber ich hatte mich wesentlich besser gefühlt, als ich hier, mit den Handschellen, aussah. Es klingt seltsam, daß ich in einer solchen Situation noch so eitel war, darauf zu achten, ob ich gut oder schlecht aussah, daß ich stolz war, als *capo* der Nuova Camorra Organizzata bezeichnet zu werden.

In der Zelle war ein ständiges Kommen und Gehen von Freunden; Umarmungen, Küsse, Augenblicke großer Rührung. Man brachte mir ein schönes Essen: Lasagne, Huhn, Fruchtsalat, Champagner. Ich aß und hoffte, daß die Höflichkeiten bald zu Ende gehen würden, damit ich allein sein konnte, um in Ruhe nachzudenken. Ich versuchte es mir nicht einzugestehen, aber ich war doch verstört und betroffen vom Verlust der Freiheit.

Der erste Tag in Poggioreale brachte viel Arbeit und Aufregung. Ein Treffen, ein Höflichkeitsbesuch nach dem anderen. Wir waren zwar im Zuchthaus, aber wer das Sagen hatte, genoß Freizügigkeit und Privilegien. Andererseits garantierte ein Mann wie ich Ruhe und Ordnung. So ein armer Direktor konnte gar nicht anders, als das Gesetz des Stärkeren zu akzeptieren. Ich konnte mich durchaus in seine Lage versetzen. Ein Wachmann durfte hier drinnen nicht frech werden, ohne zu riskieren, erledigt zu werden, das Leben seiner Frau und seiner Kinder aufs Spiel zu setzen. Doch über Korruption will ich nicht reden. Ich war kein Verräter, kein *pentito*, kein Kronzeuge, der seine Kameraden verkauft. Das ist ein Thema, das mich nicht betrifft. Ich verstehe aber, daß für einen Wachmann das Leben mit sieben-, achthunderttausend Lire im Monat hart und schwierig ist.

Den Informationen, die mir meine Leute gaben, konnte ich entnehmen, daß in Poggioreale mehr als fünfhundert zur NCO gehörten. Unsere Feinde von der Nuova Famiglia im Block Livorno waren viel weniger. Wir verfügten über Waffen aller Art, von der Pistole bis zum Sprengstoff, gut verwahrt und bereit zum Einsatz. Wenn man die Sachen schon bisher hatte gut verstecken können, so würde uns das jetzt noch leichter fallen: Die Zuchthausleitung wußte, daß ich Durchsuchungen nicht mag und nahm sie daher so selten wie möglich vor.

Im Hof wurde ich von einer ganzen Schar begeistert umringt. Es war bewegend, wenn man hörte: „Jetzt fühlen wir uns ruhiger, sicherer." Auch gewöhnliche Häftlinge, die mit der Camorra nichts zu tun hatten, begrüßten mich ehrfürchtig. Ein Ingenieur, der wegen eines Skandals einsaß, bat mich flehentlich um Schutz. Er wurde von drei Häftlingen bedroht, denen er eine Abgabe verweigert hatte. Am ersten Tag hatten sie ihn während des Hofgangs mit Scheiße beworfen. Man erzählt sich viel Übles von den Camorristen, aber im Zuchthaus verteidigen echte Camorristen die Unschuldigen, denn auch anständige Leute landen im Gefängnis. Wir schützen sie vor Vergewaltigung, vor blutigen Anschlägen, vor den verschiedensten Gewalttaten, etwa daß ihnen die Pakete von draußen weggenommen werden oder daß sie ihr Essen als Tribut abgeben müssen.

Einige Häftlinge, die ihren Prozeß erwarteten - im Jargon werden sie „die Guten“ genannt -, kostete das Gefängnis bis zu vier-, fünftausend Lire pro Tag an Abgaben, die sie anderen Gefangenen entrichten mußten. Eine – durch wen anders als die Aufseher – durch die Kontrollen geschleuste Flasche Whisky oder ein Briefchen Kokain kostete bis zu dreihunderttausend Lire. Die Experten nehmen den Mund sehr voll, wenn sie im Fernsehen über Gewalt im Zuchthaus debattieren, aber was wissen sie wirklich über das, was in den Zellen, in den Blocks und auf dem Hof geschieht?

Ich selbst habe Männer, die sich später im Prozeß als unschuldig herausstellten, davor bewahrt, vergewaltigt und mißbraucht zu werden. Familienväter, die sonst für ihr ganzes Leben moralisch und seelisch gezeichnet gewesen wären. All das ist bekannt, aber wer greift hier wirklich ein? Wer setzt sich dafür ein, die Untersuchungsgefangenen – die 40 Prozent der Häftlinge ausmachen – von den Lebenslänglichen zu trennen, die nichts mehr zu verlieren haben?

Auch im Zuchthaus war mein Gesetz das bessere Gesetz. In Santa Maria Capua Vetere wollte man alle Häftlinge zusammenlegen, etwa dreihundert Cutolianer und ebensoviele Feinde. Sie wollten bewußt ein Massaker provozieren und sich nach außen hin mit dem bekannten Satz entschuldigen: „Sie bringen sich ja gegenseitig um.“ Ich mußte die notwendigen Vorkehrungen treffen. Ich brachte das Gerücht in Umlauf, daß ich den Direktor und ein Dutzend Wachleute liquidieren lassen würde, wenn sie ihren kriminellen Plan in die Tat umsetzten. Das Ergebnis? Man trennte die Cutolianer und die Anhänger der Nuova Famiglia strikt voneinander.

Nun begann also wieder der Gefängnisalltag. Nach der

Isolationshaft traf ich mich zuerst mit meinem Rechtsanwalt Bruno Spiezia, meinem vertrauenswürdigsten Verteidiger. Als ich in einem meiner Prozesse nicht freigesprochen worden war, gab er mir ein Telegramm mit seinem wütenden Protest gegen die Justiz zu lesen: „Ich werfe Euch meinen Talar vor die Füße." Man wollte ihm sogar Berufsverbot geben. Armer Spiezia! Meine Verteidigung hatte ihn auch noch ein Auge gekostet. Eines Abends hatte man vor seinem Haus auf ihn geschossen. Hat er sich an Cutolo verkauft, an die Camorra? Nein, er war einfach begeistert. Viele seiner Kollegen sind wirklich käuflich und nur auf Profit aus, haben Bankkonten in Milliardenhöhe. Häufig sind sie an den Geschäften ihrer Klienten beteiligt, doch das interessiert keinen. Geliebt und respektiert, lavieren sie sich irgendwie durch den Papierkram und kriechen vor den Richtern, um den Gefälligsten oder den Gefügigsten zu finden; aber Spiezia mußte für alle den Kopf hinhalten.

Was war ich geworden? Ein König? Rosetta brachte mir Dutzende von Briefen, Bittschriften, Anbiederungen. Mir wurde klar, daß Mussolini der Flut von Schmeicheleien nicht widerstehen konnte und am Ende glaubte, tatsächlich ein Übermensch zu sein. Ich empfand Ähnliches, und es fiel mir schwer, die Füße auf dem Boden zu behalten.

Die Bitten waren ganz unterschiedlich. Ein Industrieller aus San Giuseppe Vesuviano schrieb mir, daß seine Kleiderfabrik schlecht ginge, die Banken wollten ihn nicht weiter unterstützen; aber ein Wort von mir würde doch genügen, meinte er. Und er hatte recht. Ich ließ den Banken eine Empfehlung zukommen, und die Kassen öffneten sich wieder für den Fabrikanten, der vor dem Ruin gestanden hatte. War das die Macht der Angst oder mein Prestige? Ich stellte mir diese Frage oft, sie beunruhigte mich.

Ich sollte mich sogar um einen armen Arbeiter aus

Ottaviano kümmern, der keinen Termin für die dringend notwendige Dialyse bekam. Dieses Mal schaltete ich mich persönlich ein. Ich bat den Direktor, das Krankenhaus anzurufen: Die Dialyse für den Freund ging in Ordnung. Er würde mir einen bewegenden Dankesbrief schreiben, mich mit dem Schutzheiligen der Stadt vergleichen. Abends beteten seine Kinder für mich.

Ich war erschöpft, den ganzen Tag hatte ich Besucher empfangen, hatte den Empfang Hunderter von Päckchen quittiert. Im Aufnahmebüro wußte man schon nicht mehr wohin damit. Ein Dutzend davon überließ ich den Beamten. Eine Firma für Herrenkonfektion aus San Giuseppe hatte mir hundert Sommeranzüge geschickt, erstklassige Stücke aus Gabardine, Seide und Leinen. Kleidung für einen Boß, in der Tat. Aber hundert waren zuviel. Fünfundneunzig verschenkte ich an völlig mittellose Burschen, meine Leidensgefährten. Natürlich gehörten die meisten zur NCO, und wenn sie noch nicht wirklich dazugehörten, dann würden sie in Zukunft meine Leute sein. Oft genügte ein Zweireiher aus Gabardine, um ein Gefühl der Zugehörigkeit auszulösen und einen Jungen zu gewinnen, der zu allem bereit war – auch Lebenslänglich zu riskieren, um den Boß zufriedenzustellen.

Tausend Aufgaben nahmen mich in Anspruch. Während ich untergetaucht war, konnte ich natürlich viel leichter überwachen und befehlen. Aber auch im Zuchthaus mußte ich dieselben vielfältigen Aufgaben des absoluten Chefs der NCO bewältigen, mußte über meine Angehörigen und die zahlreichen Besucher Anregungen, Anordnungen, Drohungen hinausgeben. Seitdem ich hier war, wurden die Kontrollen sehr viel milder. Mit Cutolo macht man keine Scherze. Ich verbrachte die Tage zur Hälfte damit, mit Anhängern und Stellvertretern zu sprechen, den Rest nahm meine Korrespondenz in Anspruch:

tagtäglich Hunderte von Briefen mit Angeboten aller Art, mit Schmeicheleien, mit unterschiedlichsten Bitten.

Menichiello konnte mir da nicht helfen, er war Analphabet. Aber mit einem Kaffee im richtigen Moment schaffte er es, mich wieder aufzurichten. Der Duft verbreitete sich im ganzen Block wie ein belebender Hauch.

Die Probleme vervielfachten sich. Nachdem meine Verhaftung bekannt geworden war, weigerten sich die Leute Turatellos in Mailand, die Drogen meinen Beauftragten auszuhändigen. In Castellammare versuchte mein Zonenrepräsentant Antonino Cuomo, Ciro Maresca zu ermorden; damit wäre das Gleichgewicht zwischen Castellammare di Stabia, Sant'Antonio Abate und der Halbinsel von Sorrent gestört worden. Diese Trottel verstanden einfach nicht, daß man soweit immer möglich einen Krieg vermeiden mußte. Diplomatie war notwendig. Dem Boß war das klar, dem Fußvolk nicht.

Diesen Cuomo hatte ich mir herangezogen, hatte ihn zum Zonenchef gemacht, trotz der Proteste Alfonso Rosanovas, der mir bessere Garantien und Einkünfte bot. Ich habe mich um ihn gekümmert wie um meinen Sohn, habe intensiv mit ihm korrespondiert. „Liebster Kamerad, es ist jetzt vier Uhr morgens, wie üblich kann ich nicht schlafen ... Wie du weißt, stecke ich seit Monaten in einer kritischen, schwierigen Phase. Nun hast du uns das angetan, hast dich danebenbenommen. Du bist zu weit gegangen, genau jetzt, wo ich dich besonders brauche. Ich bin fast verrückt geworden, als ich das hörte ... Ich liebe dich, und ich verstehe dich, ja ich will dir verzeihen, denn du weißt, daß ich alles in Betracht ziehe. Außerdem weiß ich sicher, daß du das Leben für mich geben würdest – aber ist das wirklich wahr? Ganz sicher ist, daß ich dich schätze und dich wirklich gern habe, sonst würde ich nicht darunter leiden, daß du mich kränkst ... Heute nun erreicht mich ein Telex von dir, in dem du sagst, ich soll dir kein Geld mehr schicken, wo ich dir schon hunderttausend Lire telegraphisch überwiesen habe, die du schon bekommen haben mußt. Sag mir, was ich denken soll, wenn mich solche Fernschreiben von dir erreichen. Wenn ich dich jedoch mit dem Geld beleidige, dann schicke es zurück ... Verstanden?“ Aber ich mußte noch strenger werden: „Vergiß nie, wer ich bin und daß ich immer dein Boß sein werde ... Klar? Du mußt wissen, wenn wir uns treffen, wird es ein paar Ohrfeigen geben.“

Als ich diese Briefe wieder las – ich behalte immer Kopien -, kamen mir die Tränen. Jetzt war Cuomo ebenfalls in Poggioreale, und ich stand wieder vor dem Drama, über das Leben eines Menschen entscheiden zu müssen. Die anderen machten Druck. Sie sprachen immer wieder vom Leichtsinn Antoninos. Man hatte Briefe von mir in seiner Zelle gefunden. Eine große Unvorsichtigkeit. Einigen der Briefe konnte man entnehmen, daß ich freundschaftliche Beziehungen zu Richtern pflegte, daß ich die Möglichkeit hatte, Häftlinge in andere Gefängnisse verlegen und Strafen herabsetzen zu lassen. Sie enthielten auch die genaue Struktur der NCO mit Namen und Anschriften, von meinen Stellvertretern über die Zonenbosse und die Anhänger bis zu den Killern. Ein äußerst schwerer Schlag für die Organisation. Hier gab es keine mildernden Umstände mehr, ich mußte die Entscheidung fällen, auch wenn eine solche Strafe, die nicht rückgängig zu machen war, mir innerlich jedesmal tiefe Wunden zufügte. In solchen Momenten verstand ich die Angst der Richter vor dem Augenblick der Urteilsverkündung. Einen wesentlichen Unterschied gibt es allerdings: Sie fällen keine Todesurteile.

Armer Antonino, ich sehe ihn immer vor mir, ein großes Kind, zu schnell erwachsen geworden in den Gassen von Castellammare, das von den Maresca beherrscht wurde, von

Arbeitslosigkeit, von den aufgeblasenen Pappkameraden, die gerade noch für den Posten eines Straßenkehrers oder für ein Krankenhausbett sorgen konnten. Ich hatte ihn aus dem Sumpf gezogen und von einem kleinen Straßenräuber zum *capo* der Zone gemacht, zu einem geachteten und gefürchteten Mann – und jetzt mußte ich über sein Leben entscheiden.

Raffaele Catapano und Pasquale Barra suchten mich in meiner Zelle auf. Man hat sie als meine Stellvertreter bezeichnet, die beiden Heiligen an der Seite des Messias. In Wirklichkeit waren sie kalte, blutdürstige Henker. Einem Mann das Messer in die Brust stoßen: Das kann ich nur, wenn es unbedingt nötig ist; aber auch dann leide ich darunter, und ich muß mich langsam mit dem Gedanken vertraut machen. Für diese beiden war es ein Vergnügen, so wie wenn sie eine Kaktusfeige oder eine Melone tranchierten. Barra, 'o Nimale, das Tier, fixierte mich mit seinen kleinen, flinken, schwarzen Rattenaugen. Er sprach nervös, und seine langen Hände, die mit einem einzigen Griff erwürgen konnten, machten fahrige Bewegungen. Catapano mit seinem Quadratschädel und den vorspringenden Backenknochen, mit seinen dicken roten Haaren, saß schweigend dabei: ein Bild der Härte und Entschlossenheit. Mit der Selbstgefälligkeit eines Schein-Heiligen (wer hat ihn denn auf den Altar gehoben, diesen gewöhnlichen Mörder, Zuhälter und Straßenräuber, wenn nicht ich?) meinte 'o Nimale lakonisch: „Sofort eliminieren. Man muß ein Exempel statuieren, auch für die anderen, jetzt, wo er hier ist. Ein glücklicher Umstand."

Mir war klar, daß keine Einwände möglich waren. Zwischen mir, dem Messias, und ihnen, den Heiligen, herrschte ein subtiles Gleichgewicht, eine zerbrechliche Brücke. Mein Charisma beruhte auf meiner psychologischen, intellektuellen und menschlichen Überlegenheit. Sie andererseits versuchten, mich in gewisser Weise zu provozieren: Wollen wir einmal sehen – so schienen sie zu denken –, ob du den Mut hast, auch deinen Lieblingsjünger liquidieren zu lassen, dein Herzblatt. Die Augen ’o Nimales blitzten bestialisch, haßerfüllt und bösartig; Catapano nagte an seinen Lippen.

„Es muß sein“, sagte er. „In Ordnung“, antwortete ich. „Wann?“

„Heute nachmittag, wenn wir in den Hof hinuntergehen. Sag den andern, daß sie uns decken sollen, sie sollen sich um uns herumstellen.“

Sie verließen ruhig meine Zelle, als ob sie beschlossen hätten, nach dem Essen Karten zu spielen. Ich saß stundenlang da, in Gedanken versunken, den Kopf aufgestützt. Ich ließ auch mein Essen – Steak und Salat - unberührt, das Menichiello gemacht hatte. Mich quälte der Gedanke, daß ich vielleicht doch noch eingreifen sollte, um die Exekution zu verhindern; mir stand immer wieder das kindliche, lächelnde Gesicht Antoninos vor Augen. Ihn hatte ich getauft, er war mein Kamerad. Die Zeit verging wie im Fluge.

Gegen vier Uhr hallte der verzweifelte, durchdringende, tierische Schrei Antoninos durch den Block und traf mich wie ein Pfeil. Dann das übliche Rennen der hilflosen Wachen, die erschreckten Augen der Häftlinge in den Gucklöchern, in einer Blutlache der Körper des röchelnden Antonino. Dann trugen sie die Leiche, die sie in eine Decke gewickelt hatten, an meiner Zelle vorbei: Wut und Schmerz zerrissen mich. Pasquale Barra und Raffaele Catapano hatten keine Zeit verloren. Ein perfekter Anschlag von Meistern des Messers.

Pasquale und Raffaele gaben sich noch härter und unerbittlicher, als sie mir berichteten, daß Carla Campi, die Frau Cuomos, empört war über die Ermordung ihres Mannes und besonders über mich. „Er ist kein Pate für meinen Sohn, er ist ein Henker“, hatte sie beim Begräbnis geschrien. Man mußte ihr also den Mund stopfen, auch wenn mich die Vorstellung schmerzhaft traf, daß man dem Kleinen auch noch die Mutter nehmen mußte. Aber das Schicksal, absoluter Boß zu sein mit der unanfechtbaren Macht eines Papstes, hat mich oft vor grausame und unmenschliche Entscheidungen gestellt.

Zuchthausmauern sind, wie man weiß, ein feines Gewebe, durch das alles hindurchdringt – Waffen, Drogen, Nachrichten und Informationen. Seit der Hinrichtung Antonino Cuomos waren drei Wochen vergangen, als wir erfuhren, daß seine Witwe Carla am Vormittag des 20. Februar 1980 zum Staatsanwalt gehen würde, um dort auszusagen. Sie würde über die Beziehungen ihres Mannes zur Nuova Camorra sprechen. Wir mußten befürchten, daß sie die Namen auch bisher unverdächtiger Personen nennen würde, wie den unseres neuen Zonenbosses Alfonso Rosanova und die einiger Politiker, mit denen wir bei Investitionen im Tourismusgeschäft auf der Halbinsel von Sorrent fruchtbar zusammenarbeiteten. Das wäre eine Katastrophe gewesen. Carla mußte um jeden Preis aufgehalten werden, und nach einer Stunde ging der Befehl hinaus, sofort ein effizientes Kommando zu organisieren.

Am Stadtrand von Neapel lauerten sie ihr auf. Carla kam im Auto, den kleinen Sohn neben sich. Sie töteten die Frau mit nur zwei Pistolenschüssen, wobei sie darauf achteten, daß der Kleine auch nicht den geringsten Kratzer abbekam. Er weinte nur kurz. Meine Leute waren so feinfühlig, sofort Angehörige zu verständigen, die den kleinen Ciro holten. Der Junge liegt mir sehr am Herzen. Noch am selben Abend, bedrückt von Schmerz und Erinnerungen, widmete ich ihm diese Verse:

Der Tod
Hat ihm zuerst den Vater genommen
Den unschuldigen Zeugen

Dann die Mutter. Viel Zeit wird vergehen
Bis er sich bewußt wird
Des grausamen Schicksals und seiner tragischen Wirklichkeit.
Einziger unschuldiger Zeuge
Eines Verbrechens der Camorra
Der erbarmungslosen, grausamen:
Sie vergibt nicht den Verrätern.
Leider waren die Eltern
Meister des Verrats und der schändlichen Verleumdung.
Werde schön, werde anders
Vergiß alles und alle
Für ein besseres Leben.

Vielleicht erscheint es seltsam, daß gerade ich, der seine Eltern gerichtet hatte, ihm eine strahlende Zukunft wünschte. Doch der Widerspruch ist nur scheinbar, allerdings unverständlich für den, der die alten Gesetze der Camorra nicht kennt, die ich neu fassen und verschärfen mußte, um eine gefürchtete und mächtige Organisation aufzubauen. Dies war um so notwendiger, als die alte Camorra nur ein zusammengewürfelter Haufen pittoresker Möchtegern-Banditen war, unterdrückt und gedemütigt von der sizilianischen Mafia und der kalabrischen 'Ndrangheta.

Ich war es, der die Camorra zur dritten Kraft in der organisierten Unterwelt Italiens machte und erstmals Verbindungen zu Politik und Wirtschaft herstellte. Vor Raffaele Cutolo war Neapel ein absolutes Vakuum. Es mußte erst ein Messias aus einem kleinen Dorf im neapolitanischen Hinterland kommen, ein armer Messias vom Land, um Ordnung zu schaffen und Würde zu geben. Ich habe das aus dem Zuchthaus heraus vollbracht, und das macht mein Werk noch wunderbarer. Ich gebe zu, ich fand günstige Umstände vor, ich fand Hilfe. Nicht von kalabrischen Gangstern, wie oft geschrieben wird. Im Gegenteil, zu Beginn haben mich die Kalabrier und die Sizilianer ebenso bekämpft wie die neapolitanischen Strolche. Wer Don Raffaele Cutolo wirklich geholfen hat, dem Professor, dem Ingenieur, dem Gehirn der NCO, das sind die beiden für den Niedergang Neapels wesentlichen Verantwortlichen: der Staatsapparat auf der einen Seite, und auf der anderen die politisch einflußreichen Kreise aller Ebenen. Ja, ich rede von Politik. Im Zuchthaus habe ich viel gelesen, ich habe die Ereignisse mit der hartnäckigen Aufmerksamkeit des ungeduldigen Bauern verfolgt, um die Verantwortlichkeiten, die Ursachen und Ursprünge zu identifizieren und zu verstehen. Schon als Kind hatte ich Freude daran, einen Melonenkern in die Erde zu drücken und das Wachsen des Pflänzchens zu verfolgen. Es ist ein wunderbarer, ergreifender Vorgang, wenn die Pflanze sprießt und gedeiht, weil man Abend für Abend sorgfältig die frischen Blättchen gegossen hat.

Mit derselben Aufmerksamkeit beobachtete ich, was um mich herum geschah, innerhalb und außerhalb des Zuchthauses. Das Zuchthaus ist ein außergewöhnlich interessanter Beobachtungsort, er vermittelt eine mitleidslose Perspektive ohne Schnörkel und Phrasen.

Die Nuova Camorra Organizzata hätte sich allerdings nie entwickeln können, wenn der Polizeipräsident, Bruder eines christdemokratischen Ministers und etwa zehn Jahre im Amt, die Entwicklung am Anfang, bei den ersten Anzeichen, sofort mit schnellen und wirkungsvollen Aktionen gestoppt hätte. Statt dessen sah er zu, wie die neue Camorra sich unter seinen Augen in den Vierteln Neapels, in den Dörfern der Umgebung, auf dem Land und in den umliegenden Städten ausbreitete. Er meinte, daß „wir uns gegenseitig eliminieren“ würden. Ich höre geradezu den Herrn Polizeichef zum Herrn Präfekten sagen: „Lassen wir sie machen, sie werden sich gegenseitig ausrotten. Und diesen Irren, diesen Cutolo, werden wir in irgendeinem Winkel von Poggioreale finden wie einen toten Hund.“

Aber nein! Während der Präfekt und der Polizeipräsident an den Ufern des Flusses warteten, wuchs die Welle der NCO mächtig an, majestätisch und gigantisch, und trug ganz oben, auf dem weißen Schaum, ihren furchterregenden Boß, den Messias, den Professor, das Gehirn, den Hirten so vieler verlorener und schwacher Schafe. Schafe, die ich in mutige und beherzte Kämpfer verwandelt habe, entschlossen und zu allem bereit; junge Burschen zwischen sechzehn und zwanzig, die ich aus dem Kot und den Pfützen der Gassen gesammelt habe, aus den dunklen, verrotteten Kellerlöchern, aus den Mietskasernen von Secondigliano oder Pianura, aus den angeblichen Freizeitclubs von Marano, Ottaviano, San Gennaro. Verzweifelte und entwürdigte Menschen ohne Zukunftsperspektiven und Ideale. Cutolo wurde zu einem Symbol, ein Mann mit eiserner Faust, der den armen Leuten ihr Recht verschaffte, den Unglücklichen, die schon im Gefängnis gelandet waren oder die wegen eines einfachen Diebstahls, eines Handtaschenraubs dorthin kommen würden; wegen banalster Delikte also, mit denen die kriminelle Karriere nahezu immer beginnt.

Während die Organisation Cutolos wuchs und sich als Front gegen Beamte und Politiker etablierte, gab es weiterhin Plünderung und Raub, Unrecht und Amtsmißbrauch. Wer hat sich je um das Schicksal Hunderter, ja Tausender Kinder gekümmert, die mit sechs, sieben Jahren schon Straßenräuber und Drogenhändler sind? Was können sie mit zwanzig anderes sein als Räuber und Dealer? Im besten Fall Zuhälter, Diebe, Hehler. Es scheint absurd, daß ein sechsjähriges Kind Verbrechen begeht. Aber in Neapel geschieht das. Es gibt hier 40 Prozent Analphabeten, und die Kinder im Grundschulalter gehen nicht in den Unterricht, sondern verbringen ihren Tag auf der Straße unter Schmugglern, Drogenhändlern, Nutten, Hehlern und Dieben. Ich habe viele von ihnen gerettet, die von der Jugendstrafanstalt Filangieri nach Poggioreale kamen, sobald sie achtzehn waren. Ich habe ihnen erklärt, daß nur ein ehrbares, privilegiertes Leben angenehm und bequem ist, nicht zu vergleichen mit einer zwischen den Strafanstalten vergeudeten Existenz. Man nennt mich Professor, und wenn es notwendig war, war ich auch ein überzeugender Lehrer.

Wer freilich nur damit beschäftigt war, sich an öffentlichen Aufträgen zu bereichern, an ungenehmigten Bauten, an der Ausstattung von Kasernen, Schulen, Zuchthäusern, Krankenhäusern und sogar Grabnischen auf den Friedhöfen, der konnte sicher keine Freiwilligen für die Camorra gewinnen. Der Messias Cutolo brachte das göttliche Wort, die neue Losung, die bewaffnete Rebellion. Man sollte sich wirklich klarmachen, wofür die Camorra verantwortlich ist – und wofür diejenigen verantwortlich sind, die im Fernsehen behaupten, die Camorra zu bekämpfen.

Bis zum ersten Prozeß gegen die Nuova Camorra Organizzata im September 1980 konnte ich mir nicht vorstellen, was die Leute wirklich über mich dachten. Natürlich hatten mir meine Schwester, meine Rechtsanwälte und meine Freunde immer wieder gesagt: „Alle mögen dich sehr, und wenn du draußen wärst, würden sie dich zum Abgeordneten machen." Aber das hätten auch nur Komplimente sein können, liebevolle Schmeicheleien.

Wenn in den Zeitungen mein Name und die Neue Camorra erwähnt wurde, sprach man bereits von mir als dem neuen Idol, dem Boß, dem Paten. Doch erst vor dem Vierten

Strafsenat des Schwurgerichts Neapel konnte ich feststellen, welche Sympathie ich auch außerhalb der Unterwelt genoß. Das war damals ein Prozeß wegen Bildung einer kriminellen Vereinigung, „gegen Raffaele Cutolo und 24 Mitglieder der Nuova Camorra". Schon dieses „und 24" gefiel mir gut. Auch die Richter unterschieden, zu Recht, den Boß von den namenlosen Subalternen, die an jenem Septembermorgen im geborgten Licht, in meinem Licht sichtbar wurden.

Als ich den Gerichtssaal betrat, gab es Ovationen, ein wahres Gewitter von Blitzlichtern prasselte auf mich herab. Die italienischen und ausländischen Medien interessierten sich für mich, Zeitungen wie Fernsehen. In der Menge der Zuschauer waren nicht nur meine Kameraden und meine Angehörigen, sondern auch Neugierige, Männer und Frauen, angezogen von meiner Person. Schmuckbehängte, elegante Damen wollten Cutolo sehen, auch Männer, die nicht zum Milieu gehörten. Der Saal von Castelcapuano ähnelte, auch wegen der hellen Scheinwerfer des Fernsehens, einem kleinen Theater.

Meine Kameraden, die mit mir zusammen im Eisenkäfig saßen, der für Schwerverbrecher üblich ist, warfen sich stolz in die Brust, nicht im geringsten in Sorge vor dem Prozeß. Ebensowenig übrigens wie die Rechtsanwälte, vor allem meine Verteidiger Bruno Spiezia, Mazza und Madonna, die in ihrem Talar mit dem weißen Kragen tadellos aussahen. Das Ganze war eine herrliche Szene, die ich natürlich sofort nützen wollte, um meine Popularität und mein Ansehen zu vergrößern. Man sagte nicht zu Unrecht, daß ich der beste PR-Mann wäre für mich und für die NCO. Das Publikum war schon von meinem Äußeren angenehm überrascht. Man hatte sich wohl vorgestellt, daß ich im gestreiften Zweireiher, mit weißem Hemd und dunkler Krawatte auftreten würde wie ein amerikanischer Gangster, mit finsterem, grimmigem Gesicht und langen, dichten Koteletten.

Doch ich präsentierte mich so wie ich bin – nicht als Karikatur eines Banditen, sondern wie es meiner Persönlichkeit entspricht: gepflegt, aufmerksam, liebenswürdig, sicher und nicht ohne Humor. „Ein richtiger Professor", murmelte man im Publikum, und die Zeitungen schrieben am Tag danach, daß ich ganz den Eindruck eines anständigen und distinguierten Herren mache – so als ob der Boß einer großen Organisation unbedingt wie ein Bösewicht aussehen muß.

Ich glänzte mit einer Reihe schlagfertiger Antworten. Man fragte mich nach der Nuova Camorra Organizzata. Ich antwortete: „Ich habe keine Ahnung. NCO könnte die Abkürzung für *Non Conoscono Nessuno* sein, sie kennen niemanden." Über die kriminelle Vereinigung, den Hauptpunkt der Anklage, sagte ich: „Jawohl, ich kann erklären, wie diese kriminelle Vereinigung zusammengesetzt ist. Aber ich muß dazu mindestens hundert Namen nennen. Große Persönlichkeiten, darunter auch einige Richter! Soll ich? Und wo wir gerade dabei sind: Könnt Ihr mir sagen, was mit dem Empfehlungsschreiben des Ministers Lettieri geschehen ist, des damaligen Unterstaatssekretärs im Innenministerium, das beschlagnahmt wurde, als man mich festnahm?"

Jeder dieser Sätze löste beim Publikum und bei den Journalisten Heiterkeit aus, die das alles in ihre Notizblöcke schrieben. Sehr wirkungsvoll war auch, wie ich die Staatsanwältin Teresa Casoria abfertigte: „Eine Beleidigung, die Anklage gegen Cutolo von einer Frau führen zu lassen." Mitten im Prozeß dann ein Knalleffekt. Während einer Vernehmungspause ließ mir Antonio Sibilia, der Präsident des Fußballclubs Avellino, durch den Spieler Juary eine Goldmedaille im Namen seiner Mannschaft überreichen; auf der Vorderseite trug sie das Bild eines Wolfes und hinten die Aufschrift „Als Zeichen der Wertschätzung". Man war empört.

Doch seit langem war allgemein bekannt, daß ich den guten Don Antonio vor Entführung und Tod gerettet hatte. Seine Baufirmen wären mit Sprengstoffanschlägen schikaniert worden, wenn ich Sibilia nicht dem sicheren Schutz Arturo und Raffaele Grazianos anvertraut hätte – und nicht nur ich habe mich ihrer bedient, sondern auch die Politiker, ohne das geringste Zögern.

Raffaele Graziano war lange Jahre Bürgermeister von Quindici di Nola. Er hatte den Ehrgeiz, ins Parlament einzurücken. Ich hätte ihm das auch ermöglichen können. In der Zone Nola verfügte die NCO über ein großes Wählerpotential. Doch man darf nicht übertreiben. Raffaele ist ein halber Analphabet, ein plumper und rüpelhafter Kerl. Hätte er im Abgeordnetenhaus das Wort ergriffen, wäre das das schönste Kasperltheater geworden.

Bei den letzten Wahlen in Quindici saß Raffaele Graziano in Avellino im Gefängnis. Dennoch wurde er mit den meisten Stimmen auf der Liste der Democrazia Cristiana gewählt. Als die Resultate veröffentlicht wurden, die man im übrigen erwartet hatte, versammelten sich seine Wähler vor dem Gefängnis. Das war eine, nennen wir es mal so, spontane Demonstration, angeführt von Arturo, dem Bruder Raffaeles.

Arturo war der bewaffnete Arm der Familie, immer bereit, die Maschinenpistole unter der Jacke hervorzuholen. Die Menge verlangte, Raffaele Graziano solle sich auf dem Balkon zeigen, für einen Gruß, zu einem einfachen Dankeschön an die Wähler. Der arme Gefängnisdirektor kam ins Schwitzen, bis er sie überzeugt hatte, daß das unmöglich war. Ich nehme an, daß er, nachdem die Menge wieder abgezogen war, gleich eine Kerze vor der Madonna angezündet hat – in der Gefängniskapelle, die Antonio Sibilia erbaut hatte. Don Antonio war ein Gentleman, ein echter Herr; vor allem aber wickelte er seine Geschäfte nie alleine ab, er hatte Verständnis für die Bedürfnisse seiner Freunde.

Jetzt tat man überrascht, daß ich und Sibilia Geschäftspartner waren. Die reine Heuchelei. Alle wußten es, in der Stadtverwaltung, in der Provinzregierung, beim staatlichen Bauamt. Ich fand es lächerlich, sich im nachhinein aufzuregen. Wenn ich mich einmal entscheide, die Briefe von Abgeordneten, Senatoren, Richtern, von lauter Personen, die über jeden Verdacht erhaben sind, der Öffentlichkeit preiszugeben - es sind ein paar Hundert, die im Moment in verschiedenen Tresoren sicher verwahrt werden -, würde ein riesiges Pulverfaß hochgehen. „Verehrter Don Raffaele, ich wäre ihnen dankbar ...", so begannen sie alle, und sie schlossen mit einem ehrerbietigen „Ich stehe ganz zu ihrer Verfügung". Ich hätte gerne ein paar davon meinem Vater gezeigt. Armer Alter, er hätte seinen Augen nicht getraut, er, der schon vor dem Bürgermeister – nicht zu sprechen von einem Abgeordneten – mit der aufrichtigen Bewunderung des Bauern fast auf die Knie fiel.

Im Gerichtssaal herrschte absolute Stille, als ich dem Vorsitzenden Calabrese berichtete, daß ich den stellvertretenden Zuchthausdirektor Giuseppe Salvia ohrfeigte, der ein Jahr später von meinen Leuten umgebracht wurde. Eine Anmaßung? Vielleicht. Aber Salvia hatte überhaupt nichts begriffen. Er wollte den Helden spielen und ließ wiederholt meine Zelle durchsuchen. Er akzeptierte nicht wie seine Vorgesetzten, daß ich der Boß war – auch in Poggioreale. Der Vorsitzende ignorierte die Provokation. Er überging die Episode, als habe er nichts gehört.

Sonntag, 23. November 1980: ein ständiges Kommen und Gehen von Besuchern. Der Sprechraum war voll mit meinen Familienangehörigen und meinen Verteidigern. Es sah so aus, als hätte man „verminderte geistige Zurechnungsfähigkeit" erreicht. Das war ein Schritt zum „völlig unzurechnungsfähig". Wir hatten die Situation im Griff. Rosetta legte mir die Listen mit den Einnahmen und Ausgaben vor. Wir waren schon bei hübschen Summen angekommen. Ich hatte nicht gedacht, daß Enzo Casillo die Beute auf Milliardenhöhe schrauben könnte. Bis jetzt waren Erpressungen noch immer die Haupteinnahmequelle; bei den Ausgaben überwogen die Hilfen für die Häftlinge der NCO und ihre Familienangehörigen. Der Zahnarzt Dandolo, ein Milliardär, weigerte sich zu zahlen. Der Kleiderfabrikant Almaniello jammerte, verzögerte, brachte Ausreden. Er behauptete, er hätte Schwierigkeiten, während aus unseren Bankauskünften hervorging, daß er allein beim Credito Campano ein Konto mit mindestens fünf Milliarden Lire besaß. Auch jener Herr vom Fonds für die Unterstützung der Industrie hatte mehr als einen Monat verstreichen lassen, bis er seinen Beitrag für einen unserer Klienten leistete. Wir mußten Lektionen erteilen, und zwar sofort. Ich hatte Rosetta schon meine Befehle für Mussecchia mitgegeben. Er würde es erledigen. Solche Fälle erledigte Mussecchia mit der Präzision eines Schweizer Uhrwerks.

Hingegen waren die Subventionen für die zwei Tomatenfabriken eingetroffen. Eine Lappalie: zwei Milliarden. Ich hatte mich schon daran gewöhnt, mit zehnstelligen Zahlen umzugehen, und Millionen waren für mich schon Kleingeld. Auch die zwei Sänger brachten von ihrer Kanada-Tournee ein hübsches Sümmchen in Dollar mit.

Meine Freunde, Vic Cotrone und seine Schwester Rosina Pugliafito, hatten dafür gesorgt, daß das Theater in Montreal voll war. Auf die Kalabrier kann man immer zählen. Ich hegte immer große Bewunderung für ihre Ernsthaftigkeit und für die Strenge, mit der sie Pflichtverletzungen bestraften. Welche Energie! Ganz anders als die Camorra. Sie bringen Frauen und

Kinder um, ohne Erbarmen. Und ich hatte Skrupel wegen der Witwe Cuomos ...

Auch Gamil Ibrahim hatte sich gemeldet. Rosetta war wütend, wollte doch dieser Idiot von einem Ägypter über Drogen sprechen – am Telefon, vom Haus Alfonso Rosanovas aus. Das sind doch die elementarsten Regeln! Sie wußten immer noch nicht, daß das Telefon eines *capo* immer abgehört wird, Tag und Nacht.

Salvatore La Marca hatte die letzte Zahlung für das Schloß geleistet. Nun gehörte es mir ganz. Rosettas Augen strahlten. Mit dem Schloß verbanden sich für sie ebenso wie für mich Erinnerungen an eine unglückliche, leidvolle Kindheit.

„Rafè", rief Rosetta und umarmte mich, „jetzt gehört es uns. Wer hätte je gedacht, daß wir im Park spazierengehen können, als Besitzer, zwischen den Statuen, auf den Wegen zwischen den Blumen und den Akazien, in den 365 Zimmern mit ihren Arabesken an den Decken, am Schwimmbad, in der Kapelle. Alles gehört jetzt uns, erworben mit unserem Blut!"

Ich trug ihr auf, für die Renovierung zu sorgen, Geld sollte keine Rolle spielen. Das Schloß sollte wieder so werden wie zu den Zeiten der Medici, der ursprünglichen Besitzer, mit goldenen Wasserhähnen in den Bädern und Kupfergeräten in den Küchen. Auch die alten vergoldeten Kutschen mit ihren Putten und seltsamen Figuren wollte ich wieder in Ordnung gebracht sehen. Eines Tages würde ich in der offenen Karosse durch Ottaviano fahren, ich würde den erbärmlichen Mistkerlen mit der langen, goldenen Peitsche ins Gesicht knallen, würde am Circolo dell'Unione Scudieri vorfahren, dem Club der sogenannten Herren, und den Notar Barbello und den Doktor Pierobono mit der Peitsche kitzeln. Abends würde es im Ehrensaal des Schlosses große Bankette geben, mit junger Ziege und Lasagne und Wein aus Gragnano in Strömen.

Noch eine letzte Anordnung: Dem Dezernenten Di Pietra drei Schüsse in die Beine, der im Gemeinderat von Ottaviano zuviel redete. Er hatte Baugenehmigungen für drei meiner Freunde verweigert. Ein Verrückter, ein Idiot. Stellte sich gegen Cutolo, als ob er meine Macht und Unbeugsamkeit nicht kennen würde.

In der Zelle wartete noch andere Arbeit auf mich. Es war schon spät, das Abendessen, das Menichiello gemacht hatte, war kalt geworden. Ich probierte nur von dem Käse und trank einen Schluck Champagner, den Kamerad Provolone aus Nocera Inferiore geschickt hatte, ein feiner und vornehmer Herr, der mich mit Liebenswürdigkeiten und Aufmerksamkeiten überschüttete. Sicher, auch er hat seine Interessen, aber man kann ja nicht immer umsonst geben. Der Käse kostete wenige tausend Lire, während die Aufträge für die Krankenhäuser im Gebiet Salerno, die ihm mein Freund Tore 'o Guaglione verschafft hatte, jährlich Milliarden einbrachten.

Es war schon fast Abend, als Pasquale Barra, 'o Nimale, Raffaele Catapano, der Henker, und Pasquale D'Amico, 'o Cartunaro, in meine Zelle kamen. Eine strategische Sitzung der NCO, wie es diese drei Kretins pompös nannten. Sie lasen kaum und schlecht, und jetzt ahmten sie den Jargon dieser armen Irren von den Roten Brigaden nach. Wieder waren schwerwiegende Entscheidungen zu treffen. Und ich mußte sie alleine treffen, wie gewohnt; das Aufreibendste daran war, die anderen glauben zu machen, daß sie entscheiden oder zumindest wesentlich zu den Entscheidungen beitragen würden. Ein *capo* muß psychologisch geschickt mit seinen Untergebenen umgehen, wenn er ihre Treue und – vor allem – ihren blinden Gehorsam erhalten will. Ein Bandenmitglied mordet nicht, nur um sich im Gebrauch des Messers zu üben; um ihn dazu zu bringen, Lebenslänglich zu riskieren, muß man ihn unterwerfen und hörig machen, auf seine Funktion reduzieren, ohne daß er sich dessen bewußt wird. Hunderte, Tausende meist junger Leute habe ich auf diese Weise manipuliert, im unmittelbaren persönlichen Kontakt oder aus der Distanz. Darin besitze ich fast übernatürliche Fähigkeiten. Es genügte eine einfache Botschaft, ein kurzes Schreiben, um über das Schicksal eines Menschen zu entscheiden. Ich glaube, ich besitze ein magisches, ungeheuer wirksames Fluidum, das sich ausdrückt in der Art, wie ich die Leute ansehe, wie ich spreche. Es kann nicht anders sein. Ist diese Ausstrahlung satanisch oder göttlich? Eine Frage, die ich mir oft stellte.

'O Nimale, Pasquale Barra, verfügte über bestialische Kräfte. Wenige Männer gebrauchten das Messer wie er. Er sprang um sein Opfer herum wie ein behender, perverser Affe und stieß mit unglaublicher Geschwindigkeit zu. Wie ein wildes Tier, wie im Rausch ging er vor allem auf Gurgel oder Herz los, er fiel fast in ein Delirium, wenn er Blut leuchtend und heftig aus Wunden quellen sah. Der heikelste Punkt jedoch war, wenn 'o Nimale einem Mann wie mir gehorchen sollte, von dem er wußte, daß er ihm physisch unterlegen war, dessen psychologische Macht, dessen Ansehen und Ausstrahlung er sich aber nicht entziehen konnte. Nur wenn er einmal aus der Trance aufwachte, wagte er zu rebellieren. Aber ich habe ihn jahrelang beherrscht und als erbarmungsloses, unmenschliches Mordinstrument benutzt. Nie vorher konnte ein Boß der Camorra die unterschiedlichsten Menschen mit diesem außerordentlichen, durchschlagenden Erfolg manipulieren und hörig machen – wie der Krieg zwischen der NCO und ihren Feinden mit seinen Tausenden von Toten beweist.

Jetzt sollten also in meiner Zelle Todesurteile gefällt werden, innerhalb weniger Stunden oder Tage zu vollstrecken. Als Barra und Catapano eintraten, dachte ich immer noch nach;

es quälte mich, die Beseitigung eines Menschen beschließen zu müssen. Dieselbe Beklemmung habe ich schon als Kind gefühlt, wenn ich einen abgebrochenen Ast fand oder ein lahmes Kaninchen. Solche Gedanken und Gefühle wirbelten mir durch den Kopf. Ich behielt sie für mich, die beiden Leute hier hätten sie nicht verstanden.

'O Nimale und Catapano hatten nicht den geringsten Einwand. In Poggioreale trugen die Führer der Nuova Famiglia den Kopf zu hoch. Mindestens vier, fünf Männer mußten eliminiert werden, um ein Exempel zu statuieren und das Gleichgewicht wiederherzustellen. Wir mußten unverzüglich handeln.

„Don Rafè, wir können nicht warten, bis sie uns umbringen", meinte Pasquale Barra, und seine Augen sprühten vor teuflischem Haß. „Sie sind zu weit gegangen, vorgestern, als sie auf Giginiello einstachen. Das können wir nicht übergehen." Schlußfolgerung? Innerhalb von zwei Tagen sollten Barra, Meister in Blitzaktionen, Catapano und Pasquale D'Amico die Anschläge jeweils vor oder nach dem Hofgang verüben, auf traditionelle Art: Die Opfer werden umringt und erstochen.

Es war eigenartig: Als 'o Nimale und Catapano meine Zelle verließen, war da bereits ein Todeshauch, eine mit Händen zu greifende, dicke, lastende Atmosphäre, noch düsterer durch die ersten Schatten des Abends, die durch das vergitterte Fenster drangen.

Dunkle Vorahnungen beunruhigten mich, widerstrebend ging ich die wichtigsten Stationen meiner Kindheit und meiner Jugend durch – eine Übung, um meine Schlaflosigkeit zu überwinden. Ich stellte mir das Gesicht meiner Mutter vor, meines Vaters, meines Sohns Roberto, den Garten, das Haus und das Dorf; Bilder von Menschen und Orten vermischten sich mit gespenstischen, drohenden Schatten. Mein treuer Menichiello, der unbeweglich in der Ecke saß, in sich versunken, stumm, zahnlos und ausgemergelt, schien aus Wachs zu sein.

Plötzlich ein Blitz, ein flüchtiger Widerschein, und alles wurde erschüttert – Mauern, Tisch, Bett, Stühle, die Lampe, die Bücher auf dem Regal, alles wackelte. In den Wänden öffneten sich Risse, die Tür sprang auf, aus den Trakten drangen Schreie und Stimmengewirr. Menichiello war aus seiner Lethargie hochgefahren, er fuchtelte mit den Armen in der Luft herum, die Augen in Panik aufgerissen.

An der Tür hetzten Häftlinge vorbei, sie tauchten im Rahmen auf wie in einer Sequenz aus einem Horrorfilm. Menschen rannten durcheinander, verzweifelte Schreie hallten durch die Korridore, Gefangene und Aufseher waren vereint im apokalyptischen Chaos, das die noch immer andauernden Erdstöße verbreiteten. Eine infernalische Vision. Gänge und Treppen quollen über von Männern im Pyjama, in Unterhose oder nackt, wie nach einem Dammbruch drängte die Masse ins Freie, in Sicherheit. Ich war bei klarem Verstand geblieben, völlig kühl – während mich Menichiello in die brodelnde Masse flüchtender Menschen hinauszustoßen versuchte. Ein innerer Widerstand hielt mich zurück, ein tiefsitzendes Gefühl des Widerwillens vor kollektivem, irrationalem, tierischem Verhalten.

Unvermittelt erschienen 'o Nimale und Raffaele Catapano in der Tür, verwirrt und aufgeregt. „Wir haben's gemacht, Rafè", riefen sie mir zu und verschwanden sofort in Richtung Blockausgang. Sie hatten den Auftrag ausgeführt! Ich wußte nicht, was sie tatsächlich erreicht hatten, ich wollte wissen, wen sie umgebracht hatten; ich wollte wissen, wie erfolgreich der Schlag war, den wir gegen die Nuova Famiglia geführt hatten. Sogar noch in diesem Moment des Schreckens brannte ich darauf, meine Macht zu vergrößern – und das erfüllte mich mit unbändigem Stolz. Ich sagte mir, daß sich gerade in dramatischen, schwierigen Augenblicken Verstand und Fähigkeiten eines Bosses beweisen.

Mit dem Erdbeben als Komplizen war wieder Blut geflossen. Mich interessierte vor allem, welche Gruppe, welchen Clan wir tödlich getroffen hatten. In meiner Eitelkeit kostete ich schon die Schlagzeilen der Zeitungen aus: „Cutolo schlägt auch beim Erdbeben zu“, „Nuova Camorra trotzt Erdbeben“. Ein weiterer schöner Mosaikstein in meinem Bild als charismatischer Führer. Bilanz: acht Verwundete und drei Tote. Der wichtigste der Toten war Antonio Palmieri, genannt Tonino ’o Muscio, einer der ersten, der aus meinen Reihen zu Antonio Bardellino und der Familie der Giuliano aus Forcella übergelaufen war, ein Lump, ein Verräter, den ich vom einfachen Taschendieb zum Mann gemacht hatte. Exekutiert hatte ihn Salvatore Esposito, ein Killer, der den Nobelpreis verdient hätte. Seine Fähigkeiten hatte er bei der Beseitigung des ’Ndrangheta-Bosses Mico Tripodi bewiesen. Doch bei der Hinrichtung Toninos hatte er irgendwie gezögert, vielleicht weil er meine Pistole in der Hand hielt. Er hatte Palmieri nur verletzt, der sich in den Trakt San Paolo flüchten konnte. Als Salvatore zurückkam und sagte, daß er ihn nicht hatte auslöschen können, gab ich ihm eine Ohrfeige; Pasquale D’Amico, ’o Cartunaro, drückte ihm ein Messer in die Hand und befahl ihm, in den Trakt San Paolo zurückzugehen und das Werk zu vollenden. Gennaro Di Somma, Ciro Avolio, Alterio Vincenzo, Amedeo Morra, Giulio Vanacore, Luigi Mele, Benito Balestrieri, Giorgio Amabile, Ciro Stabile und Giovanni Cuomo begleiteten ihn, um ihn zu überwachen, um Überraschungen zu verhindern und wenn nötig einzugreifen.

Wir waren jetzt die Herren im Zuchthaus, das in Chaos und Terror versank. Viele Gefangene hatten sich auf die Dächer geflüchtet und schrien wie besessen; die Scheinwerfer tauchten ihre Gesichter in ein seltsames, gespenstisches Licht und verwandelten sie in irreale Gestalten. Ich befahl eine weitere Hinrichtung: Peppe Clemente in Zelle 73 im Trakt Genova. Dieses Mal sollte kein Fehler gemacht werden. Sie sollten das Messer verwenden, das einen selten im Stich läßt. Chef des Kommandos war wiederum Salvatore Esposito. Als ich ihm mein Messer übergab, sagte ich: „Sei entschieden und energisch." Die Gruppe machte sich auf den Weg, doch auch dieses Mal ließen sie sich von der Erregung, vielleicht auch von der Angst vor dem Erdbeben an der vollständigen Ausführung der Tat hindern. Als ich in den Block Genova hinüberkam, um den Erfolg der Aktion zu prüfen, röchelte Peppe Clemente noch. „Arschloch", sagte ich zu Salvatore Esposito, riß ihm das Messer aus der Hand und schnitt Peppe Clemente die Kehle durch, ich gab ihm als echter Meister, als Boß den Gnadenstoß. Blut spritzte auf meinen Kragen, doch 'o Cartunaro leckte es rasch weg. Ekelhaft. Ich stieß Pasquale zurück und ging weg, in meine Zelle.

Ein infernalischer Abend voller Aufruhr. In den Korridoren rannte man immer noch hin und her, während ich mit den Vertrauten in meiner Zelle saß und unsere Opfer mit einem dem Anlaß angemessenen Abendessen feierte. Es war eine schöne Tafel mit einem großen Menü für acht Personen, zubereitet in einem der besten neapolitanischen Restaurants – eine Aufmerksamkeit eines Kameraden. Teure Sachen: Kaviar, Langusten, Loup de mer, Obst bester Qualität, Zuppa inglese, Champagner.

„Kameraden", schrie 'o Cartunaro, „wir sind die Herren, Kommandieren ist besser als Vögeln. Mein Schwanz steht die ganze Zeit", fügte er hinzu und rülpste laut. Auf sein donnerndes Rülpsen war er ganz besonders stolz. „Im Furzen und Rülpsen bin ich ganz groß", rief er lachend.

Mein Kommentar war, daß man nicht durch großartiges Fressen zum Herren wird, aber von mir aus sollten sie es ruhig glauben. Raffaele Catapano nagte mit seinen starken Zähnen an den Hummerscheren herum; wie immer hörte er zu, schweigend, düster und in sich versunken, mit zugekniffenen bösen Augen. 'O Cartunaro indessen lärmte weiter in seiner guten Laune.

„Jetzt bräuchte ich drei schöne Kerle", meinte er. „Ich wäre auch mit Vincenzino zufrieden." Der hübsche Bursche war erst vor wenigen Tagen wegen eines Diebstahls ins Gefängnis gekommen; eine Reihe von Männern stritten sich schon um ihn. Er war groß und hatte einen schönen, athletischen Körper, blaue Augen und dichte, dunkle Locken: ein Abbild des David von Michelangelo. Der gesamte Block hatte bereits ein Auge auf ihn geworfen, und in seinem Blick stand die Angst vor der erniedrigenden Vergewaltigung. Das ist wohl das Schlimmste, was einem Jungen im Gefängnis passieren kann. Mißbraucht zu werden, zeichnet einen für das ganze Leben, es hinterläßt eine Erinnerung, die einen wie ein Blitz durchfährt, auch wenn man sie schon überwunden zu haben glaubt.

Ich warnte 'o Cartunaro davor, Vincenzino anzurühren. Mit einem Augenzwinkern deutete er an, meine heimlichen Absichten zu kennen – weiter wagte er nicht zu gehen, um das Fest nicht kaputtzumachen. Ein falscher Satz, und die Messer würden fliegen.

Cartunaro ging selbst zu einem neuen Thema über. Wir sprachen über Geschäfte, über seinen Aufstieg zum Zonenboß von Secondigliano, über seinen Anteil an den Einkünften, über die Verteilung der Gewinne aus seinem Einflußbereich: Sie stammten im wesentlichen aus dem Drogenhandel, aus Erpressungen und dem Diebstahl von Lastzügen. Der Chef eines Gebiets dirigiert auch vom Zuchthaus aus, und zwar über seine

Vertrauensmänner draußen. Er hat Rechte und Pflichten. Er muß die Ordnung in seinem Bereich aufrechterhalten, das heißt, dem Gesetz der NCO Geltung verschaffen und die Ausbreitungsversuche gegnerischer Familien zurückschlagen. Für die Organisation sind die Aufgaben des Zonenbosses wichtig, ja entscheidend. Cartunaro schien mir fähig, sie zu erfüllen. Auch Barra war einverstanden. Die Ernennung wurde ausgesprochen und über unsere Kanäle verbreitet. Unser Organisationsplan wurde durch Salvatore De Maio vervollständigt, der Salvatore Serra, Cartuccia, ersetzte. Tore war der aufsteigende Stern im Gebiet Nocera, einem reichen Industriegebiet vor den Toren Neapels; die Tomatenfabriken dort waren eine wahre Goldgrube.

Eine gute Nachricht brachte der Abgeordnete Mirtello ins Zuchthaus. Er war gerade von Fossombrone zurückgekehrt, dem er einen seiner regelmäßigen Besuche als Abgeordneter abgestattet hatte. Unter demselben Vorwand suchte er mich in Poggioreale auf. Er hörte sich zunächst zerstreut die gewohnten Klagen der Direktoren und der Wärter an und kam dann zu mir in die Zelle. Er überbrachte die Botschaft, auf die ich schon einige Zeit gewartet hatte. Luciano Liggio, der mächtige Boß der Mafia, lasse mich herzlich grüßen und mich seiner Bewunderung versichern. Er sei der Ansicht, daß die NCO mit ausgezeichnetem Erfolg arbeite. Der Abgeordnete zwinkerte mir zu. „Ganz klar, daß die Sizilianer vor Don Raffaele Respekt haben“, war sein Kommentar. Friedensschluß also auch mit der Mafia. Lorenzo Nuvoletta und Michele Zaza hatten wir endgültig den Boden unter den Füßen weggezogen. Nun wollte ich doch sehen, wie sie Rauschgift und Zigaretten verteilten, ohne uns die gewünschten Abgaben zu zahlen.

Dann äußerte der Abgeordnete den Wunsch, daß wir uns doch etwas zurückhalten sollten, dreihundert Ermordete pro

Jahr seien doch ein wenig übertrieben. Die Öffentlichkeit sei entsetzt und fordere Maßnahmen, die Politiker stünden unter Druck.

„Verehrter Herr Abgeordneter", antwortete ich, „wir bringen uns ja nicht zum Vergnügen um. Auch wir müssen Ordnung in den eigenen Reihen halten. Wir dürfen keinerlei Pflichtverletzung und Schandtat durchgehen lassen, genau wie ihr. Bitte sagen Sie Ihren Kollegen mit Beziehungen zur Nuova Famiglia, daß sie dieselbe Aufforderung auch an Nuvoletta und Zaza richten sollen. Zu einem Waffenstillstand gehören zwei. Ich habe weiß Gott keine Freude daran, Todesurteile zu fällen. In der Öffentlichkeit sage ich zwar, daß ich Chrysanthemen den Orchideen vorziehe, aber das ist nicht ernst gemeint."

Der Abgeordnete nickte zustimmend und fügte hinzu, daß auch Liggio mir sagen lasse, Totenköpfe brächten kein Glück. „Eine Pause schadet nicht", beendete der Abgeordnete Mirtello das Thema. Er wollte sich über die Kandidatur eines Schützlings aus dem Wahlkreis Nola für den Senat mit mir unterhalten. Dazu müsse man einen anderen Kandidaten aus seiner Partei kippen, aber ich war mit ihm der Meinung, daß es sein Kandidat verdiene; er könne sicher auf meine dreißig- bis vierzigtausend Wähler zählen. Mirtello drückte mir die Hand und versicherte mir, ich solle mir keine Sorgen machen: die Democrazia Cristiana würde sich dankbar zeigen. Dann fiel ihm noch ein, daß der gute Staatsanwalt Cardongolo einen Rüffel bekommen hatte, er solle die Strafanträge nicht übertreiben und die Prozesse gutwilligen Richtern übertragen, die die psychiatrischen Gutachten großzügig interpretieren.

„Wir können die Gutachten optimal vorbereiten, aber die Richter müssen sie eben auch aufmerksam und richtig lesen ...", erwiderte ich.

Mirtello stimmte mir zu, daß die Richter übertrieben.

Man müsse eingreifen, und zwar bald. Mirtello war ein Politiker, der unsere Bedürfnisse immer verstanden hat. Er kam aus der guten Schule des Don Giacinto Galvo: alles Männer, die von der Camorra immer genommen, ihr aber auch gegeben haben. Ciccio Mirtello diskutiert nicht: er handelte, auch wenn er – im richtigen Augenblick – seine Forderungen anbrachte. Wir nannten ihn Ciccio 'o Portalettere, den Briefträger, wegen der Liebenswürdigkeit, mit der er die Kontakte zwischen unseren Leuten in den verschiedenen Gefängnissen aufrechterhielt. Er war noch zuverlässiger als ein Postbote. Bevor wir uns verabschiedeten, sprach ich ihn noch auf die Arbeiten an, die nach dem Erdbeben vergeben werden sollten. „Man sollte uns nicht übergehen, wir möchten an Don Antonio Sibilia und die anderen Freunde erinnern. In Salerno und seinem Hinterland müssen wir zum Zug kommen. Auch der Herr vom Banco di Napoli tut gut daran, seine Pflicht zu erfüllen. Die Kredite sollen richtig verteilt werden. Wir tun immer unsere Pflicht, so sollten es auch die anderen halten. Wie konnten sie es wagen, die zwei Milliarden Lire für Rosanova zu verweigern? Wenn sich die Presse sowieso schon aufregt, daß die Camorra bei der Beseitigung der Erdbebenschäden mitmischt, wäre es lächerlich, uns verschaukeln zu lassen."

Mirtello würde sich darum kümmern. Wegen der schwarz erstellten Bauten in Palmanova beruhigte ich ihn. Niemand würde den Auftrag zum Abreißen übernehmen. Es würde anders laufen als das letzte Mal; wer es wagen sollte, an der Ausschreibung teilzunehmen, würde keinen Schaden anrichten können – das wäre auch eine Warnung für alle, die uns herausfordern wollten. Ein Toter hat schließlich nicht bloß eine Funktion.

Ich gab eine letzte Empfehlung, wegen der Konzession für die Buslinie zwischen Salerno und dem Cilento. Und wegen des Auftrags für die Fleischlieferung in die Kaserne von Nola.

„Ihr wollt aber auch überall dabeisein", meinte der Abgeordnete augenzwinkernd. Er wollte gerade mit seinem ganzen Gefolge gehen, machte dann aber nochmals auf dem Absatz kehrt. Er hatte etwas vergessen: Er würde demnächst nach New York fahren, ich solle die amerikanischen Freunde doch bitten, ihn gut aufzunehmen. Auch ich mußte ihn noch an etwas erinnern: meine Verlegung. Er sollte das Ministerium etwas auf Trab bringen. Ich mußte so bald wie möglich zu den Kameraden nach Ascoli Piceno; das war im Moment der für meine Absichten geeignete Ort.

Auch Immacolata war damit einverstanden. Sie mußte zwar weit fahren, um mich zu besuchen, aber ich erklärte ihr, daß alles sehr viel angenehmer und bequemer wäre. Ich wollte auch dafür sorgen, daß ihr Bruder Giovanni verlegt würde. Immacolata war ein süßes Geschöpf, das ich wahrscheinlich gar nicht verdiente. Alles, was Frauen – angefangen bei meiner Schwester Rosetta – von mir hatten, waren Schmerzen und Leiden. Aber auch das gehört zu den Dingen, die ein Boß ertragen muß. Ich würde meiner Rolle und meinen Aufgaben weniger gerecht, wollte ich mich damit aufhalten, welche Auswirkungen mein Verhalten auf eine Frau hat: die Art meines Lebens, die Verpflichtungen, die sich aus meiner Stellung ergeben, das Ansehen, das meiner Person entgegengebracht wird – das ich honorieren muß, indem ich alles andere opfere. Macht verursacht zweifellos mehr Schmerz als Freude, aber ich kann einfach nicht anders. Eitelkeit und Machthunger stecken mir unausrottbar im Blut.

Wir belegten eine ganze Abteilung des Zuchthauses Ascoli Piceno, das die Idioten als Hochsicherheitszuchthaus betrachteten: sieben Zellen für je zwei Leute und fünf Einzelzellen, die auf einen weiten, hübschen Korridor gingen. Das genügte für meinen gesamten Hofstaat von Dienern und Verwaltern. Zwei nebeneinanderliegende Einzelzellen, die am meisten Sonne hatten, reservierte ich für mich und meinen damals engsten Mitarbeiter Giovanni Pandico, meinen Sekretär. Peppe Palillo war mein Diener und Leibwächter, Albert Bergamelli der Verwalter. Die Versorgung mit Essen und Getränken übernahm der Kaplan Pater Mariano Santini. Die Organisation arbeitete perfekt. Wir ließen uns hervorragende Menüs kommen. Der Unterhalt dieses ganzen Stabes im Zuchthaus kostete mich mehr als zehn Millionen Lire pro Monat. Es war, als residierte ich in meinem Schloß in Ottaviano, das ich in Wirklichkeit nie bewohnt habe.

Auch das Wetter paßte zu dem Komfort, in dem ich lebte. Es war Frühling, und von meinem Fenster sah ich auf eine Reihe von Linden, die in zartem, frischem Grün standen. In Poggioreale hatte ich nur triste, heruntergekommene Häuser um mich. Hier nun konnte ich den Blick aufs Land hinausschweifen lassen, Bilder und Eindrücke aus der Kindheit wiederfinden. Es erhält am Leben, wenn man Zeit hat nachzudenken.

Cosimo Giordano, der Direktor des Zuchthauses, war immer äußerst verständnisvoll und human. Man hat ihn angeklagt, weil er mir zuviel Entgegenkommen gezeigt, mir zuviel Bewegungsfreiheit im Zuchthaus zugestanden habe. Man hat sich aber nie gefragt, ob er mich deswegen so schamlos begünstigt hat, weil er Anordnungen von oben gehorchte, von Personen, die ihrerseits einen Wink bekommen hatten, daß ich mit äußerster Rücksicht zu behandeln sei. Meine Zelle war ein Salon, den Bedürfnissen eines Bosses angemessen, der für das Schicksal von Tausenden verantwortlich ist. Konnte man Raffaele Cutolo zumuten, in einer der üblichen düsteren Zellen zu leben, in den gestreiften Sachen herumzulaufen und auf den

Morgenrock aus reiner, weicher Seide zu verzichten? Konnte man dem unumstrittenen Paten der Campania einen Farbfernseher vorenthalten, einen Kühlschrank, damit der Champagner immer die rechte Temperatur hatte, eine Bücherei, Teppichboden? Seien wir doch realistisch! Der Direktor jedenfalls war es. Es gab nur eine einzige Beschränkung, besser gesagt, eine Bitte: Um mit Immacolata oder anderen Frauen zu schlafen, möge ich doch freundlicherweise woanders hingehen. Außerhalb des Hochsicherheitstraktes, im Untersuchungsgefängnis, stand mir eine gemütliche, abgeschiedene Zelle zur Verfügung, weitab von indiskreten Blicken.

Immacolata fand sie wunderschön und sehr elegant. Eine echte Junggesellenwohnung, meinte sie in ihrer ungekünstelten, sanften, sinnlichen Art. Die Faszination, die sie ausstrahlte, kam aus einer gewissen widerstrebenden Scheu; diese Zurückhaltung löste sich allerdings in aggressive, heiße Begierde auf, sobald sie nackt und hingebungsvoll auf dem Bett lag. Sie räkelte sich mit langsamen, aufreizenden Bewegungen, hob ihre weichen, vollen, rosigen Brüste, bewegte ihre langen, wohlgeformten Beine; der schwarze, spitzenbesetzte Slip sah aus, als verberge er einen Becher mit reinem, süßem Honig, den noch keine unzüchtige, heiße Zunge gekostet hat. Wenn ich sie fest an mich preßte, sie an ihren dunklen, langen Haaren festhielt und ihr intensiv in die großen Augen sah, durchliefen sie süße Schauer, und sie schloß ihre Arme fest um mich. Ihre Blicke sagten mehr, als alle Worte in jenen berauschenden, ekstatischen Augenblicken hätten ausdrücken können, wenn sich dieses natürliche, wehrlose Geschöpf in die sinnlichste aller Frauen verwandelte, mit einem Temperament, das mich in einen Wirbelsturm der Liebe hineinriß.

Im Frühjahr 1981 ging es der NCO hervorragend. Das Leben im Gefängnis verlief glatt und ruhig. Die Herrschaft meines Clans war allgemein akzeptiert, freiwillig oder notgedrungen gehorchten Direktoren, Wachen, Bedienstete. Don Mariano Santini versah seinen Dienst für uns auch draußen, machte kleine Besorgungen, von der Zahnpasta und dem Kölnisch Wasser bis zum unzensierten Telegramm. Ein heiliger Mann, der unsere menschlichen Bedürfnisse und die Nöte unserer Seelen genau kannte. Mit den anderen Gefangenen gab es keine Probleme, und wenn doch, waren wir bereit, sie zu lösen.

Giovanni Pandico erwies sich immer mehr als hervorragender Sekretär. Er tippte nach meinem Diktat, hielt die Korrespondenz in Ordnung und archivierte die berühmten Dokumente, die ich in drei Exemplaren an drei sicheren Orten verwahre. Ich bewegte mich frei; ich nahm zwar Rücksicht, war aber keinen Beschränkungen oder Behinderungen unterworfen. Ich hielt mich oft im Büro des Direktors auf, wechselte ein paar Worte mit ihm und trank einen Portwein. Vormittags diktierte ich Briefe und überwachte die Verwaltung des Clans, dann empfing ich Besucher und traf mich mit meinen Stellvertretern zu wichtigen Entscheidungen. Der Tagesablauf eines Managers, geordnet, präzise, arbeitsreich. Wer glaubt, daß ein Mann wie ich im Gefängnis ein erholsames Leben führen kann, irrt; ich mußte mich um alles kümmern, Pläne entwickeln, neue Initiativen starten, den Mitarbeitern ihre Aufgaben zuweisen. Außerordentliche Umstände zwangen mich manchmal, den Direktor diskret davon in Kenntnis zu setzen, daß ich dringende Aufgaben außerhalb des Zuchthauses erledigen müsse.

Die Nachricht von dem Attentat auf mein Haus in Ottaviano – die Nuova Famiglia hatte einen Ritmo mit Dynamit gefüllt und in die Luft gejagt – erreichte mich unmittelbar danach über das Telefon. Ich machte mir große Sorgen wegen meiner Mutter, der alten, kranken Frau, wegen Rosetta und meiner Nichte Carolina und all den anderen Familienangehörigen, zum größten Teil Frauen und Kinder. Die verdammten Kerle würden dafür bezahlen müssen, daß sie das Leben so vieler Unschuldiger, Schutzloser aufs Spiel gesetzt hatten. Ich verließ das Zuchthaus in Ascoli Piceno und erreichte Ottaviano mit dem Auto in der Nacht. Die Freunde Casillo und Iacolare kamen mir entgegen. „Keine Sorge", beruhigten sie mich. „Es geht allen gut. Nur ein Teil des Hauses ist zerstört." Sie informierten mich darüber, daß die Nuova Famiglia dabei war, sich zu organisieren und bewaffnete Kommandos aufzustellen, die jederzeit bereit waren, Racheakte gegen die NCO zu verüben.

„Sie haben zu spät gemerkt", sagte ich, „daß wir stark sind, daß wir uns etabliert haben. Wir müssen sofort reagieren und ein Dutzend von ihnen liquidieren, rücksichtslos. Ich will die Namen der Lumpen wissen, die es wagen, Cutolo in seinem Hause herauszufordern. Ich werde sie wie räudige Hunde totschlagen", schloß ich voller Wut. In meinen Augen stand unbezähmbarer Haß, eine Welle rasender Wut flutete vom Herzen zum Kopf. 'O Nirone hatte mich noch nie so aggressiv und entschlossen gesehen. Er und Corrado Iacolare sahen sich hin und wieder ängstlich an, sie fürchteten eine ganz unberechenbare Reaktion.

Meine Mutter begrüßte mich bekümmert wie immer. „Mein Sohn", sagte sie, „sie wollten uns alle umbringen."

Sie hatten sich im Haus meines Bruders Pasquale versammelt. Bei Rosetta genügte ein kurzer Blick, um sich zu verständigen. Sie ist mutig und tatkräftig wie ich. Mein Sohn Roberto umarmte mich fest. Ich beruhigte alle; sie sollten sich keine Sorgen machen. Das Haus würde nun von treuen Wachposten geschützt. Allerdings müsse man die Augen offenhalten. Ich würde die Jagd auf die Verbrecher organisieren. Auch wenn ich im Zuchthaus sei, könnte ich sie in wenigen

Tagen aufstöbern lassen. 'O Nirone sah mich an. Ihm war bereits klar, daß wir Neapel und die ganze Provinz mit allen unseren Leuten lückenlos durchkämmen würden. Auf Denunziationen würden wir nicht lange warten müssen. Das Massaker unter der Nuova Famiglia begann.

Als ich von unserem reinen, starken Wein aus dem eigenen Keller trank, überfiel mich unerwartet Heimweh. Ich dachte an längst vergangene Tage, an meine Mutter, wie sie das Essen machte, an den Duft der einfachen, armseligen Mahlzeiten, an die lieben Menschen ringsum. Wohlbefinden und Heiterkeit breiteten sich in mir aus, ein Gefühl, das in scharfem Widerspruch stand zu dem Grund, der mich nach Ottaviano geführt hatte. Verführerisch war der Gedanke, nicht zurückzukehren, das Wort zu brechen, das ich dem Direktor gegeben hatte, die Regeln zu mißachten, die ein Boß respektieren muß, auch wenn es Opfer und Leid bedeutet.

Ich steckte noch immer tief in meiner Melancholie, als ich wieder in Ascoli war. Eine diffuse, lähmende Gefühllosigkeit beherrschte mich. Nicht ein einziges Wort hatte ich für Peppino Palillo und die anderen. Ich wollte nicht einmal die Korrespondenz lesen, die Pandico mir vorlegte. Ich war müde und deprimiert. Eine Prise Kokain, und ich hätte mich wieder gut gefühlt, berauscht von meiner Macht als Boß, von den Schmeicheleien, der Verehrung. Aber irgendwie war mir dieser Zustand angenehm, mich anders zu fühlen, schwächer, menschlicher, nachgiebiger. Ich vermied sogar, von meinen Racheabsichten zu sprechen, von der tödlichen Maschine, die ich ja schon in Gang gesetzt hatte und die weiteres Blutvergießen verursachen würde.

Nicht ein einziges Wort, ich hatte mich in die Einsamkeit meines Schneckenhauses zurückgezogen. Was für ein Cutolo – ganz anders als sonst, überwältigt von Gefühlen und Depressionen, mitten unter meinen Leuten, die taub waren und unfähig, meinen Gemütszustand wahrzunehmen, meinen kaum unterdrückbaren Kummer. Auch der eingebildete Pandico gehörte zu ihnen. Vielleicht konnte er wirklich Latein, wie er behauptete, er konnte sehr gut schreiben, aber er war völlig unfähig, im Herzen eines Menschen zu lesen. Ein teuflischer, hinterlistiger Paranoiker, den der Größenwahn erfaßt hatte. Leider war ich gezwungen, mich ihm anzuvertrauen, aber für mich war er nur ein Schreiber, der mein Archiv in Ordnung halten sollte. Nie würde er von den drei Verstecken erfahren, in denen ich meine Dokumente gut verwahrt hatte: Dokumente, die ich der Öffentlichkeit präsentieren werde, sollte ich einmal zur großen Abrechnung gezwungen sein.

NEUNTES KAPITEL

DIE HINTERGRÜNDE DER ENTFÜHRUNG CIRILLOS

Der 27. April 1981 war ein herrlicher Tag. Das Radio brachte eine interessante Nachricht. In Torre del Greco war der christdemokratische Regionalminister Ciro Cirillo entführt worden. Es hatte auch zwei Tote gegeben. Man schrieb die Entführung den Roten Brigaden zu. Am nächsten Morgen diskutierte ich mit Pandico darüber. „Da haben sie ein schönes Schwein erwischt", sagte ich. „Und wenn sie ihr Handwerk verstehen, werden sie dreißig Jahre Amtsmißbrauch, Räubereien und Filz entdecken. Mein Junge, da sind wir Waisenkinder dagegen! Cirillo war das ausführende Organ der Bande, sozusagen die schwarze Seele. Sie müssen ihn zwingen auszupacken, zu sagen, was er über die öffentlichen Aufträge weiß, über die Konzessionen, die Machenschaften der Cassa del Mezzogiorno und die Bankkredite. Ich würde ihn am liebsten selbst verhören, ihn mir hier in die Zelle bringen lassen und sein Geständnis Wort für Wort aufzeichnen."

Pandico meinte, daß die Brigadisten ja auch nicht dumm seien. Sie würden die Verhältnisse kennen und das, was hinter der politischen Bühne passiert. Ich ging zur Direktion des Gefängnisses hinüber, um die Entführung mit Dr. Giordano zu erörtern. Auch mit Pater Mariano sprach ich darüber. „Pater, sie haben einen Hurensohn erwischt." Der Kaplan nickte, verschlagen grinsend, und legte seine Hand auf das goldene Kreuz, das ich ihm zum Namenstag geschenkt hatte.

Ein paar Tage später kam Enzo Casillo. Wir aßen in meiner Zelle, um unter vier Augen sprechen zu können. Peppe Palillo, meinen Diener, hatte ich an die frische Luft geschickt. Wir sprachen über wichtige Dinge, die geheim bleiben mußten. 'O Nirone hatte mit Michele Zaza verhandelt; das war ein guter Augenblick, einen Waffenstillstand zwischen der NCO und der Nuova Famiglia zu schließen. Ich empfahl 'o Nirone, vorsichtig zu sein; 'o Pazzo sei ein gerissener Gauner.

'O Nirone und die anderen Freunde machten sich Sorgen. In der Campania, vor allem in Neapel und seiner unmittelbaren Umgebung, hatten wir Probleme. „Wir können uns nur unter großen Schwierigkeiten bewegen“, meinte Enzo Casillo. „Sie kontrollieren ständig, errichten Hunderte von Straßensperren. Sie wollen Cirillo um jeden Preis finden, und zwar schnell. Nicht weil sie ihn retten möchten. Sie haben Angst, daß er redet. Die Gava und der ganze Parteivorstand der Democrazia Cristiana in Neapel zittern. In Torre del Greco geben sich Minister und wichtige Personen die Türklinke in die Hand. Sie tun so, als wollten sie die Angehörigen trösten.“

Heimliche Freude und Genugtuung hatten sich in Torre del Greco verbreitet, dort, wo Cirillo sich mit all den Prominenten wie ein orientalischer Potentat aufführte. Vom einfachen Angestellten der Handelskammer war er in wenigen Jahren zum Liremilliardär geworden, besaß einen *palazzo* in Torre, eine Villa in Capri, eine Jacht, hatte Geld im Ausland angelegt und machte monatelang Urlaub auf Hawaii.

„Mit der Politik kann man alles erreichen“, erregte sich 'o Nirone. Er meinte, man müsse Alfonso Rosanova die Ohren langziehen. Seit er Zonenboß von Castellammare geworden war, verletzte er seine Pflichten. „Er ist ein Halsabschneider“, war der Kommentar ’o Nirones, „wenn er Geld sieht, ist es aus bei ihm.“

„Wenn ich in Neapel bin, beim Prozeß“, antwortete ich, „lasse ich ihn zu mir in den Gerichtssaal kommen.“ Auch Cozzolino begann Fehler zu machen. Bei seiner Rückkehr aus Peru war ihm angeblich eine Partie Rauschgift abhanden gekommen. Bevor ich ihn bestrafte, wollte ich wissen, wie die Sache wirklich gelaufen war. Danach würde ich mich persönlich um ihn kümmern.

Bei ’o Nirone ließ ich meine Wut darüber aus, daß der stellvertretende Direktor von Poggioreale, Salvia, umgebracht worden war. Dieser Idiot von Salvatore Imperatrice war wirklich wahnsinnig. Mit vierundzwanzig Jahren hatte er schon an die zehn Morde auf dem Konto. Er übertrieb. Auch ’o Nirone räumte das ein. „Rafè, viele von diesen Kerlen klinken völlig aus. In den Spanischen Vierteln von Neapel erpressen fünfzehn-, sechzehnjährige Jungen in deinem Namen Schutzgelder. Sie gehen in Tabakläden und Metzgereien und verlangen fünfzigtausend Lire. ‚Uns schickt Don Raffaele‘, sagen sie. Eine sichere Sache. Wer nicht zahlt, dem schlagen sie die Schaufenster ein, zerstechen die Reifen seines Autos oder benutzen auch die Pistole. Imperatrice fühlt sich als Boß und verfügt schon über eine eigene kleine Bande.“ Ich erklärte ihm, daß eine expandierende Bewegung wie der Cutolismus eben auch schwer kontrollierbare Begleiterscheinungen mit sich bringe. Giovanni Pandico steuerte einen lateinischen Spruch bei, um zu bekräftigen, daß das nun mal so sei. Auch Idioten verwenden heutzutage die Sprache Ciceros.

Aus den Zeitungen und den Fernsehnachrichten konnte ich ein vollständiges Bild davon gewinnen, was in der Campania geschah. Polizei und Carabinieri schienen verrückt geworden zu sein. Fieberhaft wurden die Entführer Ciro Cirillos gejagt.

Giarrone rief mich aus Castellammare an. Er hätte nicht nach Ascoli Piceno kommen können, weil es ihm nicht gelungen sei, durch das Netz der Kontrollen zu schlüpfen.

Cirillo mußte sich noch in der Campania befinden, die Entführer konnten nicht weit gekommen sein. Die Festnahmen waren nicht mehr zu zählen. Ich dachte besorgt an den Schaden, den die Entführung der NCO zufügen würde. Schöne Scherereien wegen einem Mann, dessen Leben mir keinen Pfennig wert war. Ich erinnerte mich an einen Skandal vor wenigen Jahren in Torre del Greco; die gesamte lokale Prominenz stand damals wochenlang wegen einer häßlichen Affäre unter Verdacht. Ich hätte diesen Skandal auf meine Weise bereinigt, mit dem Gesetz Cutolos. Die Honoratioren von Torre hatten ein armes sechzehnjähriges Mädchen untereinander weitergereicht, dem sie eine Arbeitsstelle versprochen hatten. Eine feine Erpressung, wie üblich: Tausende junger Leute werden dazu gezwungen.

Pandico legte mir die Liste der Leute vor, die um Geld gebeten hatten. Mit einem violetten Stift schrieb ich Ja oder Nein daneben. Mein großes Vorbild Don Vittorino Nappi, 'o Studente, hatte seinerzeit im Zentrum von Scafati ein Büro aufgemacht, um die Bittsteller zu empfangen. Wenn ich einmal frei bin, werde ich dasselbe tun. Die Leute in Ottaviano werden reich werden, weil so viele Besucher kommen. Zu Tausenden werden sie in mein Schloß gerannt kommen, Reiche wie Arme, jeder mit seinen eigenen Nöten. Ich werde alle anhören müssen. Wie ermüdend das sein wird, von morgens bis abends zu sprechen. Natürlich werde ich mir intelligente und gut geschulte Mitarbeiter suchen. Sie werden als Filter zwischen mir und der Masse dienen. Auch ein Mussolini konnte nicht alle anhören.

Ich ertappte mich dabei, über meine Zukunft als freier Mann zu phantasieren. Auch in meiner Position kann niemand im Zuchthaus leben ohne die Hoffnung, einmal wieder hinauszukommen. Ein Mensch, solange er Mensch ist, kann sich mit dem Eingesperrtsein nicht abfinden. Er kann nicht resignieren. Er muß sich auf seine Rückkehr unter die Menschheit freuen, auf sein Haus, auf Eltern und Freunde. Machen sich diejenigen, die von Cutolo profitieren, überhaupt klar, welchen Preis ich dafür bezahle, die Leiden und Opfer eines solchen Lebens, auch wenn ich Privilegien und Protektion genieße?

'O Nirone kam frühmorgens in meine Zelle, allein.

„Was ist passiert?" fragte ich neugierig. Es war noch nie vorgekommen, daß Nirone so früh aus dem Bett fand. Er war ein Playboy und ging erst im Morgengrauen ins Bett, nachdem er alle eleganten Nachtclubs durchgemacht hatte, und er ließ sich gewöhnlich nicht vor Mittag sehen.

Mit seinem jungenhaften Lachen zeigte er mir einen Ausweis und sagte: „Rafè, ich bin Oberst geworden!" Dann erklärte er näher: Im Büro des Direktors erwarteten mich zwei echte Geheimdienstoffiziere sowie Giuliano Granata, der christdemokratische Bürgermeister von Giugliano, ein alter Freund, und Corrado Iacolare, mein anderer Vertrauter und Stellvertreter. Sie baten mich um Unterstützung, Cirillo wieder freizubekommen. Eine seltsame, freilich schon fast wieder komische Situation. Ich sollte einen Mann retten, den ich verachtete.

Die Unterhaltung wurde sofort sehr konkret. Zunächst sprach der Bürgermeister Granata. „Meine Partei bittet dich um deine Hilfe. Ciro Cirillo muß gerettet werden, er ist Familienvater und ein guter Mensch."

„Kommt mir doch nicht damit", antwortete ich. „Reden wir Klartext. Ihr wollt den Minister retten, weil ihr Angst habt, daß er plaudert, und ich verstehe euch. Aber ich muß erst darüber nachdenken und überlegen. Und dann – entschuldigen Sie, Herr Bürgermeister – möchte ich, daß die großen Tiere eurer Partei hierherkommen und mit mir sprechen. Ich bin Raffaele

Cutolo, und mir reicht, bei allem Respekt, der Bürgermeister von Giugliano nicht. Gebt das weiter, dann sehen wir uns wieder.“ Die zwei Geheimdienstoffiziere erklärten, daß sie mir die notwendigen Verbindungen schaffen würden, um mit den Roten Brigaden in Kontakt treten zu können. Sie behandelten mich übertrieben freundlich, als würden wir uns schon lange kennen. Ich fühlte Ärger in mir aufsteigen, den ich noch rechtzeitig unterdrücken konnte. Enzo Casillo und Corrado Iacolare bemerkten es und warfen mir einen verständnisvollen Blick zu.

Danach trafen wir uns noch einige Male, und meine Gesprächspartner wurden immer hektischer. Doch schon beim zweiten Mal machten sie mich wütend. Der Bürgermeister von Giugliano kam mit den Geheimdienstoffizieren wieder und meinte, seine Parteioberen seien mit Regierungsaufgaben in Rom beschäftigt und könnten nicht kommen. Er habe jedoch Vollmacht, jegliche Verpflichtung mir gegenüber einzugehen.

Ich wurde laut: „Aber wer zum Teufel gibt mir Garantien? Ich kenne die Politiker. Ich weiß, daß sie mir einen Tritt geben, wenn die Sache erledigt ist - auch wenn ich überzeugende Mittel besitze, um einem Vertrag Respekt zu verschaffen. Ich will einen wichtigen Mann hier sehen. Raffaele Cutolo verhandelt nur mit seinesgleichen.“

Bürgermeister Granata, im blauen Anzug, plump und feist, mit dichten Augenbrauen und schlauen, schwarzen, unterwürfig blickenden Augen, nickte zustimmend. Ich hätte ja recht; eine wichtige Persönlichkeit würde das nächste Mal kommen, aber ich solle doch um Himmels willen etwas tun. Das Leben Cirillos sei in Gefahr. Er gab es zwar nicht zu, doch seine Angst machte deutlich: Die gesamte Democrazia Cristiana Neapels drohte aufzufliegen.

Die beiden Agenten, die meinen Konflikt mit Granata

ignorierten, wollten wissen, ob ich ihnen Namen von Brigadisten nennen könnte, sie würden sie sofort nach Ascoli Piceno verlegen, so daß sie mir als Verbindungsleute zu den Entführern dienen könnten. „Bosso und Notarnicola", antwortete ich.

Man sagte mir fest zu, daß die beiden hierher kommen sollten. Ich dachte nach und kam zu dem Schluß, daß es nach Berücksichtigung aller Gesichtspunkte einen Fortschritt ohnegleichen bedeuten würde, wenn ich mich in diese Riesenaffäre einschalten könnte und die Verhandlungen leitete. Die Politiker waren nach Canossa gekommen. Ich hatte alle Trümpfe in der Hand, große und vielfältige Vorteile waren zu erwarten.

Als wir wieder allein waren, meinte Enzo Casillo, daß dies eine ganz dicke, für uns alle und für die NCO lukrative Sache sei. In Rom hätten wir bereits Kontakte auf höchster Ebene. Ein gewisser Dr. Pazienza sei im Spiel, einer der ganz Großen im Geheimdienst, der enge Verbindungen zu dem Abgeordneten Flaminio Piccoli hätte, dem Parteisekretär der Christdemokraten. „Wir können über ein paar Milliarden Lire und Mittel aller Art verfügen", sagte Casillo. „Geld spielt keine Rolle. Piccoli und Gava wollen Cirillo um jeden Preis wiederhaben, und zwar lebend und bald. Sie haben eine Riesenangst vor dem, was er den Brigadisten erzählen könnte. Die Geheimnisse vieler Jahre sind in Gefahr."

Was Piccoli abends in der Tagesschau von sich gab, war allerdings ein starkes Stück, eine unglaubliche Unverschämtheit. Vor dem Haus Cirillos gab er, Antonio Gava stand neben ihm, mit einer Trauermiene wie ein geschlagener Hund eine Erklärung ab, die mich auffahren ließ. Er versicherte, daß die Democrazia Cristiana niemals verhandeln würde, daß sie niemals irgendwelche Vereinbarungen mit den Roten Brigaden treffen würde. Man bliebe ebenso unnachgiebig wie seinerzeit im Fall Aldo Moro.

Welche Schamlosigkeit, Verlogenheit, Heuchelei. Während Piccoli Cutolo und die Camorra anflehte, einzugreifen und Verhandlungen anzubahnen, leugnete er in der Öffentlichkeit jegliche Kontakte. Ein solcher Mann, überlegte ich, ist ohne weiteres imstande, sämtliche Versprechen wieder zurückzunehmen. Ich würde Casillo und Iacolare empfehlen müssen, Vorsichtsmaßnahmen zu treffen, Dokumente aufzubewahren, Unterlagen zu sammeln, Beweise für die ganze Affäre in der Hand zu behalten. Ich würde ihnen auch raten, sich insgeheim mit den Leuten fotografieren zu lassen, mit denen sie sich trafen. Cutolo läßt sich nicht an der Nase herumführen.

Einige Tage später fand ich im Büro des Zuchthausdirektors erneut die gewohnte Gruppe von Bittstellern vor, mit einer einzigen Ausnahme. Im Sessel saß der Abgeordnete Silvio Gava. Zorn überkam mich. „Meine Herrschaften, Raffaele Cutolo verhandelt doch nicht mit Rentnern!“ Ich machte kehrt und wollte in meine Zelle zurückgehen. Casillo und einer der Agenten hielten mich fest: „Du kannst nicht so reagieren. Du wirst sehen, die anderen kommen auch noch, die Parteibonzen.“ 'O Nirone zeigte mir ein Papier, das Piccoli mir schickte. Ich wandte ein, daß die Botschaft auch gefälscht sein könnte, doch Casillo erwiderte, Francesco Pazienza habe sie ihm gesandt, der Vertrauensmann des Parteisekretärs Piccoli. Der alte Gava sei gekommen, um meine Bedingungen zu hören. Er sei ein Mann, der weiß, mit wem er es zu tun hat. Er sei in Castellammare als Politiker groß geworden, wo die Camorra die Situation immer in der Hand hatte. Er kenne also die Spielregeln.

Ich ging wieder ins Direktionsbüro zurück. Der alte Löwe des Gava-Clans stand mühsam auf, kam mir entgegen und drückte mir die Hand.

„Das geht nicht gegen Euch“, sagte ich verlegen. „Aber Eure Freunde sollten einen alten Mann nicht in eine solch peinliche Situation bringen. Sie hätten sich persönlich engagieren müssen, wie Männer. Wer Cutolos Hand verlangt, muß den Mut haben sie zu fassen, ohne sich zu verstecken."

Gava, seinerseits beschämt, schüttelte sein imposantes Löwenhaupt und murmelte, daß man sich auf die Alten manchmal mehr verlassen könne als auf die Jungen. Im Empfangszimmer wurde die Unterredung fortgesetzt. Als Gegenleistung für die Befreiung Cirillos verlangte ich, daß die Strafen für mich und für andere reduziert und wir in Gefängnisse verlegt werden sollten, die wir für die sichersten hielten. Für Raffaele Cutolo sollte es noch ein Sonderprivileg geben: die Anerkennung seiner geistigen Unzurechnungsfähigkeit. Sobald man sich geeinigt habe, also sofort, sollten Carabinieri und Polizei in der Campania ihren Griff lockern. Meine Leute müßten problemlos weiterarbeiten können. Der alte Gava nickte. Er machte nicht den Anschein, als würde er meine Forderungen als unverschämt betrachten. Casillo und Iacolare sahen mich zufrieden an, sie waren stolz darauf, wie ich die Bedingungen diktierte. Einen Boß erkennt man vor allem bei solchen Gelegenheiten, bei Verhandlungen auf hoher Ebene. Die Geheimdienstoffiziere schienen nicht das geringste Interesse an den Details unserer Abmachungen zu haben. Sie fügten lediglich hinzu, daß Bosso und Notarnicola noch am selben Abend aus dem Zuchthaus Palmi hierher kommen würden. Direktor Giordano bestätigte das. Ich sagte den Anwesenden, daß ich innerhalb von vierundzwanzig Stunden grünes Licht für meinen Plan bekommen müßte; also Genehmigung und konkrete Sicherheiten dafür, daß die Versprechungen eingehalten würden. Keine Scherze; Cutolo lasse Pflichtverletzungen nicht zu. Wer Fehler mache, würde bitter dafür bezahlen.

Ein Händedruck, und die Gruppe mit dem alten Senator ging zufrieden weg. Ich befahl Pandico, mit größter Gewissenhaftigkeit ein Protokoll des Gesprächs anzufertigen. Nichts durfte ich dem Gedächtnis überlassen. Diese Begegnungen mußte man bis in die kleinsten Einzelheiten aufzeichnen. Pandico war über meine Forderungen begeistert. „Hervorragend für uns“, rief zufrieden Pasquale D'Amico, der an die Strafminderung dachte. Insgeheim waren wir alle stolz, daß uns wichtige Persönlichkeiten aufgefordert hatten, einen Fall von nationaler Bedeutung zu lösen. Wir spürten, wie wichtig dieser erste echte Kontakt mit der großen Politik war. Eine goldene Gelegenheit, die nur ein Meister wahrnehmen konnte; nur ein *capo* konnte die Fäden spinnen. Ich befahl größte Vorsicht. Wer uns verriete, absichtlich oder unabsichtlich, müßte mit der schlimmsten Strafe rechnen: Ihm würde fein säuberlich der Kopf abgeschnitten.

Mit Sante Notarnicola und Luigi Bosso konnte ich mich gleich verständigen. Sie waren in der Lage, mit anderen Rotbrigadisten sofort in Kontakt zu treten. Es seien jedoch noch ein paar Tage nötig, um an die richtigen Personen heranzukommen, die das Terrain kannten und sondieren konnten.

Aus Rom informierte mich Casillo telefonisch, daß man meine Forderungen akzeptiert habe. Ich konnte also in aller Ruhe arbeiten. Man operierte auf hoher Ebene, und es war garantiert, daß alles sauber zuging. Vom Direktor bis zu den Wachen unterstützte man mit Erstaunen und Bewunderung mein rasches und energisches Handeln. Die Vorstellung, daß sich die Staatsmacht von Rom nach Ascoli Piceno hatte bequemen müssen, um Raffaele Cutolo um Mithilfe zu bitten, hatte ihre Bewunderung für mich vergrößert, auch wenn sie im Innersten, als Diener der Macht, wahrscheinlich empört waren. Aber die Anordnungen kamen von ganz oben, vom Justizministerium, von den höchsten Ebenen der Verwaltung, und sie durften sie nicht in Frage stellen. In diesen Tagen hätte ich die verrücktesten Forderungen stellen können, zum Beispiel alle ehemaligen Führer der Roten Brigaden, von Curcio bis Moretti, in der Nachbarzelle zu versammeln.

Enzo Casillo brachte mir unter strenger Geheimhaltung eine gute Nachricht. In Rom traf er sich ständig mit Pazienza und einem christdemokratischen Minister aus Neapel, der ebenfalls an der Befreiung Cirillos interessiert war.

„Sie stehen Qualen aus", meinte Enzo. „Sie schweben offenbar in großer Gefahr, und wir können, wenn die Operation gelingt, entsprechende Gegenleistungen verlangen. Sie haben mich auch wissen lassen, daß es keinerlei Probleme mit einem Lösegeld gibt."

'O Nirone bewegte sich elegant und unbefangen, von Ministern und Abgeordneten sprach er wie von kleinen Beamten. Er war groß und athletisch gebaut und hatte die Manieren eines Herrn. Ich stellte mir vor, wie er in noblen Hotels und Restaurants der Hauptstadt Verhandlungen führte, und spürte Ärger und Neid in mir aufsteigen. Ich hatte Enzo groß gemacht, und nun vertrat er den Boß, verhandelte und stellte Forderungen in seinem Namen. Er war der anerkannte zweite Mann, wurde bewundert und respektiert. Da war meine Eifersucht durchaus verständlich, die mich, ich verschweige es nicht, quälte. „Francesco Pazienza", begann 'o Nirone und riß mich damit aus den kleinlichen Gedanken, die mich plötzlich überfallen hatten, „Francesco Pazienza kann uns überaus nützlich sein. Er kennt Leute, die zählen; er schiebt Milliarden zwischen Italien, den USA und dem Vatikan hin und her. Er will dich sehr bald treffen. Er hat versprochen, sobald wir wollen, Kontakte mit Leuten von der Cosa Nostra herzustellen, die noch wichtiger sind als François. Er geht mit den Ministern regelmäßig zum Essen. Er kennt sich hervorragend aus. Rafè, das ist unser Mann!"

„Enzo, bleib auf dem Teppich", unterbrach ich ihn. „Ich möchte Fakten haben."

Ich war nun voll damit beschäftigt, die Befreiung Cirillos voranzutreiben. Sante Notarnicola hatte bereits erfahren, daß man den Minister in der Nähe von Neapel gefangenhielt. Ich vernachlässigte meine Korrespondenz und die anderen Geschäfte, die Briefe stapelten sich in meiner Zelle; Pandico bat mich immer dringender, sie doch zu unterschreiben.

Sante hielt mich über die Entwicklungen auf dem laufenden. Zwanzig Tage nach der Entführung kannte ich die Namen der Wächter Ciro Cirillos: Pasquale Aprea und Rosario Perna. Verhört wurde er von Giovanni Senzani. Schließlich wurden wir informiert, daß die Roten Brigaden zu Verhandlungen bereit seien. Für die Freilassung Cirillos forderten sie fünf Milliarden Lire und eine Liste der Richter und Staatsanwälte Neapels samt deren Adressen.

Die Gönner des Ministers fanden die geforderte Summe in keiner Weise übertrieben, und um die Entführer noch tiefer in die Verhandlung hineinzuziehen, legte ich noch ein Bonbon drauf: Die NCO bot an, Attentate auf die von den Roten Brigaden gewünschten Richter und Staatsanwälte zu verüben. Man konnte sich in allen Einzelheiten einigen, und jetzt brauchten die Leute, die den Fall Cirillo „bearbeiteten", nur noch ausreichend Zeit, um die fünf Milliarden zusammenzubekommen.

Sante Notarnicola sollte mir dann Datum und Ort für die Übergabe des Lösegeldes nennen. Die DC hatte Angst. Im Fernsehen behaupteten Gava, Piccoli und ihre Spießgesellen weiterhin, daß die Partei hart bleiben würde. Wie in vielen anderen Fällen konnte ich wieder einmal feststellen, wie schamlos die wohlanständigen Leute das Blaue vom Himmel lügen. Vor Millionen ehrbarer Bürger sagten sie mit vollem

Wissen die Unwahrheit. Als zentrale Figur in dieser Affäre, als Drahtzieher, der mit beiden Parteien in Kontakt stand, hatte ich die schlagenden Beweise für ihre Lügen in der Hand.

„Wenn sie die Abmachungen nicht einhalten, mache ich sie kalt“, sagte ich nochmals zu Peppe Palillo, der in einer Ecke saß und mich betrachtete, ohne meinen Gedanken zu folgen. Es war schon Abend, und Pasquale 'o Cartunaro tauchte auf, um mich zum Essen einzuladen. Sie hatten ein Ragout nach neapolitanischer Art gemacht, mit Tomaten und Kartoffeln. „Ein herrliches Düftchen“, meinte Pasquale glücklich, dieser dumme Aufschneider, der stolz war, daß er in die Führung der NCO aufgestiegen war. Ich lehnte die Einladung höflich ab. Ich esse meistens sehr wenig, ich bin genügsam und anspruchslos, „ein Fräulein bei Tisch“, wie meine Mutter sagte. Und wenn ich mich mit einem wichtigen Plan auseinandersetze, lebe ich von Luft und Begeisterung.

An solchen Abenden habe ich nur den Wunsch, nachzudenken und zu schreiben. Unter Umständen wie diesen ist die Poesie ein Allheilmittel, ein Trost. Gedichte zu schreiben führt von den Problemen weg, man entflieht dem Alltag. Ich war völlig erschöpft von den Verhandlungen. Ich war soweit, daß ich die Roten Brigaden moralisch verurteilte: Auch sie hatten sich vom Geld verführen lassen. Damit verschwand die romantische Aura, mit der ich ihre wahnsinnigen Aktionen umgab, ihren fanatischen Gerechtigkeitswahn.

Begleitet von Enzo Casillo kam auch Francesco Pazienza nach Ascoli Piceno. Schließlich lernte ich den berühmten Mann kennen, den mir 'o Nirone als den Joker der Democrazia Cristiana präsentiert hatte. Pazienza war ein Mann von jugendlicher Erscheinung, sein Anzug war ausgezeichnet geschnitten, und er hatte eine große Zigarre im Mund. Er schien sehr darauf bedacht, seine Gesprächspartner von seiner Macht zu überzeugen, von seinen Beziehungen zu hochgestellten Persönlichkeiten, seinen umfassenden Vollmachten. Ohne Umschweife kam er auf den Parteisekretär der Democrazia Cristiana zu sprechen, Flaminio Piccoli. Dem könne es nicht schnell genug gehen. Sie – die Führer der DC – wollten nicht Gefahr laufen, daß der Gefangene weich würde und den Brigadisten geheime Aktionen der Partei enthülle. Aus den Nachrichten müsse man schließen, meinte Pazienza, daß der Mann schon ziemlich fertig sei und viel eher zum Nachgeben bereit als Aldo Moro, der seinerzeit seine Entführer mit verwickelten, logischen Argumenten hinhalten konnte.

„Ich bin Arzt“, sagte Pazienza mit unverhohlener Eitelkeit, „ich weiß, wie lange ein Mann wie Cirillo den Mißhandlungen und dem psychischen Druck standhalten kann.“

Auch General Santovito, der Chef des Geheimdienstes und Auftraggeber Pazienzas, war der Meinung, man müsse die Verhandlungen beschleunigen; so jedenfalls Pazienza. „Ich weiß, wie man Politiker zum Worthalten zwingt“, beruhigte mich Pazienza auch in diesem Punkt. „Er drehte seine dicke Zigarre zwischen den Fingern und sprach in einem verschwörerischen Ton, der gekünstelt klang und im Widerspruch stand zu seinem Erscheinungsbild: ein noch junger Herr aus der Provinz, mit dunklem Einreiher, Weste, cremefarbenem Seidenhemd und passender blauer Krawatte mit feinen gelben Streifen. Wiederholt wies er darauf hin, daß es mit dem Lösegeld nicht die geringsten Probleme gebe. Roberto Calvi, der Präsident des Banco Ambrosiano, und Michele Principe von der Telefongesellschaft SIP hätten sich mit etlichen hundert Millionen Lire beteiligt. Zum Schluß wollte er noch wissen, ob ich hier im Gefängnis etwas brauche - eine anmaßende Frage, denn er mußte sich über die Privilegien klar sein, die ich genoß. Diese Arroganz konnte ich nicht durchgehen lassen. Mit deutlicher

Ironie erwiderte ich, daß man Raffaele Cutolo, obwohl nur ein kleines Licht, hier doch mit dem gebührenden Respekt behandle. Als er sich verabschiedete, legte mir Pazienza noch einmal ans Herz, die Verhandlungen zu beschleunigen. Die Parteibosse würden sich erkenntlich zeigen.

Was waren die Hindernisse, die die Freilassung des Ministers blockierten? Die Tage vergingen, und man kam zu keinem Verhandlungsabschluß. Von meinen Gebietsrepräsentanten kamen alarmierende Nachrichten. Der Druck der Polizei und der Carabinieri hatte nicht abgenommen. Telefonisch wies ich Casillo an, die entsprechenden Leute zu warnen. Sie sollten ihr Wort halten und die versprochenen Erleichterungen anordnen. Wir würden Ciro Cirillo finden, sie sollten die unnützen Nachforschungen einstellen.

Sante Notarnicola kam zu mir, um über die letzten Entwicklungen zu berichten. In wenigen Tagen würden die Roten Brigaden die Modalitäten der Geldübergabe und der Freilassung der Geisel bekanntgeben. Cirillo wurde mit Gold aufgewogen wie Aga Khan. Von den laufenden Verhandlungen und dem geplanten Tausch gelangte nichts in die Zeitungen und ins Fernsehen – ein deutliches Zeichen für die Geschicklichkeit, mit der ich das Geschäft abwickelte, und für die Seriosität der NCO, genauer Cutolos. In der Öffentlichkeit sprach man weiterhin von Standhaftigkeit, von harter Linie. Eine unglaubliche Frechheit, dachte ich, während 'o Cartunaro und Pandico beharrlich wissen wollten, wie hoch der Anteil am Lösegeld sei, der auf uns wartete. Wenn unsere Mitglieder wegen der Affäre Cirillo so lange Zeit stillhalten müßten, blockiert von Razzien und Kontrollen, dann müßte der Rubel rollen. Meine Mitarbeiter zeigten keinerlei Weitblick, keinerlei Interesse am politischen Aufstieg der Organisation.

„Wir wollen Geld sehen!“ schrie 'o Cartunaro, der sich

damit zum ersten Mal in meine Entscheidungsbefugnisse einmischte. Ich quittierte das mit einer Ohrfeige, um ihm auch noch die entfernteste Absicht auszutreiben, sich mit Cutolo gleichzusetzen. Pandico konnte gerade noch eine ärgerliche Reaktion unterdrücken. Er wußte sehr wohl, daß auch er seine Lektion bekommen hätte. Ein Boß kann Verhaltensweisen nicht übergehen, die anscheinend nicht viel Bedeutung haben, allmählich aber in gefährliche Widersetzlichkeit ausarten können. Das gehört zu den elementaren Regeln. Respekt einerseits und die Bestrafung von Ehrlosigkeit, von Pflichtverletzung andererseits sind Ordnungsprinzipien der Camorra, der echten Camorra, die vom Geist der Bruderschaft durchdrungen ist und nicht nur eine zufällige Interessengemeinschaft bildet wie die Giuliano, die Nuvoletta und die Bardellino.

Die Idee der Bruderschaft ist die Basis der NCO. Ich habe immer an sie geglaubt, auch wenn sie schwierig aufrechtzuerhalten ist unter Männern verschiedener Herkunft, die in Raffaele Cutolo ihr einziges verbindendes Motiv haben. Beim leichtesten Schimmer von Verrat muß der *capo* ein Exempel statuieren, ohne Erbarmen. Man klagt mich an, daß ich Antonino Cuomo und seine Frau habe ermorden lassen und ein Kind von eineinhalb Jahren damit seine Eltern verloren hat. Ein grausames, unmenschliches Todesurteil. Ich aber kann niemandem die Wahrheit ins Gesicht schreien, ich kann nicht sagen, daß Cuomo mich an die Polizei verkauft hat, mich in Albanella hat verhaften lassen. „Was in der Suppe drin ist, weiß der Löffel“, sagte meine Mutter immer.

Nun erreichten mich auch wenig beruhigende Nachrichten vom Verhalten Francis Turatellos. Seitdem ich wieder im Gefängnis war, behinderte er meine Leute bei der Verteilung der Drogen. Ein mieser Gauner. Er wußte nicht, daß ihn die Rache Cutolos unerbittlich erreichen würde, überall, unausweichlich.

Cartuccia, mit bürgerlichem Namen Salvatore Serra, hatte das schon zu spüren bekommen. Trotz des Einsatzes seiner Rechtsanwälte und seiner politischen Beschützer marschierte er unaufhaltsam in Richtung Ascoli Piceno. Er protestierte, denunzierte, sagte, daß Cutolo beschlossen habe, ihn zu eliminieren und daß er es in Ascoli tun würde – aber er konnte die Verlegungen nicht verhindern. Von Capraia nach Porto Azzurro, von dort nach Ventotene. Schritt für Schritt kam er mir vor die Füße. Und Ascoli Piceno würde sein Golgatha sein. Er war bereits ein lebender Leichnam. Ich hatte es ihm schon zu verstehen gegeben, aber immer noch und immer wieder schickte er seine Frau zu Rosetta, die sich bei mir für ihn verwenden sollte. Cartuccia verhielt sich nicht wie der Boß, der er gerne gewesen wäre. Er nahm sein Schicksal nicht mit Würde an, wie es sich gehört. Er zeigte Feigheit und Schwäche. Von wegen Boß! Er war ein stupider, billiger Pistolenheld, fähig allenfalls zum Morden, nicht zum Denken.

Der Fall Cirillo schien der Lösung nahe. Casillo brachte mir die letzten Neuigkeiten, eine Bestätigung der Informationen, die ich bereits von Sante Notarnicola hatte. Die Roten Brigaden seien mit eineinhalb Milliarden Lire zufrieden. Auch die Modalitäten der Geldübergabe seien bereits ausgehandelt. Der Koffer mit dem Geld sollte von einem Vertrauensmann der Familie Cirillo einem Boten der Roten Brigaden übergeben werden. Die beiden sollten sich zu einer bestimmten Zeit in einem Autobus treffen, und die eineinhalb Milliarden würden von einer Hand zur anderen wandern, wie im Kriminalroman. Zu einem geeigneten Zeitpunkt, auf jeden Fall innerhalb von achtundvierzig Stunden, würde die Geisel freigelassen werden. 'O Nirone erklärte, daß Piccoli über den Erfolg der Verhandlungen bereits informiert sei.

„In Gegenwart von mir und von Corrado Iacolare“, sagte

Casillo, „hat Pazienza ihn in seinem Büro angerufen und ihn beruhigt. ‚Herr Abgeordneter, sie geben ihn uns innerhalb von zwei Tagen zurück. Machen sie sich keine Sorgen mehr.'"

Den Punkt mit den eineinhalb Milliarden konnte 'o Nirone allerdings nicht ausreichend erklären. Wieso hatten die Roten Brigaden plötzlich ihre Forderung von fünf Milliarden – die die Beschützer Cirillos doch schon locker gemacht hatten - reduziert? Er bestätigte mir nur, daß sich über Pazienza auch Roberto Calvi am Lösegeld beteiligt hätte, der sich den Abgeordneten Piccoli für künftige Fälle gewogen machen wollte. Und die anderen Milliarden? Wer hatte die herausgerückt? Der Banco di Napoli, wie Gerüchte im Gefängnis wissen wollten, oder neapolitanische Bauunternehmer, denen die Arbeiten für die Kläranlagen um den Golf von Neapel und am neuen internationalen Flughafen zugesagt worden waren?

'O Nirone vermochte mir keine plausiblen Antworten zu geben. Irgendetwas stimmte nicht in dem, was er sagte. Er schien auszuweichen, antwortete mit halben Sätzen und unvollständigen Erklärungen. Ich mußte auf jeden Fall Padre Peppino Romano auf ihn ansetzen, den Pfarrer von Ottaviano. Der fähige und tatkräftige Priester war schon sehr lange mit Rosetta befreundet, und ich hatte seine Vertrauenswürdigkeit bereits bei anderen Gelegenheiten kennengelernt. Don Peppino würde sicher herausbringen, wie es sich in Wirklichkeit verhielt. Trotz meines Verdachts konnte ich einen Stellvertreter wie Enzo Casillo nicht degradieren oder bestrafen, ihm das Amt als mein Vize und Vertrauensmann entziehen. Denn es war 'o Nirone, der draußen die Organisation fest im Griff hatte. Wenn Enzo sprach, sprach Raffaele Cutolo.

Im Fernsehen verfolgte ich das Spektakel um den freigelassenen Ciro Cirillo. 'O Cartunaro und Pandico rissen ihre Witze dazu. Der Minister, im Kreise seiner Frau und seiner

Kinder, konnte nur mit Mühe sprechen, er war erschöpft von der Gefangenschaft. Dann der Pilgerzug seiner Freunde. Unter den ersten war der Abgeordnete Piccoli, der eilig versicherte, daß die Partei nicht nachgegeben habe, daß kein Lösegeld gezahlt worden sei, daß man sich auf Verhandlungen überhaupt nicht eingelassen habe. Ein großer Erfolg für die harte Linie. Ich wußte nicht, ob ich lachen sollte oder mich ärgern. Die Aussicht auf Vorteile, die ich aus meiner ausschlaggebenden Rolle im Fall Cirillo würde ziehen können, hielt mich vor übereilten Entscheidungen zurück. Ich hätte gute Lust gehabt, dem Abgeordneten Antonio Gava ein Telegramm zu schicken und ihm auch im Namen der Roten Brigaden für die Milliarden zu danken, die er den Terroristen für künftige Aktionen bereitgestellt hatte, und für die Verpflichtungen, die er gegenüber Raffaele Cutolo und der gesamten Nuova Camorra Organizzata eingegangen war, indem er die NCO und ihre landesweite Bedeutung anerkannt hatte. Ich war gespannt, ob sie die Verpflichtungen einhalten würden.

Die Entscheidung über das Schicksal Francis Turatellos war inzwischen längst überfällig. Ich konnte nicht mehr schweigend zusehen, daß er seine Pflichten ständig verletzte. Seine Verfehlungen und Beleidigungen waren nicht mehr zu zählen. Verträge hielt er überhaupt nicht mehr ein, und er machte sich nicht klar, was er damit riskierte. Er war größenwahnsinnig geworden und hielt sich für unverletzlich, unerreichbar. Noch in den guten Zeiten, in Mailand, hatte ich ihn gewarnt: Mit Cutolo scherzt man nicht. „Ich kann gut sein und böse“, hatte ich eines Abends zu ihm gesagt; als Antwort hatte er einen Toast ausgebracht, hatte sich unter den eleganten Damen und den „unverdächtigen“ Herren, die Stammgäste seines Mailänder Salons waren, als Star aufgespielt. Diese anständigen Leute kann man mit ein paar Gramm Kokain locken, mit dem

Zugang zu einem Spielsalon oder mit der Wiederbeschaffung eines gestohlenen Schmuckstücks. Eitel und einfältig wie sie sind, bilden sie sich etwas darauf ein, mit dem Gentleman-Boß zu verkehren, dem noblen, eleganten und angesehenen Herrn, bei dem es Austern und Hummer bergeweise gibt und Champagner in Strömen fließt, der in den schicken Restaurants und Nachtclubs bekannt und berüchtigt ist. Es spielt keine Rolle, daß er die Drogen beschafft, mit denen auch ihre Kinder versorgt werden.

Selbst die Protektion, die er – wie er sich vor mir rühmte – genoß, konnte Turatello nicht unverletzlich machen. Und für die persönliche Sicherheit im Zuchthaus bedeutete solche Protektion schließlich so gut wie gar nichts – Francis hätte das wissen sollen. Eine eherne Regel ist, daß ein Boß niemals etwas vergessen darf. Was im Gefängnis zählt, ist das persönliche Ansehen und die Treue der Kameraden, die einen undurchdringlichen Schutzwall bilden. Ohne mein Charisma und ohne fähige Leibwächter hätte ich schon hundertmal dran glauben müssen. Mir standen junge Burschen zur Verfügung, die bereit waren, ihr Leben für mich zu geben. Sie betrachteten es als Ehre, für die Sicherheit Raffaele Cutolos verantwortlich zu sein.

Die Tage Francis Turatellos waren gezählt. Mit Hilfe meiner Freunde hatte ich bereits erste Ergebnisse erzielt. Pasquale Barra und Pasquale D'Amico waren nach Sardinien verlegt worden, ins Zuchthaus Bad'e Carros bei Nuoro, wo Marco Medda die Aktion schon vorbereitet hatte. Das Kommando war komplett, drei fähige, unerschrockene Männer, die imstande waren, einen Stier zu überwältigen. Nur ein Wunder oder Verrat hätte Francis retten können. Zum Glück trat aber weder das eine noch das andere ein.

Die Nachricht von der vollzogenen Exekution erreichte mich über die Nachrichtenkanäle des Zuchthauses, noch bevor das Fernsehen darüber berichtete. Mit vierzig Messerstichen war der mächtigste Mann Mailands liquidiert worden – nebenbei gesagt, eine nette Rache des Südens. 'O Nimale hatte hervorragende Arbeit geleistet und sich selbst übertroffen; sein erster Messerstich traf Turatello in die Kehle, während 'o Cartunaro und Marco Medda den Mann festhielten. Ich vermute, daß der arme Francis keine Zeit mehr hatte, das mörderische Leuchten im Blick 'o Nimales wahrzunehmen. Ein wahrer Henker, dieser Pasquale, der Schrecken der Zuchthäuser. Niemand hätte je gedacht, daß der verwahrloste Zuhälter der armseligen Nutten von Ottaviano und San Giuseppe Vesuviano dank Cutolo einer der gefürchtetsten Killer werden würde. Als er zum ersten Mal in meiner Zelle auftauchte, trug er fast noch Windeln. Er stellte sich mir sofort zur Verfügung, sozusagen auf den Knien liegend, und als er wenig später zum ersten Mal bei der Geschenkverteilung berücksichtigt wurde, weinte er vor Rührung.

„Rafè", hatte er gesagt, „mein Leben gehört dir." Er hätte ein ganzes Bataillon Gefangener gevierteilt, wenn ich es nur befohlen hätte. Meine Worte waren das Gesetz, das Evangelium für ihn. Ich glaube, er war es, der mich als erster Messias nannte und sich selbst zum Heiligen ausrief, zum Apostel, um seine absolute Treue und Verfügbarkeit zu unterstreichen. Eines Abends ging er mit dem Messer auf einen Jungen los, nur weil dieser, ohne sich etwas dabei zu denken, vor mir durch die Gittertür zu unserem Trakt gehen wollte. Ich konnte Pasquale noch rechtzeitig bremsen, aber er verlangte, daß der Kleine, dem die Panik im Gesicht stand, mich um Verzeihung bat und mir die Hand küßte. Wegen seiner Funktion als Apostel habe ich ihm Bewegungsfreiheit gelassen, auch wenn mir seine charakterlichen und intellektuellen Grenzen klar waren. Nur meine Großzügigkeit und vielleicht – ich muß es zugeben – meine heimliche Absicht, ihn zum ersten bewaffneten Arm der NCO zu machen, gestatteten ihm, den Platz zur Rechten des Messias einzunehmen.

Als man mich darüber informierte, daß Salvatore Serra in Ascoli Piceno eingetroffen war, war ich tief befriedigt. Meine „Agentur", die unter anderem darauf spezialisiert war, Verlegungen in andere Zuchthäuser zu veranlassen, hatte auch in diesem Fall perfekt gearbeitet. Obwohl er sich für verrückt erklärte und immer wieder darauf hinwies, daß sein Leben in Gefahr war, konnte Cartuccia sich seinem vorgezeichneten Schicksal nicht entziehen. Nicht nur, daß er jetzt in Ascoli war, sondern man hatte ihn sogar in der Zelle direkt gegenüber der meinen untergebracht.

Man hat mich und meine Kameraden verdächtigt, bei seinem Selbstmord nachgeholfen zu haben. Diese Unterstellung muß ich zurückweisen. Ich mußte in keiner Weise eingreifen. Der Entschluß zu der Wahnsinnstat reifte von selbst im Geist Cartuccias. Wenn ich ihn durch die Gitterstäbe fixierte, begann er am ganzen Körper zu zittern. Er war groß, korpulent und schlaff, seine Augen waren vor Angst und Feigheit geweitet, und er zitterte immer mehr, bis er in Schluchzen ausbrach. Er klammerte sich am Gitter fest; er starrte wie gebannt in meine Augen, als ob ihn ein Magnet festgehalten hätte. Er sah aus wie ein übergroßer Schimpanse im Käfig. Erst wenn ich mich - nachdem ich ihm noch eine Beleidigung hinübergerufen hatte - lachend umdrehte, ließ er die Stäbe los. Diese Szene wiederholte sich mehrmals am Tag unter dem heiteren Gejohle meiner Kameraden. Die Wachen wagten nicht einzuschreiten, und Cartuccia bat auch nicht um Hilfe.

Öffentlich inszenierte ich seine psychologische Vernichtung. Das war das letzte „Bonbon", das ich mir für meine Freunde hatte einfallen lassen. Cartuccia hatte gewagt, sich einzumischen, als nach dem Erdbeben die staatlichen Bauaufträge im Gebiet Nocera vergeben werden sollten. Er hatte die Arbeit meiner Freunde behindert, und darum mußte er nun sterben. Und zwar einen langsamen Tod, Stunde um Stunde grausam gequält, bis sein Verstand durchlöchert und er an dem Punkt angelangt war, sich selbst das Leben zu nehmen. Das war viel besser als ein Pistolenschuß ins Genick oder vierzig Messerstiche nach der Art 'o Nimales. Salvatore Serra, genannt Cartuccia, verließ nicht einmal mehr zu einem Hofgang seine Zelle. Er blieb in seiner Höhle, und das Essen, das ihm die Wache brachte, betrachtete er mit großem Mißtrauen. Hin und wieder ließ ich ihm die Reste meines Essens bringen und paßte auf, daß er alles aufaß, und befahl ihm zum Schluß, den Teller abzulecken.

In diesen Augenblicken schrien die anderen Gefangenen vor Begeisterung, und die übelsten, schmerzhaftesten Beleidigungen schlugen über Cartuccia zusammen. Mit flehenden Augen sah er mich an, als wollte er mich bitten, der erniedrigenden Folter ein Ende zu machen. Die Strafe dauerte Wochen, die Cartuccia wie Jahrhunderte erscheinen mußten. Wenn ich die „Behandlung“ aussetzte, schien er angstvoll darauf zu warten, daß meine genau gezielte Verfolgung wieder begann, die ich mit Besessenheit betrieb. An dem Morgen, an dem ich schon mit dem Plan aufwachte, ihn auf Knien eine Stunde lang „Es lebe Don Raffaele“ rufen zu lassen, entdeckte ich ihn in seiner Zelle baumelnd, den Hals zugeschnürt von dem festen Strick, den er aus seinem Pyjama gedreht hatte.

Ich hatte taub bleiben müssen für die Bitten und das Flehen der Frau und der Kinder Cartuccias. Ich konnte ihn nicht schonen, ich mußte mir die grausamste, unmenschlichste Art ausdenken, ihn zu vernichten. Eine strenge Bestrafung war hier nötig, eine exemplarische Endlösung, um alle Ansätze, meine Projekte in den Wiederaufbaugebieten zu behindern, im Keim zu ersticken. Der Tod Cartuccias sollte für alle eine Warnung sein.

Dem selbsternannten Boß von Pagani hatte ich nicht einmal die Ehre zugestanden, wie ein Camorrist zu sterben – mit dem Messer im Bauch. Das ist ein Zeichen der Achtung, das nur Männern vorbehalten ist. Die Camorra lebt auch aus Ritualen. Wir Neapolitaner sind ein Volk, das von Brot und Phantasie leben muß. Elend und Entbehrungen sind nur mit Einbildungskraft zu besiegen. Auch ein anderes Volk hätte die Jahrhunderte von Armut und Unsicherheit nicht ohne die Hilfe einer erfundenen Realität bewältigen können, einer Realität, die grundlegend anders ist als jene wahre, harte, schmerzvolle Wirklichkeit. Im übrigen ist Neapel der einzige Winkel der Erde, wo Träume durch ihre Deutung zum Lottospiel werden. Zufällige Ereignisse und Wahrnehmungen bekommen eine neue Bedeutung. Der Anblick eines Buckligen bringt Glück, ein leerer Leichenwagen kann den Verlauf eines Tages ungünstig beeinflussen, ein Wagen mit Sarg kann ihn positiv korrigieren. Denken und Fühlen der Neapolitaner wurzeln in einer Symbolwelt, und die Camorra konnte gar nicht umhin, sie sich zunutze zu machen – auch wenn ich sie in der Tat mißbraucht habe; ich ließ alte, überholte Rituale und Zeremonien wieder aufleben, die von den unwissenden Anhängern enthusiastisch angenommen wurden.

Zehntes Kapitel

Die Enthauptung des Kriminologen Semerari

Für meine Gefolgsleute bin ich ein König geworden, ein Schutzheiliger, ein Staatspräsident, ein Mythos. Meine Taten und mein Leben wurden von der Phantasie des Volkes neu erfunden: Ich wurde zur Legende, zur Gottheit. Einer meiner Männer, Giarrone, wurde von unseren Feinden aus der Nuova Famiglia umgebracht, wenige Tage nachdem er öffentlich erklärt hatte: „Wenn ich einmal eine Transfusion brauche, möchte ich Blut von meinem Paten, denn das ist adliges, heißes Blut." „Er ist unser Schutzheiliger", sagten die Leute aus Ottaviano, „wir sind mit ihm geboren, und wir werden mit ihm sterben."

Ein Phänomen kollektiver Ekstase? Mag sein. Aber warum galt sie Cutolo, warum gab es so etwas in der Nuova Famiglia nicht? Wer kennt schon Lorenzo Nuvoletta, Antonio Bardellino, Gigino Giuliano, außer einigen Geschäftemachern? Nach der Befreiung Cirillos wurde mein instinktives Mißtrauen gegenüber den Politikern nach und nach bestätigt. Nachts träumte ich von Salvatore Giuliano und davon, daß ihn dieselben Leute verraten hatten, die ihn seit Jahren ausnützten und für die er am Ende sogar gegen die armen Bauern von Portella delle Ginestre vorgegangen war. So wie die Dinge liefen, mußte ich mißtrauisch werden, auch wenn mich 'o Nirone ständig zu beruhigen versuchte.

„Du wirst sehen, sie werden die Abmachungen einhalten. Wir haben sie in der Hand“, meinte Casillo. Er wollte mich um jeden Preis beschwichtigen, auch um zu verhindern, daß ich allzu spektakulär Rache nahm. Als es darum gegangen war, die Liremilliarden locker zu machen, hatte es keine Probleme gegeben. Der Betrag wurde übrigens bei Leuten eingesammelt, die in einem geeigneten Augenblick ihre Wechsel präsentieren würden. Aber niemand sprach davon, die mir gegenüber eingegangenen Verpflichtungen einzuhalten.

Im September gab es eine böse Überraschung. Die Polizei überfiel in einer Blitzaktion mein Haus in Ottaviano, als Rosetta und mein Sohn Roberto gerade mit einigen Zonenbossen und einem Gemeinderat von Ottaviano sprachen. Glücklicherweise konnten sie noch die Flucht Rosettas decken, aber alle anderen landeten im Gefängnis. Ich machte mir Sorgen um Roberto. Ich hatte bisher alles getan, um ihm eine Haft zu ersparen. Ich weiß, was es heißt, mit zwanzig ins Zuchthaus zu kommen. Ein schlimmer Makel, von dem man sich nicht wieder befreien kann.

Ich rief sofort Casillo zu mir. Er sollte sich unverzüglich mit Professor Aldo Semerari in Verbindung setzen, dem Kriminologen; der sollte veranlassen, daß Roberto nach Ascoli Piceno verlegt wird. Ich wollte meinen Sohn in der Nähe haben, um ihn vor üblen Kontakten zu bewahren, abgesehen von der Gefahr, daß man ihn umbrachte. Der Sohn Cutolos, das wäre eine feine Sache für meine Feinde. Roberto in der Gewalt dieser Hyänen zu wissen, machte mir Angst. Aber meine angeblichen Beschützer einschließlich Semerari zögerten, sie waren unempfindlich für die Besorgnisse eines Vaters. Die Verpflichtungen und Versprechungen lösten sich in nichts auf. Schon die einfachste Gefälligkeit wurde zu einer Staatsaffäre.

„Sie sollen aber daran denken, daß ich Dokumente in

meinen Tresoren habe", vertraute ich Pandico an, „und sie sollen nicht vergessen, was ich weiß. Das ist meine Macht, meine Lebensversicherung."

Jedenfalls glaubte ich das. Noch konnte ich mir nicht vorstellen, zu welchen Gemeinheiten, zu welchen dreckigen Lügen, zu welchem Verrat die anständigen Leute, die über jeden Verdacht erhabenen hochgestellten Persönlichkeiten fähig sind; ich hätte nicht geglaubt, daß sie keinerlei Bedenken haben, Verantwortlichkeiten und Schuld von sich zu weisen. Für sie genügt es, den Zeitungen gegenüber eine Erklärung abzugeben, sie hätten Raffaele Cutolo nie kennengelernt, nie gesehen, nie Kontakt mit ihm aufgenommen. Auch Giuliano Granata hatte das versucht, bis dann – was entsprechendes Aufsehen erregte – publik wurde, daß er wie ein Bettler an der Tür des Zuchthauses Ascoli Piceno angeklopft hatte. Aber diese Leute wußten nicht oder wollten nicht wahrhaben, daß meine Rache sie unerbittlich und postwendend erreichen würde. Pasquale Barra hatte bereits zugeschlagen, und zwar meisterhaft. Der lange Arm der NCO hatte seinen Ruf bestätigt. Die Mordmaschine war nach Nuoro gegangen, hatte getötet und das Messer wieder eingesteckt.

Die Nachricht erreichte mich am Nachmittag telefonisch aus Fossombrone. Ein Anruf über einen Umweg, um Verdacht zu vermeiden. Die Mission in Bad'e Carros war erfolgreich gewesen. Mit Hilfe von Freunden hatte 'o Nimale Francis Turatello in ein Sieb verwandelt. Ich erinnere mich, wie mir 'o Nimale dann persönlich berichtete – mit seinen geröteten, finsteren, blutrünstigen Augen, während er sich über den schwarzen, dichten Teufelsbart strich, seine knochigen Hände mit ihren langen Fingern sich ineinander verflochten und wanden: „Rafè, du kannst mir glauben, es war eine Meisterleistung. Das ‚Engelsgesicht' war nur noch eine blutige Maske. Zuerst habe ich in das Gesicht von diesem Mailänder Stück

Scheiße gestochen. Der hat sich für was Besseres gehalten und sich nach jedem Händedruck mit Kölnisch Wasser gewaschen. Während ihn die Kameraden festhielten, habe ich ihm das Messer überall hineingestoßen, mindestens vierzig Mal. Er hat laut geröchelt und sich wie eine Schlange gewunden, während ich wie eine Maschine auf ihn eingestochen habe. Er wollte einfach nicht krepieren, Rafè! Er hat gezuckt wie eine Tarantel in der Sonne, wenn die Fliegen schon in ihrem Blut herumkrabbeln." 'O Nimale erzählte wie im Rausch, wie ein Mensch, der an Entzugserscheinungen leidet, wenn er sein Messer nicht in einen menschlichen Körper stoßen kann. Er wartete sehnsüchtig und angespannt auf meine Todesurteile, um dann blutdürstig wie ein Vampir zuzustechen.

Heute behauptet er, er habe mich verraten, weil ich ihn wegen des Mordes an Francis Turatello hätte bestrafen wollen. Pasquale ist eine Bestie, vor allem aber ist er dumm. Er sagt, ich hätte der Mafia weismachen wollen, daß er auf eigene Initiative gehandelt habe, ohne meinen Befehl. Ich hätte Frank Coppola, Frank Tre Dita, ein Alibi, eine Entschuldigung präsentieren wollen, dessen Patenkind das Engelsgesicht war. Diese Interpretation ist kindisch und lächerlich, weil ein Raffaele Cutolo kein Alibi braucht. Er entscheidet und handelt, er kennt das Risiko und nimmt die Konsequenzen auf sich. Die Mafia hat mir nie Angst gemacht, und das habe ich auch vielfältig bewiesen. Ich bewegte mich seit Jahren unter Leuten der 'Ndrangheta und der Mafia, ich bezog sie in meine Pläne ein, wenn sich eine günstige Gelegenheit bot, und ich spielte sie, wenn nötig, gegeneinander aus.

Der wahre Grund für das Todesurteil gegen Turatello – Barra weiß das sehr gut – war das Verhalten des Engelsgesichts gegenüber der NCO. Nach meiner Verhaftung in Albanella hatte sich Turatello wie ein echter Verräter aus dem Norden benommen, er hatte seine Pflichten wiederholt in unerträglicher Weise verletzt. Er ignorierte die Verträge, die er mit mir in Mailand geschlossen hatte. Wir hatten damals gemeinsam zwei Briefkastenfirmen gegründet: mit dem kalabrischen Kameraden Demetrio Barreca die „Gapon Salotti" in Lissone in der Provinz Como, und mit meinem Freund Clemente Ruggiero die Firma „Clems" in Neapel. Wir brauchten sie, um den Drogenhandel und die Verteilung der Ware aus den gestohlenen Ferntransportern zu erleichtern. Diese Konstruktion funktionierte perfekt wie ein Uhrwerk. Doch von einem Tag auf den anderen fiel der Kamerad Turatello um, denn er hielt mich für erledigt, weil ich wieder im Zuchthaus war. Er behinderte unseren Handel mit Mailand. Er weigerte sich sogar, meinem Freund Carlo Biino zu helfen, der untergetaucht war. Ein schändliches Verhalten, gehört es doch zu unseren Grundregeln, einem Kameraden in Gefahr zu helfen.

Nein, lieber Francis, du hast einen unverzeihlichen Fehler begangen, einen Fehler, der in unseren Kreisen das Leben kostet. Und Pasquale Barra kannte die Hintergründe für das Todesurteil. Er wußte genau, warum ich ihn nach Nuoro hatte verlegen lassen; schließlich habe ich ihn nach Bad'e Carros nicht in Urlaub geschickt, schließlich habe ich wichtige Freunde aus den Ministerien nicht zum Spaß behelligt. Den mächtigen Boß der Mailänder Unterwelt auszuschalten, erfordert Engagement, Intelligenz, überlegene Strategie. Die Arbeit eines Kerls wie 'o Nimale stellte nur den Höhepunkt eines Unternehmens dar, das bis in die kleinsten Einzelheiten durchdacht war, dessen Auswirkungen berücksichtigt werden mußten. Vor der Ausführung solcher Operationen mußte die Kette der Reaktionen klar sein, mußte einkalkuliert sein, wie man ihnen mit den Mitteln, die man vom Zuchthaus aus hat, begegnen kann. Niemand kann absehen, wo und wann der Gegenschlag geführt wird, und der

Überraschungseffekt kann über Erfolg oder Mißerfolg entscheiden.

Sicher hätte ich die Operation Cirillo nicht durchführen können, wenn ich nicht schon in Zeiten, wo sonst keiner daran gedacht hatte, Beziehungen zu den Terroristen geknüpft hätte. Ich verfolgte bei ihnen dieselbe Strategie wie bei der Rekrutierung gewöhnlicher Verbrecher für die Camorra; ich verwandelte Entrechtete ohne Zukunftsperspektive und ohne Morgen in Kämpfer, die sich ihres Schicksals bewußt waren, aber ein Ziel vor Augen hatten. Sie konnten sich als Teil einer Gemeinschaft fühlen, einer Familie, die ihnen half. Dieselbe Technik wandte ich bei den Roten und Schwarzen Brigadisten an, jungen Leuten, die noch viel naiver waren als die gewöhnlichen Verbrecher, durchdrungen von romantischen Idealen, die in den Zuchthäusern aber unter denselben Problemen zu leiden hatten wie meine Kameraden: Rache, Mißbrauch, Gewalt. Zunächst weigerten sie sich rundheraus, mit Camorristen zu sprechen, und ich konnte sogar ihre Motive verstehen. Mit Renato Curcio unterhielten wir uns lange, polemisierten, stritten mit ihm; aber in einem Punkt stimmten wir dann doch überein: Terrorismus und Camorra wuchsen aus demselben Boden der sozialen Ungerechtigkeit, der Gewalttätigkeit des Systems, dem Elend, der Arbeitslosigkeit. Auf unterschiedlichen Wegen und mit verschiedenen Mitteln verfolgten wir im Grund dasselbe Ziel.

Ich glaube nicht, daß ich den damaligen Führer der Roten Brigaden mit meinen Ansichten je überzeugt habe, aber es gab zwischen Camorristen und Brigadisten gelegentlich taktische Allianzen, die von dringenden Erfordernissen diktiert waren: etwa um einen Terroristen zu schützen, der im Zuchthaus durch gewöhnliche Kriminelle bedroht wurde, oder um sich draußen Waffen und Unterstützung für eine terroristische Aktion zu besorgen. Das Gefängnis erzeugt Solidarität, aber auch widernatürliche Bündnisse, die von den Umständen erzwungen werden.

Ein Beispiel? Ich vermute, daß Giovanni Senzani, der Chef der neapolitanischen Zelle der Roten Brigaden, die Vermittlung Cutolos in der Affäre Cirillo auch deshalb akzeptiert hat, um die Verbindungen der Democrazia Cristiana zur Camorra in spektakulärer Weise offenlegen zu können. Man muß es zugestehen: Er hatte die Politiker geschickt festgenagelt. Er hat in aufsehenerregender Weise deutlich gemacht, wie der Geheimdienst in privaten Angelegenheiten tätig wurde, wie die reichen Spekulanten bereitwilligst Milliarden überwiesen, um einen Mann ihrer Regierung heil zurückzubekommen.

„Auch für Sie, Don Raffaele", hatte Sante Notarnicola zu mir gesagt, „ist der Fall Cirillo eine große Chance. Er beweist, daß der Staat Sie als Vermittler, als Schiedsrichter akzeptiert."

Sante Notarnicola hatte recht. Aber sobald der erste, publikumswirksame Erfolg vorbei war, bekam ich von den erhofften Vorteilen nichts zu sehen. Im Gegenteil, man überfiel mein Haus in Ottaviano, terrorisierte meine arme alte Mutter und gefährdete das Leben meiner Familie. Ich habe die Abmachungen bis ins letzte eingehalten. Nicht ein Wort, nicht eine Indiskretion über meine Rolle, über die Einbeziehung meiner Organisation war hinausgedrungen. Von uns hätte sich der Geheimdienst eine Scheibe abschneiden können. Wäre Senzani nicht verhaftet worden, ich säße immer noch hier und würde schweigen über den ganzen Sumpf, würde ewig auf die Einlösung der Wechsel warten, während Enzo Casillo immer noch auf das Wort der Politiker und ihren guten Willen bauen würde - weiß der Teufel, warum immer mir die Zweifel kommen. Es war nun schon Anfang Dezember 1981, fünf Monate nach der Befreiung Ciro Cirillos, und noch immer wußte man nicht, daß Giuliano Granata die christdemokratische

Aktion in Ascoli Piceno geleitet hatte. Als Anerkennung haben sie ihn wieder zum Bürgermeister von Giugliano wählen lassen. Ja, er hatte seinen Lohn erhalten, einen schönen Sessel an den Schalthebeln der Bauspekulation in Giugliano und im Konsortium für den Bau des internationalen Flughafens am Lago di Patria.

Als der Name Giuliano Granata in diesem Zusammenhang genannt wurde, war der Skandal nicht mehr aufzuhalten. Wer hatte die Veröffentlichung des gefälschten Dokuments in der kommunistischen Tageszeitung L'Unità lanciert, das die Namen der Leute enthielt, die mich in Ascoli Piceno baten, zugunsten Cirillos einzugreifen? Ich vielleicht? War das ein Schritt Enzo Casillos, der sich eine Macht anmaßte, die ihm nicht zukam? Wer hatte Interesse, den Minister Enzo Scotti – fälschlicherweise – als Besucher zu nennen? Enzo Casillo hatte mir viele Namen genannt. Er erwähnte, daß er sich in Rom auch mit Enzo Scotti traf, aber in Ascoli habe ich Scotti niemals gesehen.

Ich spürte, daß der Fall Cirillo allmählich zu einem Bumerang wurde, und doch glaubte ich noch immer, das Heft in der Hand zu haben. Hartnäckig vertraute ich auf die durchschlagende Kraft der Dokumente, die ich als meine Lebensversicherung hütete. Als mir hin und wieder doch Zweifel kamen an ihrer Wirksamkeit, hatte ich ein Gefühl, als würde mir das Blut in den Adern gerinnen. Schwäche breitete sich im Hirn und im Herzen aus, lähmte mich vom Kopf bis zu den Füßen.

Das muß wohl aus meinem Gesicht und meinem Blick zu lesen gewesen sein; jedenfalls fragten mich Peppe Palillo und Giovanni Pandico, ob ich mich schlecht fühle. Ich stritt das ab; ich erholte mich langsam, ich zwang mich dazu, meine Nerven wieder in den Griff zu bekommen.

Die Wellen des Unmuts über die Nuova Camorra

schlugen hoch. Die Bilanz des Jahres 1981 wurde von der Presse als katastrophal bezeichnet. In Neapel und Umgebung hatte es über zweihundert Morde gegeben, eine ehrlich gesagt nur annähernde Zahl, da die Dunkelziffer nicht bekannt war. Wirklich besorgniserregend aber war, daß die Verbrechen nur Cutolo und der NCO zugeschrieben wurden. Mord, Raub, Erpressung und Drogenhandel hatten in der öffentlichen Meinung nur einen einzigen Urheber, den Boß von Ottaviano, den Professor, den Ingenieur, den Superpaten. Keine einzige Erwähnung meiner Gegner, die sich gerade zusammengeschlossen hatten, die Giuliano aus Forcella, die Bardellino, die Nuvoletta – eine große kriminelle Vereinigung, verbunden durch gemeinsame Interessen wie Rauschgifthandel, Erpressungen, illegales Lottospiel -, das das staatliche bereits übertrumpft hatte: Die offiziellen Annahmestellen hatten keine Kunden mehr. Nur Cutolo war der gnadenlose Mörder und Erpresser. Michele Zaza hingegen war auf freiem Fuß, herrschte in seiner Schmuggelorganisation, die wie ein Krake zwischen Neapel und Torre Annunziata alles im Griff hatte; er war jetzt plötzlich ein Engel. Niemand hetzte ihn, und als er verhaftet wurde, gestand man ihm gegen eine Kaution von einer halben Milliarde Lire Haftverschonung zu. Der Staat fragte sich nicht, woher das Geld dazu kam. Große Rücksicht nahm man auch auf seinen Herzschrittmacher. „Sein Herz ist wirklich kaputt", meinten die Richter voller Mitleid und gewährten ihm Vergünstigungen; sie vergaßen, daß Michele 'o Pazzo, der Verrückte, seinen Schrittmacher schon seit zwanzig Jahren zur Schau trug. Ohne ein mehr als starkes Herz hätte er sein stürmisches Leben wohl kaum bewältigt, die Kämpfe mit seinen Feinden, die Anschläge, denen er wunderbarerweise wohlbehalten entkommen konnte. Dafür flog er dann auch immer wieder nach Los Angeles, um in seiner herrlichen Villa in Hollywood auszuspannen – er hatte sogar einen herzförmigen Swimmingpool wie die amerikanischen Stars. Wer hätte je vorausgeahnt, daß der obskure Schmuggler aus San Giovanni a Teduccio, der nur die schwarzen Felsen der Küste von Santa Maria La Bruna kannte, eines Tages als Milliardär im Pazifik schwimmen gehen würde? Er war ein Verrückter, ein Schwachkopf; zum Boß hatten ihn die Leute gemacht, die er ausbeutete, die nachts in ihren Motorbooten mit sechzig Kilometern in der Stunde aufs Meer hinausfuhren, tausend Gefahren entgegen, in die Hände des wartenden Zolls.

Eifersucht, Neid, Angst? Nichts von alledem. Wenn ich Angst hätte vor Zaza oder den Giuliano, hätte ich wohl nicht die Abgabe von dreißigtausend Lire an die NCO für jede Kiste Zigaretten gefordert, die an der Küste von Neapel geschmuggelt wird. Eine Herausforderung, ein aberwitziges Diktat? Vielleicht ja. Vor allem aber war es eine Antwort auf die Attacken der Nuova Famiglia, ein Bonbon für meine Gefolgsleute. Auch Staatsmänner erfinden Gründe, um einen Krieg erklären zu können. Ich mußte einen Anlaß schaffen, ein psychologisch wirksames Motiv, das ich meinen Leuten vorsetzen konnte. Dazu ließ ich verbreiten, daß die Nuova Famiglia ihr Süppchen alleine kochen will, daß sie den wichtigsten Teil der neapolitanischen Wirtschaft okkupieren wollte. Der Beginn des totalen Kriegs zwischen der NCO und der Nuova Famiglia ist historisch auf meine „Schmuggelsteuer“ zurückzuführen.

Dieser Krieg war voll mit Überraschungen und Unklarheiten. Wer ist verantwortlich für die Entführung und Enthauptung des Kriminologen Aldo Semerari? Ich oder Roberto Ammaturo, der Zyniker, der blutdürstige und erbarmungslose Spießgeselle der Pupetta Maresca? Für die Öffentlichkeit ein ungelöstes Rätsel, während ich, der ich dazu genaue Aussagen machen könnte, gezwungen bin, die Lösung des Geheimnisses in meinem Aktenkoffer zu verwahren. Die Indizien sind freilich für beide Versionen so stark, daß man jede akzeptieren könnte. Cutolo oder Ammaturo, wer war der Henker Semeraris?

Aldo Semerari war enthauptet in einem Fiat 128 im Zentrum von Ottaviano gefunden worden. Der Kopf Semeraris, sauber abgeschnitten, lag in einer Plastiktüte auf dem Fahrersitz, nachlässig mit einem Tischtuch zugedeckt. Der Körper des Professors lag im Kofferraum, seine Hände und Füße waren zusammengebunden. Man behauptet, daß das Auto mit seiner makabren Ladung in der Nähe von Cutolos Haus gestanden habe. Das stimmt nicht. Das Schloß und mein Haus sind weit entfernt von dem Ort, wo der Fiat 128 geparkt war.

Jedenfalls stand das Auto in Ottaviano, und das Verwirrspiel um die beiden Möglichkeiten beginnt. Don Raffaele läßt Semerari töten und die Leiche schlauerweise in sein Dorf bringen, um von sich abzulenken. Denn wer außer seinen Feinden könnte Interesse daran haben, den Kriminologen seines Vertrauens, den Verfasser zahlreicher Gutachten zugunsten seiner Unzurechnungsfähigkeit, ermordet und verstümmelt, nahe seinem Haus auffinden zu lassen? Das ist die eine Version. Das Motiv?

Don Raffaele könnte die Beseitigung Professor Semeraris aus einem präzisen Grund angeordnet haben: Der Kriminologe hatte sein Versprechen nicht eingehalten, meinen Sohn Roberto in das Zuchthaus Ascoli Piceno verlegen zu lassen; und er hatte sich geweigert, die Gutachten zu schreiben, damit zwei meiner Kameraden geistige Unzurechnungsfähigkeit zuerkannt bekamen. Viele Indizien gegen mich, wie man sieht.

Doch glücklicherweise gibt es andere, gewichtigere gegen Roberto Ammaturo. Von Pupetta Maresca gerufen, war Semerari von Rom nach Neapel gekommen, um Ammaturo zu treffen. Der Boß des Heroins war auf der Flucht und hatte sich wie ein gewöhnlicher kleiner Dieb in einem Verschlag unter einer Treppe versteckt, im Haus der Pupetta in Fuorigrotta am Stadtrand Neapels. Die Männer Ammaturos holten den Kriminologen im „Royal“ ab, einem Hotel an der Promenade Caracciolo, um ihn zu dessen Versteck zu bringen. Ein teurer Besuch. In Semeraris Jackentasche wurde ein Scheck über zwei Millionen Lire gefunden, den er von Roberto Ammaturo erhalten hatte; der rote Fiat 128, der für die Entführung benutzt wurde, war in der Nähe des Hauses von Pupetta Maresca gestohlen worden. Viele Indizien also auch gegen Roberto.

Doch einer der drei Briefe, die man in der Jacke des Professors fand, führte erneut zu mir. Er enthielt eine merkwürdige, anscheinend zusammenhanglose Nachricht. Wenige Wochen vor seinem Tod hatte der Kriminologe öffentlich in einem Interview erklärt, daß Cutolo ein Genie sei, außergewöhnlich intelligent, ein echter Boß. In dem Brief, der an die Journalistin Marina Maresca gerichtet war, die das erwähnte Interview gemacht hatte, schrieb er hingegen: „Cutolo ist keineswegs außergewöhnlich intelligent, sondern ein armer Irrer.“ Auch in einem zweiten Brief, gerichtet an den Chefredakteur der L’Unità, bezog Semerari sich auf mich und den Fall Cirillo. „Sehr geehrter Herr Doktor“, schrieb Semerari, „ich möchte ihnen in aller Deutlichkeit sagen, daß ich die wahre und wahrheitsgetreue Quelle der Informationen bin, die Marina Maresca zu Ehren der Wahrheit den Italienern mitgeteilt hat, und zwar jenem Teil des italienischen Volkes, der das Vaterland liebt und die Schikanen dieser Regierung aus Dieben und Marionetten nicht mehr erträgt. Ich bin der Gutachter Raffaele Cutolos, und von ihm habe ich erfahren, wie die Dinge nach der Entführung Cirillos gelaufen sind, wie Patriarca sich eingeschaltet hat, um den bequemsten Weg (über die Camorra) für die Zahlung des Lösegelds und die Freilassung der Geisel zu finden.

Marina hat ihnen nichts von der geheimen Intervention des Banco di Napoli erzählt und auch nichts davon, daß die Roten Brigaden (über Cutolo) zunächst eine Ladung Waffen im Austausch gegen das armselige Leben Ciro Cirillos gefordert hatten. Sie, Herr Chefredakteur, sollten Marina Maresca entlasten." Der Kriminologe hatte gewagt, mir Übles nachzusagen, er hatte nichts für die Verlegung meines Sohnes getan, und ich hatte mich gerächt. Eine recht logische Schlußfolgerung, die allerdings die Unklarheiten um Roberto Ammaturo nicht beseitigte. In dem roten Fiat 128 wurde auch ein Autobahnticket für die Strecke Neapel – Castellammare gefunden, ein Zeichen dafür, daß das Auto mit dem Entführten in das Gebiet der Maresca gefahren war. Auf dem abgetrennten Kopf des Professors Semerari lag ein Zettel, auf dem stand: „NF, Scharfrichter der Nuova Fratellanza", der „Neuen Bruderschaft".

Viele Verdachtsmomente gegen mich, viele gegen Roberto Ammaturo. Aber was ist nun die Wahrheit? Man hat noch eine weitere Version erfunden, die die Ziege und den Kohl retten sollte. Roberto Ammaturo läßt den Professor entführen, um ihn der NCO auszuliefern, lebend oder tot, als greifbares Zeichen für seinen Willen, mit Raffaele Cutolo Frieden zu schließen. Ammaturo fragt mich dann, ob ich Semerari tot oder lebendig will. Ich will ihn enthauptet haben, und so bringen sie ihn mir wie ein großes Osterei nach Ottaviano. Andere meinen, ich hätte ihn mir lebend bringen lassen, um ihn entsprechend zu benutzen, um ihn die Briefe schreiben zu lassen, die man später als Warnung für die Herren ansah, die sich weiterhin um die in Ascoli Piceno mir gegenüber eingegangenen Verpflichtungen drückten.

Von meiner Zelle aus verfolgte ich belustigt und neugierig den Fortgang der Dinge, die laut hinausposaunten und am nächsten Tag dementierten Hypothesen. Die Enthauptung Aldo

Semeraris vermehrte, auch wenn sie immer noch in Nebel gehüllt war, das Ansehen der NCO, man sprach über ihre abschreckenden Strafen, über ihre Fähigkeit, Feinde jederzeit und unnachsichtig zu verfolgen. Die Art, wie der Mord inszeniert worden war, blutrünstig und erbarmungslos, entzündete die Phantasie des Volkes und nährte den Mythos von der Macht Cutolos.

Die Bestätigung dafür konnten meine Leute bei ihrer täglichen Arbeit wahrnehmen. Kaufleute und Industrielle zahlten ihre Abgaben bereitwilliger, die Feinde waren nachgiebiger und ängstlicher. Die Grausamkeit und die Unerbittlichkeit der Strafen ist die wichtigste Waffe, auf die man bedauerlicherweise zurückgreifen muß, wenn das Ansehen einer Organisation zu wanken droht. Allein die Ermordung Giacomo Frattinis hat der Nuova Famiglia mehr Prestige eingebracht, als wenn sie zwanzig meiner Gefolgsleute auf der *piazza* von Ottaviano umgebracht hätte. Eine Tat muß ein Zeichen setzen.

Der arme Bambulella wurde schrecklich verstümmelt in einem Fiat 500 gefunden. Sein Kopf war abgeschnitten und befand sich zusammen mit seinem Herz und seinen Händen in einem Plastiksack. Die Zeitungen brachten Bambulella mit Semerari in Zusammenhang und fragten, wer der Kopfabschneider sei. Die Panik wuchs.

Die chiffrierten Botschaften in den Briefen des Professors Semerari hatten jedenfalls ins Schwarze getroffen. Zumindest war Enzo Casillo davon überzeugt. Die Christdemokraten, die in den Fall Cirillo verwickelt waren, schienen gewaltige Angst zu haben. Erzählte 'o Nirone. Jeder fragte den anderen nach der Einhaltung der Verpflichtungen, die man Raffaele Cutolo gegenüber eingegangen war.

Jetzt, da Cirillo in Sicherheit war und nicht mehr die Gefahr bestand, daß etwas ausgeplaudert würde, fühlten sich die in die Affäre verwickelten Leute in Rom vor Repressalien sicher. Ich diskutierte mit 'o Nirone darüber, ob ein demonstratives Attentat angebracht sei. Man könnte beim Schwächsten in der Reihe beginnen, beim Bürgermeister Granata. Selbst ein Schuß in die Beine hätte einen größeren Effekt gehabt als die verschlüsselten Warnungen in den Briefen Semeraris. Doch Casillo zeigte unverhohlenen Widerwillen; er zog sanfte, langfristige Verhandlungen vor. Sein Verhalten bestätigte die Gerüchte, von denen Rosetta mir berichtet hatte. 'O Nirone hatte sich verändert. Die Macht war ihm zu Kopf gestiegen. Er saß an den Schalthebeln, und es gab nicht einen Gebietsrepräsentanten, der ihn nicht als meinen einzigen Stellvertreter angesehen hätte. Und nachdem Alfredo Rosanova ermordet worden war, bekam er auch noch die Funktion des Finanzministers. Er verwaltete Milliarden, und das gab ihm eine kaum noch einzuschränkende Autonomie. Er war ein brillanter und schlauer Kopf, aber irgendwie schien er an der Festigkeit der Organisation, an der Zukunft der NCO zu zweifeln. Er sprach immer häufiger – wobei er den Eindruck zu erwecken versuchte, über Nebensächliches zu berichten – von seinen Treffen mit dem Clan der Zaza in Rom, und er war überzeugt, daß wir früher oder später zu einer Übereinkunft, zu einer Allianz gezwungen sein würden.

Auch die Familien der Cosa Nostra – behauptete 'o Nirone – finden schließlich einen Modus, ihre Ansprüche abzustimmen, indem sie die Einflußzonen und die Arbeitsgebiete untereinander aufteilen. Im Grunde sei doch auch bei uns für alle genug da, Drogenhandel, Glücksspiel, Erpressungen, Diebstahl von Lastwagen. In Italien gäbe es darüber hinaus öffentliche Konzessionen und Aufträge. Schließlich könnten wir uns nicht gegenseitig ausrotten. Nachdem man sich etabliert hatte, müßte man sich an einen Tisch setzen und miteinander sprechen, um die Spirale der Gewalt und Gegengewalt zu unterbrechen. 1982 war man bereits zu eindrucksvollen Zahlen gelangt. Dutzende von Ermordeten, ohne die Verschwundenen zählen zu können, die Opfer der *lupara bianca*, der „weißen Flinte"; so nennt man das „saubere" Verschwindenlassen von Opfern, zum Beispiel durch Einmauern in Fundamente.

'O Nirone sprach wie ein Psychologe und Politiker. Er lebte draußen und verkehrte in den besten Kreisen Roms, mit Politikern, Bankiers, mit Intriganten wie Alvari Giardili und Persönlichkeiten vom Rang Francesco Pazienzas, und er spürte, was im Land vor sich ging.

ELFTES KAPITEL

DER SKANDAL CUTOLO PLATZT

Die Berichte über die Verhandlungen in Ascoli Piceno hatten in ganz Italien eine Welle des Entsetzens ausgelöst. Von einem Tag zum anderen wurde die Macht der Camorra deutlich, ihre Reichweite, ihre Verbindungen zum Staatsapparat, etwa zum Geheimdienst, und zu bestimmten politischen Kreisen. Die Camorra wurde mit der Mafia auf eine Ebene gestellt, und man fragte sich daher, ob man sie bisher mit angemessenen Mitteln bekämpft habe. In Neapel gingen die Kaufleute auf die Straße, sie demonstrierten gegen Schutzgelder und Erpressungen. Die allgemeine Empörung wuchs. „Ein sehr schwieriger Moment", sagte Enzo Casillo. 'O Nirone schien mir ernsthaft besorgt.

Auch die Parteien waren gezwungen, Stellung zu nehmen, mußten Demonstrationen organisieren, Diskussionen, Untersuchungen über die Camorra. In den Hochschulen und auf den Straßen riefen die Studenten: „Nieder mit Cutolo, nieder mit den Banditen." Änderte sich da nicht doch tatsächlich etwas? Waren die Zeiten meiner Auftritte vor Gericht vorbei, in denen ich unter dem augenzwinkernden Grinsen des Publikums die Richter zurechtgewiesen hatte?

Ich ließ mich nicht sonderlich von den Überlegungen Casillos beeindrucken. Ich gab mir durchaus Rechenschaft über die neuen Umstände und das veränderte Klima; aber ein Boß beweist sich vor allem in schwierigen Zeiten, wenn gute Nerven gefragt sind und lebenswichtige Entscheidungen getroffen werden müssen. Auch Rosetta und Carolina waren beunruhigt über die Veränderungen, die bereits wahrzunehmen waren – etwa im Verhalten des Zuchthausdirektors und der Wachen. Ich versuchte sie zu beschwichtigen. „Wir werden ihnen zeigen, wer Herr im Haus ist. Machen wir uns doch nicht in die Hosen." Ich gab ihnen strenge Anordnungen für die Zonenbosse mit. Man mußte entschlossen reagieren. Kein Mitleid mit denen, die sich weigern, Schutzgelder zu bezahlen. Auch wenn wir in der Vergangenheit hin und wieder Rücksichten genommen hatten, jetzt war die eiserne Faust notwendig. Wer die Zahlung der Abgaben verweigerte, mußte sofort bestraft werden, und zwar exemplarisch. Die ganze Organisation sollte die Schraube anziehen. Die Opfer mußten gut ausgewählt werden, die Zahl der Toten spielte keine Rolle. Der Krieg mußte weitergehen. Ein Waffenstillstand, wie ihn 'o Nirone vorschlug, kam nicht in Frage. Dies war nicht der Augenblick, strategische Bündnisse mit der Nuova Famiglia einzugehen. Mit Giovanni Pandico und 'o Cartunaro diskutierte ich sogar, ob man nicht noch brutalere Forderungen stellen sollte. Unter solchen Umständen müsse man die Quoten verdoppeln, vor allem bei den Industriellen; das sei ein wirkungsvolles Abschreckungsmittel. Ich ordnete an, die Anlagen eines Bauunternehmers in San Giuseppe Vesuviano zu sprengen: Der Besitzer verzögerte die Zahlung seiner Abgaben und hatte einen von mir empfohlenen Wächter entlassen, ein unerträglicher Affront.

Daß man Cutolo mit den Verhandlungen im Fall Cirillo betraut hatte, war ein Skandal, über den sich bereits ganz Italien aufregte. Man maß der Freizügigkeit und den Privilegien, die man mir im Gefängnis zugestanden hatte, große Bedeutung bei. Meine Zelle machte man zu einem Salon mit Teppichboden und allem Komfort. Ich werde sie nicht darüber aufklären, daß ich den Teppichboden zurückgewiesen habe; ich bevorzugte den Ziegelsteinfußboden mit zwei, drei echten Perserteppichen, Geschenke eines Kameraden aus Salerno. Sicher, an der Wand hingen ein Rosai und ein Modigliani, natürlich echt, aber schließlich bin ich ein kultivierter Mensch, und man kann nicht verlangen, daß ein Mann im Zuchthaus seine Identität verliert. Im Gegenteil, eingesperrt zu sein macht es notwendig, auf die eigene Persönlichkeit besonders zu achten. Man muß sie pflegen und aufrechterhalten; man darf sich nicht demütigen lassen und sich nicht selbst aufgeben. Wer gezwungen ist, jahrelang in düsteren Wänden zu leben, muß seine vornehmsten Bedürfnisse kultivieren, will er nicht untergehen: Lesen, Briefeschreiben, sorgfältige Körperpflege. Man darf sich nicht gehenlassen, überwältigt vom monotonen Lauf der Zeit, vom passiven Hinnehmen der eigenen Lage. Festgelegte Zeiten für Lesen und Schreiben, für Gymnastik und Maniküre, für die penible, sorgfältige Toilette sind Fixpunkte im Tagesablauf, die einen lebendig erhalten und selbst in schwierigen Umständen weiterhoffen lassen. So vergehen die Stunden sehr schnell, und es kann passieren, daß man das Tagesprogramm nicht einmal voll erledigen kann.

Für mich – ich war ja kein normaler Häftling – kamen noch weitere Aufgaben hinzu, aufgrund meiner Position als Chef einer großen Organisation: Korrespondenz, Gespräche, die Verwaltung der NCO, die Verbindungen, die mit Hunderten von Menschen aufrechterhalten werden mußten. Pandico war vollauf damit beschäftigt, meine Papiere und Notizen in Ordnung zu halten, und dies auf unzureichendem Raum und mit ungeeigneter Ausstattung. Von wegen ein Salon, die Zelle Cutolos.

Im Fernsehen erfuhr ich von einem überraschenden Schlag gegen mich, eine weitere Wende in meinem Leben. Meine

Rolle im Fall Cirillo wurde heftig kritisiert. Auf dem Höhepunkt dieser Kampagne griff Staatspräsident Pertini persönlich ein und machte meinen Privilegien und Freiheiten ein Ende. Er befahl meine sofortige Verlegung nach Asinara. Dem Staatschef gehorchte man sofort, seine Anordnung wurde sofort in die Tat umgesetzt.

Abends informierte mich der Direktor in meiner Zelle mit entschuldigender Miene, daß meine Überführung jeden Moment erfolgen könne. Er hatte die Anweisung bereits telefonisch aus dem Ministerium erhalten. Der genaue Zeitpunkt würde ohne Vorankündigung festgesetzt. Ich sollte mein Gepäck schon fertigmachen, alles, was mitgenommen werden sollte.

„Das ist der Dank dafür, daß ich einem Mann das Leben gerettet habe", sagte ich. Der Direktor schüttelte den Kopf, ohne sich weiter zu äußern; auch er schien das alles nicht zu verstehen. Er war bei den Treffen dabeigewesen, bei den Verhandlungen, er wußte, daß ich kein Geld verlangt hatte, sondern nur Erleichterungen meiner strafrechtlichen Situation und die Zusicherung, nicht von Ascoli Piceno verlegt zu werden. In dem Jahr, das ich hier verbracht hatte – ich verhehle das nicht -, hatte ich mich an die Bewegungsfreiheit gewöhnt, an die Gespräche mit dem Kaplan, an alles, was ich um mich hatte. Der Direktor zuckte mit den Schultern: Er konnte nichts machen.

Palillo sah mich niedergeschlagen an, in seinen kleinen schwarzen Augen standen Tränen. Ich sagte Giovanni Pandico, er solle meine Papiere ordnen, die ich in meinem persönlichen Gepäck würde mitnehmen können. Es war nicht nötig, meine Verlegung publik zu machen, da wohl schon ganz Italien Bescheid wußte. Ich packte meine Garderobe zusammen, meine persönlichen Dinge; ich bewegte mich sehr langsam und dachte dabei über die Dinge nach, die ich mitnahm. Plötzlich bemerkte ich Besonderheiten, Details, Farben, als ob ich fürchtete, man könnte mir die Sachen wegnehmen. Zum ersten Mal spürte ich Unsicherheit und Angst. Das war mir auf meiner Wanderung von einem Zuchthaus zum anderen noch nie passiert. Ich fühlte mich niedergeschlagen, traurig, erschöpft, und vergeblich versuchte ich den Gefühlszustand zu unterdrücken, der mir mit einem Mal meine Arroganz und Frechheit genommen hatte. Panik stieg in mir auf, als würde ich mit meinen eigenen Händen die Persönlichkeit Cutolos zerstören, die ich in langen Jahren geduldig aufgebaut hatte, mit meinem demonstrativen furchtlosen Verhalten, meinen Provokationen und meiner bis ins Detail kalkulierten Theatralik.

„Für diese Beleidigung werden sie Cutolo bezahlen", brachte ich noch mühsam heraus, zum betroffen dastehenden Peppe Palillo gewandt. Es war aber eher ein Fluch, eine Drohung, geschleudert gegen meine unsichtbaren Feinde, ohne die Überzeugung und die Sicherheit, die sonst zu meinem Wesen gehörten. Es klang wie der letzte Schrei eines tödlich getroffenen Menschen, der gegen Gespenster kämpft, denen er kein Gesicht und keinen Namen zu geben vermag.

Plötzlich Getrampel der Wachen im Korridor. Ich zuckte zusammen, fuhr herum und sah voll Angst auf die Tür: Kommen sie schon, um mich zu holen? Was war eigentlich mit mir los? Warum zitterte und schwitzte ich, warum konnte ich den Aufruhr in meinem Innern nicht beherrschen? War ich nicht schon Dutzende Male verlegt worden, war ich nicht von einem Zuchthaus ins andere hin und her gestoßen worden? Und damals war ich noch nicht Raffaele Cutolo, mußte nicht den Ruf des Bosses verteidigen, eine Rolle spielen.

Ich verbrachte die ganze Nacht gepeinigt von solchen Gedanken und finstersten Ängsten. Wenn sie mich nun bei der Überfahrt nach Asinara ermorden würden, mich hinterrücks erschießen und ins Meer werfen? Sie könnten behaupten, ich hätte fliehen wollen. Sie könnten mich vergiften und mich an einer „plötzlich aufgetretenen Krankheit“ sterben lassen, wobei man sich natürlich bemühen würde, das nächste Krankenhaus zu erreichen – das einige Schiffsstunden entfernt ist. Waren es nicht Geheimagenten gewesen, der Oberst Cornacchia, der Major Musumeci, jener ominöse Titta, die zu Verhandlungen zu mir nach Ascoli gekommen waren? Benutzen Spione etwa nicht erbarmungslose, nicht nachweisbare Mittel, wenn sie einen Menschen für immer zum Schweigen bringen müssen? Mir kamen Salvatore Giuliano und sein Statthalter Gaspare Pisciotta in den Sinn, die im Gefängnis Ucciardone in Palermo mit einem Kaffee vergiftet worden waren.

„Es gibt genug Methoden, dich auszuschalten“, sagte ich mir, und ich verfluchte den Augenblick, in dem ich mich bereiterklärt hatte, die Verhandlungen für Ciro Cirillo zu führen; ich verwünschte Enzo Casillo, der mich veranlaßt hatte, mich einzuschalten.

Ein paarmal schlief ich doch ein. Und als der Morgen graute und das erste zarte Licht in die Zelle drang, fand ich mich wieder. Ich erwachte mit dem Willen, mich dem Druck und der Angst nicht zu beugen, die Kontrolle über meine Nerven und meine Vernunft wieder zu übernehmen.

„Du bist immer noch Cutolo“, sagte ich mir, während ich mich rasierte und sorgfältig fertigmachte. Ich wählte eine Kleidung, die mir einer Kreuzfahrt angemessen erschien.

Sie würden sicher jeden Augenblick kommen, eilfertig um die prompte Erledigung des Befehls Pertinis bemüht. Der Präsident der Republik hatte eingreifen müssen, damit ich nach Asinara verlegt werde – auch darin sah ich eine Anerkennung meiner Bedeutung. Cutolo kann man nicht von einem Zuchthaus ins andere verlegen, nur weil es ein einfacher Richter so will. Dazu ist schon die Macht eines Staatsoberhaupts nötig.

Selbstbewußtsein pulste wieder durch meine Adern, und das munterte mich auf. Die Mutlosigkeit vom Abend vorher verschwand, machte einer angenehmen Erleichterung Platz, die ich nicht ohne Überraschung spürte, obwohl ich mich und meine plötzlichen Stimmungsschwankungen kannte.

„Das ist das Vorrecht der Psychopathen, der Genies", sagte ich mir, wobei ich unwillkürlich an historische Vorbilder dachte, an Napoleon, Hitler, Mussolini. Ich habe meine Kraft auch aus dem Vergleich mit aufregenden Persönlichkeiten gezogen. Am liebsten hatte ich Robin Hood, die Banditen Passatore und Salvatore Giuliano – Menschen zwischen Realität und Legende, Verbrecher und zugleich Wohltäter der Menschheit. In meinen Chromosomen steckten ihre Genialität, Phantasie und Grausamkeit, die ein Boß zur Schau stellen muß, wenn er Macht aufbauen will.

Aus dem Lärm der Hubschrauber, die über dem Zuchthaus kreisten, schloß ich, daß der Moment gekommen war. Der Direktor und Pater Santini kamen, um mich abzuholen; sie machten bedauernde Gesichter. „Noch bin ich nicht am Ende", meinte ich. „Ein einfacher Betriebsunfall. Eure Oberen täten gut daran, nicht zu übertreiben; die Strafe Cutolos bleibt nicht aus." Der Direktor breitete zustimmend die Arme aus.

„Haltet jedenfalls mal meine Suite frei. Ich habe mich hier wohlgefühlt, und ich werde bald zurückkommen", fügte ich halb scherzhaft hinzu; ich wollte zeigen, daß meine Macht nicht angetastet war und daß ich nur kurze Zeit in Asinara bleiben würde. Entlang des Korridors waren die Gefangenen aus meinem Clan versammelt. Giovanni Pandico stand da wie ein geprügelter Hund, mit Tränen in den Augen. Ich mußte ihn und die anderen ermutigen.

„Wir sind keine kleinen Kinder. Wir bleiben immer Cutolianer, und wir haben breite Schultern", verkündete ich.

Ich wählte meine Worte sorgfältig aus, dem historischen Moment angemessen. Ich wußte, daß sie von Zelle zu Zelle, von Gefängnis zu Gefängnis weitergegeben und am Ende in den Gassen und Straßen von Neapel zirkulieren würden. Ich kenne die Denkstrukturen meiner Leute und weiß, welche Zutaten nötig sind, um ihre Phantasie und Einbildungskraft wachzuhalten.

Peppe Palillo begleitete mich zum Hof hinunter und gab mir die beiden Reisetaschen, die er eifersüchtig bewacht hatte. „Sollte es länger dauern als vorgesehen", sagte ich ihm, „lasse ich dich nach Asinara kommen, damit ich dich bei mir habe." Peppe strahlte, und der Direktor versicherte mit aufgesetzter Zuversicht, ich würde sehr bald in Ascoli Piceno zurück sein.

„Sieh dir mal den Aufmarsch an", sagte ich zu Peppe und wies auf die Panzerwagen, den brandneuen Gefangenenwagen und die Motorräder, auf die Hubschrauber, die jetzt ganz niedrig flogen. Eine ganze Prozession setzte sich in Bewegung, begierig verfolgt von den Blicken der Beamten, Wachen und Insassen, die überrascht waren von dem gigantischen Apparat, der zur Überführung Cutolos aufgeboten worden war. Eine Inszenierung, aus der ich den Willen der Staatsmacht las, ihr gefährdetes Ansehen wieder aufzupolieren; es hatte Kratzer bekommen durch den Pilgerzug der politischen Prominenz nach Ascoli, um das Leben Cirillos zu retten. Man wollte den Italienern zeigen, daß Cutolo am Ende war. Daß ein Wort von Pertini genügt hatte, um dem Boß endgültig den Garaus zu machen. „Achtung, ihr Schaumschläger", sagte ich zu mir, auch um mich selbst davon zu überzeugen, daß ich noch nicht erledigt war. „Paßt auf, ich kann immer noch über Hunderte von Männern verfügen, die zu allem bereit sind; und wenn ihr an meine geheimen Papiere denkt, werdet ihr Alpträume haben."

Mehr als ein Monat verging, bevor ich das erste vertraute

Gesicht in Asinara sah. Man hatte mich als einzigen Insassen in Fornelli untergebracht, dem Hochsicherheitstrakt, den General Dalla Chiesa für die Anführer der Roten Brigaden hatte errichten lassen, für Curcio und Franceschini. Ich wußte, daß sich auf der Insel viele Freunde befanden, auch Cutolianer; aber es gab keine Möglichkeit, sie zu treffen. Die Wachen waren wie Mumien. Sie sprachen nicht, sie antworteten auf keinen Gruß, sie deuteten kein Lächeln an. Sie hatten panische Angst, sich zu kompromittieren und vermieden den geringsten Kontakt, selbst einen einfachen Blick, der für mich in manchen Momenten das höchste aller Güter gewesen wäre. Sie hatten die durchgeladene Maschinenpistole ständig im Anschlag und bewegten sich wie Automaten vor dem blauen Hintergrund des Meeres, bereit, beim geringsten Verdacht zu schießen. Vorsichtshalber erlegte ich mir auf, sie ebenfalls nicht anzusehen. Wir ignorierten uns gegenseitig und schufen so ein Klima erzwungener, künstlicher Gleichgültigkeit. Diese paradoxe, unnatürliche Situation verwandelte mich und die Wächter in surreale Figuren, gehüllt in ein unwirkliches Schweigen, das nur vom rhythmischen, leisen Rauschen des Meeres und vom Zwitschern der Vögel unterbrochen wurde. Noch absurder wurde die Szene, wenn sie mir das Essen reichen mußten: Mechanische Gesten ohne irgendwelche Zeichen, ohne Regung, ohne Worte wurden zu einem makabren Ballett; ich nahm das Essen mißtrauisch und argwöhnisch in Empfang, sie reichten es mir mit der Maschinenpistole im Anschlag.

Wie lange würde ich Widerstand leisten können in dieser Atmosphäre beklemmender Einsamkeit, vollständig isoliert, zermürbt vom trägen Verrinnen der Zeit, ohne die Erleichterung durch das Lesen, betäubt vom blendenden Licht des Tages und dem düsteren Schweigen der Nacht?

Wollten sie mich in den Wahnsinn treiben, in den

Selbstmord, in die totale Vernichtung? Nichts ist beängstigender als die Isolierung auf einem Stück Erde, das rings von Wasser umgeben ist. Ich habe oft harte Zeiten durchmachen müssen, unter verschärften Haftbedingungen in den Kellern italienischer Gefängnisse. Aber in einem normalen Zuchthaus, selbst zehn, zwanzig Meter unter der Erde, in vier schweigenden, feuchten Wänden, weißt du über dir andere Männer, Kameraden, Freunde. Du stellst dir vor, daß dich ihre Gedanken erreichen; sie dringen durch Wände und Gittertüren, sie sind wie ein unsichtbarer Hauch menschlicher Wärme, der dir hilft zu überleben, zu hoffen, einen Ausweg zu ahnen.

Um Mutlosigkeit und Verzweiflung zu überwinden, griff ich auf meine „Methode der Wiederauferstehung" zurück, eine Art körperlicher und geistiger Gymnastik. Sie bestand aus Übungen, die ich planmäßig über den ganzen Tag verteilt durchführte. Nach mindestens zwei Stunden körperlicher Betätigung und einer kurzen Erholungspause auf der Pritsche ging ich zur Konversation über, dem schwierigsten Teil der Übung. Das waren echte Diskussionen mit mir selbst. Bedingung war, sich bei Fragen und Antworten ernsthaft zu engagieren. Ich stellte mir vor, einem Gesprächspartner gegenüberzusitzen, dem ich meine eigene, veränderte Stimme lieh. Als ich meine Konversationsübungen begann, warfen sich die Wachen bedeutungsvolle Blicke zu; sie glaubten wohl, ich sei verrückt geworden. Ich machte jedoch unbeirrt weiter, gestikulierte und forderte meinen fiktiven Gesprächspartner auf, seine Meinung zu sagen. Mitunter wurde die Diskussion lebhaft, ich ereiferte mich über meinen unsichtbaren Kameraden, den ich Francesco nannte.

„Lieber Francesco, man kann doch nicht leben, ohne jemals Shakespeare gelesen zu haben. Einen Klassiker, einen tiefschürfenden Autor, der alle menschlichen Leidenschaften ergründet hat." Dann änderte ich die Stimme und wurde Francesco: „Aber ich lebe doch ausgezeichnet ohne Shakespeare. Ich habe absolut kein Bedürfnis, ihn zu lesen."

„Aber kannst du das existenzielle Drama Hamlets ignorieren?" beharrte ich. „Diese Angst, diese Verzweiflung ist allen Menschen gemeinsam. Das sind psychologische Analysen, die für jeden wichtig sind, der sich selbst kennen will."

„Aber ich kenne mich, lieber Raffaele."

„Du kennst dich nicht. Du glaubst es zwar, aber ohne Bildung, ohne Shakespeare gelesen zu haben, bleiben dir die entfernten Winkel deiner Seele für immer unbekannt. Ich weiß selbst nach jahrelanger Lektüre noch immer nicht, wer Raffaele Cutolo wirklich ist."

Diese Unterhaltungen beschäftigten mich tief, denn sie zwangen mich zur Suche nach Worten und Argumenten, um auf die Polemiken meines unsichtbaren Francesco zu antworten, des unverbesserlichen Ignoranten, dem man ein Mindestmaß an Logik und Bildung beibringen mußte. Es gab endlose, aufreibende Diskussionen; das alles erschien wie das Tun eines Verrückten, aber es half mir, lebendig und bei wachem Verstand zu bleiben.

Beim ersten Treffen mit meinen Verteidigern, nach vierzig Tagen Isolation in der abgeschiedensten Ecke von Asinara, war mein Geist noch völlig klar, hatte ich die volle Kontrolle über mich. Meine Rechtsanwälte Bruno Spiezia und Enrico Madonna waren überrascht von dem Eindruck, den ich machte. Da wir durch eine Glasscheibe getrennt waren und die Wachen aufmerksam zuhörten, konnte ich kaum Befehle hinausgeben und mich darüber informieren, was draußen geschah. Immerhin aber konnte ich gegen das Verhalten der feinen Herren in Rom protestieren. Sie sollten sich dazu entschließen, ihre Versprechungen zu halten. Ich hätte nicht vor, noch lange in Asinara zu bleiben. Andernfalls würde ich Enzo Casillo und Corrado Iacolare anweisen, über den Fall Cirillo auszupacken.

Madonna und Spiezia nickten wortlos; aber draußen hatten sich die Zeiten geändert. Sie sprachen nicht darüber, aber mit meinem sechsten Sinn wurde mir das auch so klar. Mein Aufenthalt auf der Insel, im härtesten Zuchthaus Italiens, die Isolation, die absolut abweisende Haltung der Wachen, die Angst des Direktors, ein Wort mit mir zu wechseln – auch dies waren wichtige Signale.

Die Politiker waren überzeugt, mich endgültig ausgeschaltet zu haben. Daher glaubten sie, sich den Verpflichtungen entzogen zu haben, die sie vor einigen Monaten mir gegenüber eingegangen waren. Bei ihrem ersten Besuch bestätigte Immacolata meinen Verdacht. Sie sagte, daß „die" immer seltener die Treffen mit 'o Nirone einhielten, Termine verschoben, zögerten. Enzo Casillo war der einzige, der die Verhandlungen weiterführen konnte. Er hatte in der Organisation bereits die Rolle des absoluten Bosses übernommen, mit allen Vollmachten, die ich zu bestätigen gezwungen war. Meine Schwester war auf der Flucht, mein Sohn Roberto im Gefängnis; damit verwaltete 'o Nirone viele Milliarden Lire, er verhandelte mit Feinden über einen Waffenstillstand, übte Gewalt aus über Leben und Tod unserer Mitglieder. Die Umstände hatten ihn zum wirklichen Boß der NCO gemacht. Ich erfuhr, daß er in Rom Michele Zaza getroffen hatte, daß er versuchte, sich der Nuova Famiglia anzunähern. Ich billigte diese vorübergehende Strategie, mit der man die kritische Phase, die Schwierigkeiten mit der neuen Lage überwinden könnte.

In Neapel begann die Zahl der Ermordeten zu sinken. Ein schlechtes Zeichen, ein Beweis dafür, daß man nachgab. Gemildert wurde dieser Eindruck nur durch den grauenvollen

Mord, den Raffaele Catapano in Poggioreale beging, einer meiner blutrünstigsten Leute. Das war immerhin doch noch ein Exempel, ein Signal, daß wir immer noch furchterregend zurückschlagen konnten. Das Verbrechen als solches war nichts Besonderes, einer der zahlreichen Morde; Bedeutung bekam es allerdings durch die Art, wie es verübt wurde. Eine Bluttat aus dem Lehrbuch.

Ich stellte mir die blutdürstigen Augen Catapanos vor, den in seinem Delirium schon der Anblick eines Messers erregte. Das Ganze mußte eine surrealistische Szene gewesen sein. Schade, daß ich nicht in Poggioreale gewesen war, ich hätte dieses wahnsinnige Schauspiel gerne miterlebt. Nur Raffaele konnte sich das ausdenken und in die Tat umsetzen. Er schaltete zwei Wachen aus und nahm ihnen die Schlüssel zur Krankenstation ab. Mit einem Löffel, dessen Stiel er zu einer scharfen Klinge geschliffen hatte, drang er in die Krankenstation ein und bedrohte damit die Anwesenden, drei Pfleger, einen Arzt – und den kranken Mario Vangone, der Catapanos Bruder umgebracht hatte. Raffaele gab ihm nicht einmal Zeit zum Schreien. Mit seinem ersten Hieb schnitt er ihm die Kehle durch. Dann stieß er die Klinge zehn-, fünfzehn-, zwanzigmal in den Körper Vangones, unter den entsetzten Blicken des Personals. Wenn Raffaele seinen Mordrausch hatte, konnte man nicht vernünftig mit ihm reden.

Er hörte auf zuzustechen und fragte keuchend: „Wo ist das Herz? Wo ist die Leber?“ Zitternd – so stelle ich mir das vor – kamen der Arzt und ein Pfleger näher, um es ihm zu zeigen; und mit einem großen Schnitt öffnete Raffaele den Brustkorb und riß Leber und Herz mit bloßen Händen heraus. Für die unfreiwilligen Zuschauer mußte das alles übertroffen haben, was sie sich je an Entsetzlichem vorgestellt hatten. Doch die Wut Raffaeles war erst gestillt, als er seine Zähne in die Organe

Vangones geschlagen hatte, die er in seinen Händen gepackt hielt wie Trophäen seiner erbarmungslosen Rache.

Catapano war ein echter Mann. In Poggioreale hatte er mir anvertraut: „Ich werde keinen Frieden haben, bis die Vangone bezahlt haben. Und sie werden bitter bezahlen." Aber nicht einmal ich hatte mir vorstellen können, wie weit Raffaele Catapano gehen mußte, um befriedigt zu sein, um seine Blutrache einzulösen. Die Brutalität der Exekution vermehrte das Ansehen des Rächers und stellte seine menschlichen Qualitäten unter Beweis. Diese Tat knüpfte an die Traditionen an, an die Phantasie des Volkes, an die fetischistischen Riten der Camorra.

In Neapel bedeutet das Herz alles: Mut, Kühnheit, Liebe. Es dem Feind aus dem Leib zu reißen und hineinzubeißen, heißt, den Gegner in den Zustand eines Tieres zurückzuversetzen – als würde man ihm das Recht nehmen, sich Mensch zu nennen.

War ich mit der Wahnsinnstat Catapanos einverstanden? Diese Frage darf man einem Boß gar nicht stellen. Für ihn ist der psychologische Effekt wichtig, die einschüchternde Kraft eines Verbrechens. Beides ging von der aufsehenerregenden Tat Raffaeles in Poggioreale aus. Für mich kam sie im günstigsten Augenblick, in einer Phase, in der der Einfluß der NCO nachließ, vor allem aufgrund meiner Isolation und des wachsenden Drucks. Ich hätte Raffaele Catapano gern eine kleine Botschaft geschickt, mich bedankt für die Präzision, mit der er sich an diesem Strolch Vangone gerächt hatte. Es war in der Geschichte der Camorra ein einmaliger Fall, daß ein Gangster seinem Feind Herz und Leber herausriß.

Zeitungen und Fernsehen hoben die Tat gebührend hervor. Unbewußt halfen sie uns dadurch: ein Signal für unsere Feinde, daß wir immer noch imstande waren, mit raffinierten Methoden Gerechtigkeit zu schaffen, selbst in den Zuchthäusern. Catapano hat damit seinen großen Mut und sein Organisationstalent bewiesen. Ein innerhalb der Gefängnismauern begangenes Verbrechen mit der Geiselnahme von fünf Personen zählt mehr als ein Attentat draußen, bei dem eigentlich nur der Überraschungseffekt entscheidet. Wie Catapano die Metzelei inszenierte, zeigte seine kriminelle Intelligenz; die Gefangennahme der Wachen, des Arztes und der Pfleger machte seine Kühnheit deutlich. Hinzu kamen die fast chirurgische Aktion, Herz und Leber herauszureißen, und der wilde, bestialische Akt, unter den entsetzten Blicken von vier Zeugen in die Organe zu beißen.

Bravo, Catapano, ich hätte nie gedacht, daß du zu einer solchen Tat fähig wärst, auch wenn ich deinen kalten, schneidenden Blick immer fürchtete, dieses mörderische Aufblitzen deiner Augen, dein angstmachendes Schweigen, deine großen Hände mit den knochigen, kräftigen Fingern, die stets bereit sind, einen Hals solange zuzudrücken, bis du den Mann fallen siehst.

Der Direktor informierte mich, daß ich wieder Post und Zeitungen erhalten dürfte. Endlich wurde die Isolierung teilweise aufgehoben. Immacolata und Carolina berichteten mir, was Enzo Casillo gerade tat. Er hatte inzwischen gegenüber dem Bürgermeister Granata drohende Töne angeschlagen; seine Auftraggeber sollten ihre Verträge einhalten. Auf Druck 'o Nirones hatte sich der Senator Patriarca mit den Abgeordneten Antonio Gava und Flaminio Piccoli getroffen. Wie wollten sie den Fall Cutolo behandeln? War es möglich, nur Patriarca und Granata aufs Spiel zu setzen und den Repressalien der NCO auszuliefern?

Ich hatte den Verdacht, daß Enzo Casillo ohne innere Überzeugung verhandelte. Auch Rosetta war dieser Ansicht.

„'O Nirone denkt nur an seine Angelegenheiten", meinte

Rosetta. Aus ihren Worten sprach die Erfahrung einer Frau, die gewohnt ist, Menschen und Dinge zu bewerten. Casillo sprach für Cutolo aus einem Rest von Verbundenheit; aber er schien immer mehr darauf hinzuarbeiten, sich von der NCO abzulösen. Er beharrte auf Verhandlungen mit der Nuova Famiglia und intensivierte daher seine Begegnungen mit Zaza. Es gab auch Gerüchte, daß er Geld aus den Kassen der NCO unterschlug.

Von Asinara aus konnte ich nichts tun. Ich mußte die Vermittlerrolle 'o Nirones akzeptieren und seinen Versprechen glauben. Im übrigen hatte ich auch keine Verbindung mit den Leuten, die mir Hafterleichterung und Revision meiner Prozesse zugesagt hatten, sobald mir geistige Unzurechnungsfähigkeit – wie in Ascoli Piceno versprochen – zuerkannt sei. Es ging einfach nicht voran. Mir fielen Analogien ein, wie das immer war in dramatischen, trostlosen Momenten meines Lebens. Ich dachte daran, daß auch Salvatore Giuliano sich gründlich die Finger an den Politikern von Palermo und Rom verbrannt hatte, die ihn veranlaßten, auf die Bauern von Portella delle Ginestre zu schießen. Und wie war es für den „König von Montelepre" ausgegangen? Sie haben ihn barbarisch ermordet, nachdem sie ihn im Netz eines üblen Komplottes gefangen und seinen Statthalter Gaspare Pisciotta dabei als Instrument benutzt hatten. Die Vorstellung quälte mich, daß Enzo Casillo nach und nach die Rolle Pisciottas übernahm. Vergleichbare Biographien, könnte man sagen. Was konnte ich noch tun? Auf wen konnte ich noch zählen? Wo waren die Pandico, D'Amico, Catapano, Giappone gelandet, meine engsten Vertrauten, wo die Tausende junger Burschen, die zu allem bereit waren, um Raffaele Cutolo zu verteidigen? Wo waren die Jungen, die in meinem Namen Lebenslänglich riskierten?

Von Tore 'o Guaglione kamen Nachrichten, einem Mann, in dem ich mich nicht getäuscht hatte. Als einziger hatte er in seinem Bereich die Zügel in der Hand, im Gebiet Nocera, aber auch in Latium; und er war der einzige, der Enzo Casillo entgegentreten konnte.

In seiner geraden Art hatte er mich immer wieder gewarnt. „Ich finde ihn nicht gut, er denkt zuviel an seine Geschäfte“, sagte er über Enzo Casillo. „Ihm bedeuten Tänzerinnen, schöne Autos und Kokain zuviel. Dann kann er nicht an jemanden denken, der im Zuchthaus leidet.“

Tore 'o Guaglione sprach lapidar und entschieden. Er war kaum sechsundzwanzig Jahre alt, aber er urteilte mit der Weisheit eines Alten. „Kamerad“, sagte ich zu ihm, „Ihr seid zu mißtrauisch. Man muß den Menschen auch mit etwas Wohlwollen begegnen, ohne immer gleich an das Schlechteste zu denken. Bisher hat sich 'o Nirone korrekt verhalten.“ Das sagte ich allerdings ohne wirkliche Überzeugung, ich wollte mich auch selbst beruhigen. Aber Zweifel und Verdacht setzten sich in meinem Kopf fest, ohne daß ich etwas dagegen tun konnte. Sie durchdrangen mein Gehirn wie Holzwürmer, nicht greifbar und schleichend. 'O Nirone wurde in meiner Vorstellung allmählich mein Hauptfeind, der Stellvertreter, der meine Position untergraben und sich die Macht des Führers aneignen will. Wie hätte er da noch um die Vergünstigungen kämpfen können, die mir für meinen Einsatz im Fall Cirillo versprochen worden waren? Mir wurde jetzt auch klar, warum er diplomatisch vorgehen wollte, trotz meiner Aufforderung, energisch aufzutreten, Exempel zu statuieren – etwa dem Senator Patriarca oder dem Bürgermeister Granata in die Beine zu schießen. Dann hätten seine Oberen wirklich begriffen, daß Cutolo nicht scherzt. 'O Nirone meinte, man müsse eher bedächtig vorgehen, um den Bruch zu vermeiden. Es war klar, daß er die Vorteile davon hatte, daß ich in Asinara schmorte. Solange ich weit weg war, hatte er freie Hand, konnte unkontrolliert und in völliger Freiheit mit

Milliarden jonglieren. Schon vor einiger Zeit hatte mir Rosetta gesagt, daß er über Einnahmen und Ausgaben keine Rechenschaft mehr ablegte und daß niemand zu protestieren wagte. Als ein Mann wie Alfonso Rosanova seine Vorherrschaft angriff, verhielt sich Enzo wie ein Hurensohn: Er brachte das Gerücht in Umlauf, daß Rosanova, Finanzminister der Nuova Camorra Organizzata, seine Pflichten verletze und Gelder der Organisation mißbrauche. Das war gleichbedeutend mit einem Todesurteil. Diese üble Nachrede breitete sich innerhalb wie außerhalb der Gefängnisse rasch aus; und auch wenn man von mir das letzte Wort erwartete: Als mir die Forderung nach dem Todesurteil für Alfonso Rosanova vorgelegt wurde, war es de facto schon von den einflußreichsten Mitgliedern der Organisation gemeinsam gefällt worden. Ich ahnte, daß 'o Nirone mich mit einer heimtückischen Aktion vor vollendete Tatsachen stellen wollte. Ich hätte mich zwar mit meiner unwiderruflichen Entscheidung dagegen stellen können, aber mir war klar, daß das auf die Machtprobe, auf einen offenen Konflikt hinausgelaufen wäre.

Mir fiel es inzwischen schwer, die Ereignisse zu steuern. Aus den wenigen Anzeichen, die die engen Maschen Asinaras durchließen, rekonstruierte ich, was passierte. Ich vervollständigte die Bruchstücke mit meiner Phantasie, mit meiner hervorragenden Fähigkeit, mir Dinge vorzustellen, die viele Kilometer entfernt geschehen. Es war mir immer gelungen, ganz verschiedene Ereignisse miteinander zu verknüpfen und das Verhalten von Menschen, ihre Reaktionen vorauszusehen. Meine Vermutungen erwiesen sich als genau zutreffend. Dies war eine wahrsagerische Begabung, die mich selbst überraschte und mir half, in der Einsamkeit zu leben, verloren zwischen Himmel und Meer. In einer solchen Lage brauchte man allerdings eine enorme Willenskraft, um sich auf den Beinen zu halten, an sich selber und die eigenen Fähigkeiten zu glauben. Ich verbrachte viele Stunden im Freien, schaute in den Himmel, zog die Luft durch die Nase ein, als ob der Wind mir Nachrichten vom Festland brächte, über meine Männer, über meine Feinde. Ich stellte mir die Freude der Nuvoletta und der Bardellino vor, die wußten, daß ich von allem isoliert und abgeschnitten war. Ich dachte an die Tatsache, daß sie es geschafft hatten, daß die NCO, meine Camorra, mit der Camorra schlechthin identifiziert wurde – womit der Verdacht und die Aufmerksamkeit der Öffentlichkeit von der Nuova Famiglia abgelenkt wurde.

Unter dem Himmel von Asinara wurde mir ihre Hinterhältigkeit klar, erkannte ich, daß es ein hervorragender Schachzug von Don Lorenzo Nuvoletta gewesen war, die Verantwortlichkeit für alles, was in der Campania geschah, Cutolo und seinen Anhängern zuzuschieben. Ich verstand nun den Plan meiner Feinde, ihre glänzende Taktik, mich zu vernichten; ich versuchte den heimtückisch sich einschleichenden Gedanken zurückzudrängen, daß ich nicht handeln konnte.

Irgendwie mußte ich zeigen, daß man mit mir noch rechnen mußte, daß mein Temperament auch unter diesen schlimmen Umständen ungebrochen war. Wenn ich in meinen fingierten Unterhaltungen gestikulierte und Gebärden machte, sahen mich die Wachen mißtrauisch und neugierig an, ohne weiter zu reagieren; sie überließen den Irren sich selber. Sie hatten strikte Anweisung, mir nicht den geringsten Anlaß für eine Konversation oder einen Angriff zu liefern. Ich weiß, welche fiesen Schweine Zuchthausdirektoren sein können, wenn sie um dich herum ein absolutes Vakuum schaffen, um dich in den Wahnsinn oder zu unüberlegten Reaktionen zu treiben. Ich weiß allerdings auch, wie man ihren Fallen entgeht.

Der Sommer verursachte lange Perioden gefährlicher Schwäche. Die Hitze, das Schweigen des Meeres, unterbrochen nur vom entfernten Zirpen der Zikaden, das Gefühl des Verlassenseins, das ich so stark und quälend empfand, als ob Nerven und Muskeln plötzlich alle auf einmal ihren Dienst versagen würden – all dies nahm mir den geringsten Willen, Widerstand zu leisten; ich lag nur noch apathisch auf meiner Pritsche. In einem dieser Momente völliger Entmutigung schickte ich ein verzweifeltes Telegramm an meine Angehörigen. Zum ersten Mal in meinem Leben stand ich kurz davor, mich umzubringen. Ich wollte mir selbst auferlegen, was ich sonst anderen Menschen zugedacht hatte: sich wie Cartuccia an den Gitterstäben ihrer Zelle aufzuhängen. Solche Gedanken über Selbstmord und Tod wären mir früher niemals in den Sinn gekommen. Was ging mit mir vor? Begann die große Abrechnung? Ich erinnerte mich an die psychischen Torturen, an die besessenen Blicke, an den Spott für Cartuccia, bis er vernichtet war, bis sein letzter Widerstand zerbrach.

Doch nach wenigen Stunden schon bereute ich meinen Akt der Schwäche, die verzweifelte Botschaft, die ich nach Ottaviano gesandt hatte. Ich machte mir Sorgen wegen der Resonanz, die sie haben könnte, vor allem unter meinen Feinden. Ich beruhigte mich bei dem Gedanken, daß Casillo und die anderen sich hüten würden, meinen Zustand bekannt werden zu lassen.

ZWÖLFTES KAPITEL

DER VERRAT CASILLOS

Hirngespinste, Hypothesen, Halluzinationen – kein Wunder bei einem Mann, der monatelang keine Menschenseele zu Gesicht bekommt.

Auch mit meinem Verteidiger, dem es schließlich gelungen war, eine Besuchserlaubnis zu bekommen, konnte ich nur wenige Sätze wechseln, in Gegenwart der Wachen. Immerhin ließ er durchblicken, daß sich Enzo Casillo in Verhandlungen mit den Freunden Cirillos äußerst zweideutig verhielt. Er stellte kein Ultimatum, keine endgültige Forderung; nur Geschwätz und diplomatisches Taktieren. Und wer in Asinara blieb, das war ich. 'O Nirone ließ es sich sehr gutgehen. Nachtlokale, schicke Restaurants, Nobelhotels, Frauen, Protektion auf höchster Ebene. Der Geheimdienst, mit dem er zusammenarbeitete, hatte wahrscheinlich allen Grund, ihn zu beschützen. Ich brauchte Informationen über zwei Punkte, die, sollten sie sich bewahrheiten, Enzo Casillo das Genick brechen würden. Mit dem nächsten Besuch eines meiner Verteidiger kam die Bestätigung.

'O Nirone verhandelte mit Michele Zaza und der Nuova Famiglia über einen Waffenstillstand; der zweite, noch viel wichtigere Punkt war, daß er sich ökonomisch unabhängig machte, um sich von der NCO vollständig abzusetzen. Er hatte für viereinhalb Milliarden Lire Kokain aus Peru importiert und wollte es alleine vertreiben; seinen Apparat hielt er geheim. 'O Nirone hatte sich das fein ausgedacht. Er war nicht mehr der junge Herr aus der Provinz, den ich in den ersten Jahren unserer Freundschaft als selbstlos und großzügig schätzen gelernt hatte. In den langen Jahren unserer Zusammenarbeit glaubte ich ihn zu einem Mann gemacht zu haben – nicht zu einem Judas, einem Verräter, einem Strolch.

Rache wird bei Raffaele Cutolo nach alter Tradition eiskalt serviert. Über meine Rechtsanwälte gab ich Anordnungen an Rosetta und Tore 'o Guaglione hinaus, den beiden einzigen, denen ich blind vertrauen konnte. Der Kreis der Personen, die absolut zuverlässig waren und mit denen ich weiterhin Kontakt hatte, war klein geworden. Auch Immacolata war auf der Flucht, es bestand Haftbefehl gegen sie. Armes Wesen. Was für ein Schicksal, an mich gebunden zu sein.

Rosetta und Tore hatten also meine unumstößlichen Anweisungen. Enzo Casillo sollte überwacht und von den Gipfeltreffen ausgeschlossen werden. Währenddessen sollten die Getreuesten den Anschlag vorbereiten. Ich wollte ein Begräbnis erster Klasse, das der Person 'o Nirones und seines Hochverrats würdig war. Man sollte erbarmungslos vorgehen, an Aufwand durfte nicht gespart werden. Die Welt mußte wissen, wie Raffaele Cutolo seinen verräterischen Stellvertreter bestrafte. Der Schlag sollte gewaltig sein, spektakulär.

Enzo Casillo wußte nicht, daß ein Gipfeltreffen der NCO ohne ihn kurz vor Weihnachten in Rom stattfand. Rosetta und Tore 'o Guaglione leiteten die Versammlung. Um zu vermeiden, daß irgendetwas nach außen drang, war auch Corrado Iacolare ausgeschlossen worden. Zum ersten Mal blieben meine beiden Hauptmitarbeiter aus dem Spiel. Ich fühlte Bitterkeit und war niedergeschlagen, doch das harte Gesetz der Macht zwang mich, wie immer, die Zähne zusammenzubeißen. Für Verräter gibt es keine Gnade. Man würde dich sonst zehn-, hundert-, tausendmal verraten.

Erregt versuchte ich mir vorzustellen, wie Tore 'o Guaglione die Bestrafung 'o Nirones vorbereitete. Die beiden hatten sich nie gemocht. 'O Guaglione war spontaner, ehrlicher, loyaler, und er hatte niemals einen Hehl daraus gemacht, daß er Enzo Casillo mißtraute. Ich hatte zwischen den beiden immer vermitteln müssen, um einen Zusammenstoß zu vermeiden. Man konnte sich also vorstellen, daß Tore sich die Gelegenheit nicht entgehen ließ, mit einem Luxusbegräbnis den Mann zu erledigen, der sein Gegenspieler in der NCO war. Tage vergingen, und es kamen keine Nachrichten – auch deswegen, weil es meinen Verteidigern nicht gelang, Besuchserlaubnis zu erhalten. Nur über das Fernsehen und das Radio war ich mit der Welt verbunden. Dankbar und zärtlich streichelte ich den Fernseher und das kleine Transistorradio. Ich dachte an die zerstörerische Isolation, in der die Gefangenen noch bis vor wenigen Jahren leben mußten, verlassen von Gott und den Menschen.

Doch dann, eines Abends, brachte die Tagesschau die heißersehnte Nachricht – aber ich reagierte mit diffuser, undefinierbarer Angst, mit einem Gefühl der Schwäche. Enzo Casillo war in Rom mit seinem Auto, einem Golf, in die Luft geflogen, als er ihn starten wollte. Ein junger Camorrist, der ihn begleitete, war grauenhaft verstümmelt worden. Ein Attentat wie aus dem Lehrbuch. Die Ladung Dynamit hätte auch einen Panzer zerfetzt. Ein wichtiger Punkt: Es war nicht festzustellen, ob Casillo den Sprengstoff im Auto hatte, um ein Attentat zu begehen, oder ob seine Feinde die Ladung im Golf untergebracht hatten. Tore De Maio hatte erstklassige Arbeit geleistet. Er stellte sich immer mehr als der einzige fähige Statthalter Cutolos heraus, als ein echter, genialer Thronfolger, dem ich das

Schicksal der Nuova Camorra Organizzata anvertrauen konnte.

Ich geriet über den erfolgreichen Coup wie immer ins Schwärmen. Es machte Spaß, mir vorzustellen, wie 'o Nirone in einer namenlosen Straße Roms zu Hackfleisch wurde, und zwar dicht vor der Festung des Geheimdienstes.

Mich beunruhigte allerdings, daß ich nicht das geringste Mitgefühl mit dem Mann hatte, dessen Leben durch die Begegnung mit mir einen völlig anderen Verlauf genommen hatte. Aber ich war oft zwischen solchen Widersprüchen hin und her gerissen. Auf der einen Seite freute ich mich über die grausige Tat, auf der anderen Seite quälte mich, daß ich keine Trauer über den Tod des Freundes empfand. Widersprüche, unverständliche Konflikte? Sicher. Aber man müßte in den dunklen Winkeln meiner Seele forschen, um herauszubekommen, wer denn dieses Monster, dieses Genie, dieser Messias wirklich ist, der im Einwohnermeldeamt von Ottaviano als Raffaele Cutolo registriert ist.

Ein Wahnsinniger oder ein Prophet? Ich weiß es nicht, ich kann es nicht feststellen. Ich weiß nur, daß meine privilegierte Position und die Bürde meiner Macht es mir verbieten, auch nur eine Träne für einen Freund zu vergießen, gegen den ich die Todesstrafe verhängen mußte. Alles, was ich vermag, ist, mit einem Stock ein Kreuz zu schreiben in den Kies des kleinen Hofs, der meine Zelle umgibt. Nicht einmal ein Nachruf ist mir gestattet. Vielleicht werde ich aber auch dir, 'o Nirone, eines Tages ein Gedicht widmen. Für einen Mann wie Cutolo sind Verse wie Sternenstaub, den ein Boß mitunter selbst einem Verräter schenkt.

KOMMENTAR

MARRAZZOS CUTOLO

Eigentlich erscheint er unmöglich, der Versuch, den Giuseppe Marrazzo im „Camorrista“ – so der Originaltitel – unternommen hat: Raffaele Cutolo, den Gründer der „Nuova Camorra Organizzata“, in erster Person von sich berichten zu lassen. Da der bereits zur Legende gewordene Boß aus Ottaviano im Hinterland Neapels wohl wenig Interesse hatte, trotz einer Reihe von Interviews mit Marrazzo, sein „geheimes Leben“ (der italienische Untertitel spricht von der „vita segreta“) preiszugeben und mit Geständnissen gegenüber dem Journalisten seine Prozeßlage zu verschlechtern, bestand Gefahr, daß vieles durch Spekulation aufgefüllt werden mußte, daß Mutmaßungen Exaktheit ersetzen würden, daß ein Roman statt eines Tatsachenberichts entstand.

Giuseppe Marrazzo, der Anfang 1985 im Alter von 57 Jahren an einem Herzschlag starb, hat nicht preisgegeben, wie er genau zu seiner Darstellung gekommen ist; und leider hat er sich, möglicherweise aus journalistischem Schutzdenken gegenüber seinen Informanten, über seine Quellen ausgeschwiegen, hat auch – leider - selbst dort keine Hinweise gegeben, wo seine Thesen eigentlich gut belegbar wären. Es hätte zweifellos dem „Camorrista“ noch viel mehr Substanz verschafft, könnte der geneigte Leser so manches auch im Wortlaut der Dokumente nachprüfen.

Dennoch: Wer sich die Mühe macht (wir haben uns ihr

aus anderen Gründen unterziehen müssen), die Camorra und ihre Entwicklungen zu analysieren, wird mit Erstaunen feststellen, daß Marrazzos Darstellung an vielen Punkten nahezu wörtliche Reproduktion von Gerichtsakten und Aussagen in Polizeiprotokollen ist, daß er Feststellungen von Parlamentskommissionen ebenso wie Mitschriften aus Camorraprozessen einbringt und eine lange Reihe von Gesprächen mit Insidern verwertet hat, die wir, in anderem Zusammenhang, ebenfalls kennengelernt haben.

Die intensive Beschäftigung mit Marrazzos „Cutolo" anläßlich unserer Übersetzung des Werkes hatte bei uns einen merkwürdigen, ambivalenten Effekt, den möglicherweise auch die Leser feststellen und den wir daher kurz thematisieren wollen. Man beginnt sich im Laufe des Berichtes unwillkürlich mit Cutolo zu identifizieren. Zwar läßt sich anfangs der Abstand zumindest dann noch herstellen, wenn man sich ständig vor Augen hält, daß dieser Ich-Erzähler ein Massenmörder ist, der tatsächlich – wie er selbst betont – Hunderte von Menschen auf dem Gewissen hat. Aber immer mehr entfernt man sich dann von der Konkretheit dieser Erkenntnis, wird eingebunden in die am Anfang seltsam, dann immer konsequenter erscheinende Logik der Cutoloschen Verbrechen. Die Gefahr besteht tatsächlich, daß man dem Camorra-Boß am Ende gar wünscht, er möge ungeschoren davonkommen – schon deshalb, weil es immer spannender wird herauszubekommen, bis zu welchem Punkt er sich durchsetzen kann, gegen den Staat und gegen die Anti-Cutolo-Organisation Nuova Famiglia.

Doch genau in diesem Identifikations-Sog besteht nicht nur die Faszination, sondern auch das Verdienst des Buches. Marrazzo entwirft hier genau jenes Modell einer Gegengesellschaft, das Cutolo beim Aufbau seiner Organisation verfolgte. Und es gelingt ihm auch zu zeigen, daß hier tatsächlich von einer

Person – Cutolo – aus dem Gefängnis heraus (wahrscheinlich ist es nur von diesen Konzentrationspunkten des Verbrechens und der Verzweiflung aus möglich) ein stringentes soziales Wesen geschaffen werden kann, das sozusagen die gesellschaftliche Basis von unten überrollt. Cutolos Nuova Camorra ist revolutionär – in dem Sinne, daß sie für eine Reihe von Problemen Lösungen anbietet, bei denen jede demokratische Maßnahme bisher versagt hat. Das reicht von der Massenarbeitslosigkeit über die „Neue Armut" der Großstädte bis hin zur mangelnden Identifikationsmöglichkeit mit Idealen und ideologischen Entwürfen. Nicht zufällig wuchs die Camorra gerade in Neapel und seinem Umfeld – jener Stadt, in der Italien am häufigsten und mit den unterschiedlichsten Rathauskoalitionen und Regionalregierungen experimentiert hat, um die sich auftürmenden Probleme der Eineinviertel-Millionen-Stadt anzugehen. Ob alleine von Christdemokraten oder von einer Koalition mit den Sozialisten geführt, ob von links durch die Kommunistische Partei dirigiert oder mit Unterstützung der Neofaschisten, ob im Verbund mit angeblich investitionswilligen Unternehmern, ob mit Großeinsatz staatlicher Mittel oder mit Hilfe gewerkschaftlicher Reformentwürfe – nichts hat sich in Neapel geändert, außer die Besetzung von ein paar Ämtern. Cutolos Gegenentwurf war einfach und doch zu kompliziert, als daß die Demokratie ihm hätte begegnen können: Er gab schon zu Kinder- oder Jugendzeiten ins kriminelle Milieu abgerutschten Menschen eine Art Ersatzfamilie, schuf das Bewußtsein ihrer Stärke (bei vorausgehender Einigkeit untereinander) und bot sich als Identifikationsobjekt an. Der „Aufsteiger", der alle Mächtigeren ausgehebelt und der dennoch das Herz für die „Kleinen" bewahrt hat.

Marrazzos „Camorrista" konzentriert die Geschichte auf eine Handvoll Bezugsfiguren; das ist wichtig, um die Generallinie der Nuova Camorra Organizzata herauszuarbeiten und gleichzeitig den Leser nicht allzusehr mit Namen und deren Verbindungen zu verwirren. In Wirklichkeit umfassen die Camorra-Truppen viele tausend Menschen.

Polizeiberichte gehen heute davon aus, daß in Neapel und Umgebung an die 250 000 Personen von kriminellen Aktivitäten abhängig sind und daß an die 70 000 davon dem weiteren Feld camorristischer Organisationen zugerechnet werden müssen. Unklar ist dabei allerdings, wie sich diese Zahl auf die Nuova Camorra Organizzata des Raffaele Cutolo und die Gegen-Dachorganisation Nuova Famiglia verteilt – letztere nämlich ist nicht im Cutoloschen Sinne als einheitlicher Block organisiert, sondern eher als loser Verband Cutolo-feindlicher oder Cutolo-unabhängiger Familien und Straßengangs aufgebaut. Aufgrund der Verbrechensstatistik sowie von Geheimdienstberichten über Waffenbeschaffung etc. gehen die Behörden davon aus, daß an die 7 000 Personen schwerbewaffnet herumlaufen und teilweise schon für geringes Geld zum Töten bereit sind – teilweise für Preise von umgerechnet 400 bis 600 DM. Makaberste Variante, möglicherweise von Cutolo selbst systematisch entwickelt: die minderjährigen Killer, meist unter 14 Jahre alt, die noch nicht strafmündig sind und aus dem Umfeld der zigtausend schon kriminalisierter Straßenjungen rekrutiert werden.

Marrazzos Bericht endet mit den Ereignissen des Jahres 1983, als sich böse Wolken über der Nuova Camorra Organizzata zusammenbrauten – bei einer einzigen Polizeirazzia wurden an die tausend Personen festgenommen: Konsequenz einer seit dem Beginn des verstärkten Kampfes gegen die organisierte Kriminalität nach der Ermordung des Antimafia-Präfekten Carlo Alberto dalla Chiesa eingeschlagenen Polizeitaktik. Die Fahnder nahmen sich zuerst ganz gezielt nur die eine große Camorra-Organisation vor und instrumentalisierten dabei die andere, um sich dann auch dieser zu widmen. Cutolos Bande kam dabei als erste unter die Räder; derzeit erwischt es erstmals auch hochrangige „Nuova Famiglia"-Mitglieder.

Eine Reihe von Camorristen, die im „Cutolo"-Buch Marrazzos noch leben, sind inzwischen tot, so der „Schatzminister der NCO", Rosanova (ermordet), dessen Ende Marrazzo-Cutolo jedoch bereits voraussieht; tot auch der Priester und Cutolo-Vertraute Don Giuseppe Romano, der ebenfalls einem Mordanschlag zum Opfer fiel.

Cutolos in den Untergrund abgetauchte Schwester Rosetta wurde inzwischen in Abwesenheit zu 30 Jahren Zuchthaus verurteilt; sein Sohn Roberto steht derzeit in verschiedenen Prozessen vor Gericht, wurde allerdings auch hie und da bereits freigesprochen.

Ex-Bürgermeister Giulio Granata, der in der Cirillo-Affäre eine Rolle gespielt hat, wurde verhaftet und später mit Meldepflicht wieder freigelassen; der Bauunternehmer Sibilia (der Cutolo im Gerichtssaal die Freundschaftsmedaille überreicht hatte) wurde wegen Anstiftung zum Mordversuch an Staatsanwalt Antonio Galgiardi zu 19 Jahren Zuchthaus verurteilt.

Der Killer Pasquale Barra, 'o Nimale, zählt heute in den großen Camorra-Prozessen ebenso wie Cutolos Sekretär Giovanni Pandico zu den sogenannten „pentiti", aussagewilligen, geständigen Zeugen (die sich dadurch mächtigen Strafnachlaß erhoffen); sie haben die Verhaftung mehrerer hundert Camorra-Mitglieder ermöglicht. Während Pandico bisher mit geringen Strafen – unter fünf Jahren – davonkam, erhielt Barra trotz seines „pentitismo" 24 Jahre aufgebrummt – im selben Prozeß, in dem Cutolo wegen des Mordfalles Turatello zu Lebenslänglich verurteilt wurde.

Bei den im Zuge der Camorra-Fahndungen Festgenommenen waren auch einige Persönlichkeiten des Show-Geschäfts, etwa der Entertainer Enzo Tortora und der Sänger Franco Califano. Beide wurden in erster Instanz verurteilt, Tortora wegen Rauschgiftvergehens sogar zu zehn Jahren. Im Umfeld des Prozesses hat sich inzwischen eine umfangreiche Kampagne der öffentlichen Meinung gegen die Rolle der „pentiti“ entwikkelt, deren Glaubwürdigkeit allerdings auch in der Tat des öfteren schwer erschüttert wurde – daß sie flunkern, um sich größeren Strafnachlaß einzuhandeln, ist wohl auch nicht allzu verwunderlich. Eine Reihe der Geständigen freilich ist seitens ihrer Ex-Kumpane auch großen Repressalien ausgesetzt – so wurde z.B. während der Aussage Giovanni Pandicos dessen Mutter in einem Erdbebenopfer-Dorf ermordet. Auch hier hilft Marrazzos „Camorrista“ zum Verständnis des Phänomens.

’O Malommo, Cutolos erster großer „Feind“, hat trotz seiner schweren Verletzungen wieder eine große Rolle übernommen. Zu Beginn der achtziger Jahre war er es, der hinter den Kulissen die Versöhnungspolitik zwischen der Nuova Camorra und außenstehenden Familien und Clans vorantrieb; als die Verhandlungen scheiterten und die Waffenstillstände immer wieder gebrochen wurden, sammelte sich um ihn die „Nuova Famiglia“ als immer stärker werdende Gegenorganisation zu Cutolos NCO.

’O Malommo steht heute ebenso wie Cutolo in Maxi-Prozessen vor Gericht, allerdings als Repräsentant der „Nuova Famiglia“ um die Bardellino, Ammaturo und Maresca. Cutolo selbst, superbewacht, aber längst nicht mehr ständig im Hochsicherheitstrakt von Asinara, sondern während des Prozesses in Capua meist in Avellino eingesperrt, ist immer noch für Überraschungen gut. So lancierte er – mitunter über „pentiti“ wie Giovanni Pandico – Berichte, wonach er selbst den Papst-Attentäter Ali Agca, auf Bitten des Geheimdienstes hin, zum Legen der – inzwischen als falsch erwiesenen – „bulgarischen Spur“ überredet habe.

Besonders große Schlagzeilen aber machte er dann noch einmal im März 1986. Da wandte er sich plötzlich direkt an seinen größten und einflußreichsten Feind außerhalb der Unterwelt – den Bischof von Accerra, Don Antonio Riboldi. Riboldi hatte unzählige Anti-Camorra-Demonstrationen organisiert und angeführt, feierliche Taufen und Begräbnisse von notorischen Camorristen untersagt und in den Schulen Anti-Camorra-Unterricht gehalten.

Cutolo nun bat eben diesen Bischof, ihm doch zu Ostern 1986 die Beichte abzunehmen – was dieser als Seelenhirte notgedrungen auch tat. Der Camorra-Boß sprach danach von den „drei glücklichsten Stunden seines Lebens“, und auch Don Riboldi zeigte sich so tief beeindruckt, daß er sofort versprach, „ganz sicher wiederzukommen“. Cutolo wirkt offenbar nicht nur in Marrazzos Buch, sondern auch persönlich mit einer nur schwer abweisbaren Faszination. Darum mag es am Ende noch einmal angebracht sein, die unzähligen Worte ins Gedächtnis zu rufen, für die er verantwortlich ist – von völlig unbeteiligten Straßenpassanten bei Massakern im gegnerischen Territorium bis zu sechsjährigen Kindern, die die NCO töten ließ, um den Vater gefügig zu machen.

Werner Raith

INHALT